岭南建筑丛书·第四辑

粤西乡村聚落
空间环境提升

林 琳◎著

中国建筑工业出版社

图书在版编目（CIP）数据

粤西乡村聚落空间环境提升 / 林琳著. — 北京：中国建筑工业出版社，2023.6
（岭南建筑丛书. 第四辑）
ISBN 978-7-112-28752-9

Ⅰ.①粤… Ⅱ.①林… Ⅲ.①乡村地理—聚落地理—研究—广东 Ⅳ.①K928.5

中国国家版本馆CIP数据核字（2023）第097348号

本书从粤西地区乡村聚落空间的人居环境特征入手，总结传统聚落空间营建中的基本理念和主要策略。通过对当代乡村聚落空间转型过程的分析，明确影响当代聚落空间形态转变的因素，推导出基于乡村人居环境现状进行解析与重构的合理性。基于传统的可持续经验转化，本书从宏观区域聚落系统、中观聚落整体尺度、微观建筑单体尺度三个层级，对乡村聚落人居环境提升理论进行反思和总结。最后对环境提升的方法和策略从个案提升至一般规律。本书适用于高校、科研院所、设计单位从事建筑设计、景观设计、环境设计、城乡规划的相关实践者、理论研究者，地方政府、各部门开展乡村发展、乡村建设从业者等人员阅读参考。

责任编辑：张 华 唐 旭
书籍设计：锋尚设计
责任校对：张 颖

岭南建筑丛书·第四辑
粤西乡村聚落空间环境提升
林 琳 著

*

中国建筑工业出版社出版、发行（北京海淀三里河路9号）
各地新华书店、建筑书店经销
北京锋尚制版有限公司制版
北京中科印刷有限公司印刷

*

开本：787毫米×1092毫米 1/16 印张：18 字数：393千字
2023年6月第一版 2023年6月第一次印刷
定价：88.00元
ISBN 978-7-112-28752-9
（40958）

版权所有　翻印必究
如有内容及印装质量问题，请联系本社读者服务中心退换
电话：（010）58337283 QQ：2885381756
（地址：北京海淀三里河路9号中国建筑工业出版社604室 邮政编码：100037）

总序

文化是人类社会实践的能力和产物，是人类活动方式的总和。人的实践能力是构成文化的重要内容，也是文化发展的一种尺度。而人类社会实践的能力及其对象总是历史的、具体的、多样的，因此任何一种地域文化都会由于该地区独有的自然环境、人文环境及实践主体的不同而具有不同的特质。

岭南文化首先是一种原生型的文化。它有自己的土壤和深根，相对独立，自成体系。古代岭南虽处边陲，但与中原地区文化交往源远流长，从未间断，特别是到南北朝、两宋时期，汉民族南迁使文化重心南移，文化发展更为迅速。虽然古代岭南人创造的本根文化逐渐融汇中原文化及海外文化的影响，却始终保持有原味，并从外来文化中吸收养分，发展自己。

其次，岭南文化带有"亚热带与热带性"。在该生态环境下，使岭南有着与岭北地区显著不同的文化特征。地域特点决定了地域文化的特色，岭南奇异的地理环境、独特的人文底蕴，造就了岭南文化之独特魅力。岭南文化作为中华民族传统文化中最具特色和活力的地域文化之一，拥有两千多年历史，一直以来在建筑、园林、绘画、饮食、音乐、戏剧、影视等领域独具风格特色，受到世人的瞩目和关注。岭南建筑作为岭南文化的重要载体，更是岭南文化的精髓。

任何地方建筑都具有文化地域性，岭南建筑强调的是适应亚热带海洋气候，顺应沙田、丘陵、山区地形。任何一种成熟的建筑风格形成，总离不开四项主要因素的制约，即自然因素、经济因素、社会因素和文化因素。从自然因素而言，岭南地区丘陵广布、水网纵横、暖湿气候本来就有利于花木生长，山、水、植物资源的丰富性，让这一地区已经具备了先天的优良自然环境，使得人工环境的塑造容易得自然之惠。从经济因素而言，岭南地区的发展步伐不一，也间接在建筑上体现出形制、体量、装饰等方面的差异。而社会因素和文化因素影响下的岭南建筑，不仅在类型上形成了多样化特征，同时在民系文化影响下，各地域的建筑差异化特征也得到进一步强化。生活在这块土地上的岭南人民用自己的辛勤和智慧，创造了种类繁多、风格独特、辉煌绚丽的建筑文化遗产。

因此，从理论上来总结岭南地区的建筑文化之特点非常必要，也非常重要。而这种学术层面的总结提高是长期且持久的工作，并非短时间就能了结完事。"岭南建筑丛书"第一辑、第二辑、第三辑在2005年、2010年、2015年已由中国建筑工业出版社出版，得到了业内外人士的关注和赞许。这次"岭南建筑丛书"第四辑的书稿编辑，主要呈现在岭南传统聚落、民居和园林等范畴。无论从村落尺度上对传统格局凝结的生态智慧通过量化的求证，探寻乡村聚落地景空间和人工空间随时间演变的物理特征，还是研究岭南乡民或乡村社区的营建逻辑与空间策略；无论探讨岭南园林在经世致用原则营造中与防御、供水、交通、灌溉等生产系统的关系以及如何塑造公共景观，还是寻求寺观园林在岭南本土化、地域化下的空间营造特征等，皆是丰富岭南建筑研究的重要组成部分。

就学科领域而言，岭南民居建筑研究乃至中国民居建筑研究，在长期的发展实践中，已逐渐形成该领域独特的研究方法。民居研究领域已形成视域广阔、方法多元等特点，不同研究团队针对不同研究对象和研究目的，在学科交叉视野下已发展出多种特征。实时对国内民居建筑研究的历程与路径特色进行总结和提炼，也是该辑丛书分册中的重要内容，有助于推进民居建筑理论研究的持续深化。

无论如何，加强岭南建筑的理论研究，提高民族自信心，不但有着重要的学术价值，也有着重大的现实意义。

于广州华南理工大学民居建筑研究所

2022年11月25日

前言

广东省由于其优越的地理位置成为我国最早开放的地区，但广东省区域发展却极不均衡。党的十九大提出"坚定实施乡村振兴"的战略要求，也指出我国"不平衡"发展问题在地区间和城乡间表现最为明显。粤西是发达省份的相对欠发达地区，因此在当代背景下，具有自身的特殊性与广泛的代表性。粤西地理位置不利、交通不便；村落的优势人口大量流失导致了地域文化逐渐丧失和社会组织的衰落；欠发达的经济发展也是粤西地区人居环境质量的主要制约因素；乡村景观也相对缺乏特色，导致旅游业发展较差。同时，在转型背景的影响下，根植于过去地方生态和文化背景下的传统聚落空间形态正在走向趋同与异化。由于对传统聚落空间生态价值和文化价值缺乏正确认识，"建设性大破坏"日益严重，传统聚落的整体微气候调节效应削弱，曾经统一而丰富的聚落空间形态转向机械和单调，居住景观倾向于城市化而丧失了乡村特征，缺乏交往活动场所导致村落公共空间功能及界面单一化，这些都说明了乡村聚落整体空间结构的当代发展已经脱离了生产生活实际。此外，虽然人们已经认识到可持续发展的重要性，但如何改善人居环境缺乏具体实用的策略和方法指导，如何在当代转型背景下实现粤西欠发达地区乡村聚落空间以及背后社会空间的可持续发展是目前迫切而严峻的问题。

由于当代转型背景下乡村聚落空间的人居环境提升存在着技术缺失，本书从可持续发展的视角出发，旨在改善粤西欠发达地区普遍存在的普通乡村环境，在理解聚落空间本身演变的规律性特征的基础上，尤其与地方自然生态及人文社会之间互动关系特征，探讨乡村聚落空间因地制宜的决策，从宏观到微观提出具体可操作的系统方法。这种方法侧重于乡村聚落既有格局、建筑及周边乡土景观的优化，是在既有空间格局基础上的批判继承，强调与聚落空间相关的多因素协调与统一。通过对系统方法的梳理，力图协调"传承"与"变革"之间的关系，注重环境提升方法策略的一致性、相关性和整体性，并实现乡村经济、自然和社会的平衡和充分发展。

本书从对粤西地区乡村聚落空间的人居环境特征分析入手，证明聚落空间营造特征反映了其背后特定的社会组织和地理气候特征，总结传统聚落空间营建中的基本理念和主要策略。通过对当代乡村聚落空间转型过程的分析，明确影响当代聚落空间形态转变的因素，这些因素导致了粤西地区区域发展存在的现实问题。同时，目前乡村聚落也存在环境提升的潜在优势，进而推导出基于乡村聚落人居环境现状进行解析与重构的合理性。接下来以建筑学科的人居环境研究为主线，基于传统的可持续经验转化，本书将乡村聚落人居环境分解为宏观区域聚落系统、中观聚落整体尺度、微观建筑单体尺度三个层级，结合大量案例与规划实践进行分析，对乡村聚落人居环境提升理论进行反思和总结。最后对环境提升的方法和策略从个案提升至一般规律。

目录

总序

前言

第一章　粤西传统乡村聚落空间环境特征　1
第一节　聚落形成的背景　2
一、自然背景　3
二、社会背景　5
第二节　乡村聚落空间形态构成　11
一、聚落选址分布及外环境特征　11
二、村域环境要素构成　16
三、聚落空间肌理构成　19
第三节　乡村聚落的地域化特征　19
一、民系与聚落　19
二、聚落空间特征与乡村社会组织　24
第四节　空间形态结构特征解读　25
一、聚落空间形态结构的同质化特征　25
二、聚落空间形态结构的异质化倾向　26

第二章　粤西地区乡村聚落当代空间环境　31
第一节　当代乡村聚落空间转型过程及阶段特征　32
一、自然经济时期（1949年以前）　32
二、土地改革与人民公社化时期（1949~1978年）　33
三、农村经济加速发展时期（1978~1993年）　36
四、农村经济放缓及调整期（1993~2003年）　37

  五、农村经济发展新时期（2003年至今） 38
  六、阶段总结 39
 第二节 影响聚落空间形态的当代主要因素 40
  一、经济结构的变迁 40
  二、生活模式的转变 41
  三、交通组织的完善 42
 第三节 粤西区域现实问题与潜在优势 42
  一、地理位置边缘与既有资源 42
  二、经济发展缓慢与支援增强 44
  三、文化遗存丧失与重整再塑 45
  四、景观特色缺乏与现代勾连 48
 第四节 乡村聚落空间环境解析与重构 49

第三章 当代粤西区域城乡系统的整体提升 53
 第一节 城乡整体发展演进模式 55
  一、"城—镇—村"的区域聚落系统历史溯源 55
  二、村镇聚合——自下而上推进城乡转型 56
  三、城镇辐射——自上而下推进城乡转型 70
  四、城中村——乡村性在城市的延续 73
 第二节 城乡空间格局发展趋势 75
 第三节 乡村聚落土地利用效率 78
 第四节 城乡建设互补协调发展 80
  一、梳理镇村空间体系与定位 81
  二、确保乡村资源的良性利用 84
  三、探索多样性乡村发展路径 84

第五节　确定乡村聚落提升目标　　87
　　一、多重目标的乡村聚落空间环境整治　　87
　　二、保持"山水、田园、村落"的生态格局　　90
　　三、以乡村聚落为核心的地域性社区活力　　90

第四章　当代粤西乡村聚落的提升模式　　91

第一节　乡村聚落空间营建可持续理念　　93
　　一、适应气候，融合环境　　93
　　二、强调功能，整体统筹　　93
　　三、就地取材，节约能源　　93
　　四、兼容并蓄，开放多元　　94

第二节　聚落形态结构转变模式分类　　94
　　一、突变式模式　　95
　　二、多核心分散扩张式模式　　101
　　三、衰退式模式　　105
　　四、异址新旧村独立并行式模式　　109
　　五、模式总结与对比　　113

第三节　聚落尺度下的量化模拟分析　　114
　　一、量化分析工具介绍　　114
　　二、聚落组成模式的气候适应性　　119
　　三、聚落整体形态比较　　121
　　四、新旧组团形态对比　　126
　　五、量化模拟分析总结　　130

第四节　聚落空间组织形式与优化策略　　132
　　一、传统自组织动态过程转向他组织规划模式　　132
　　二、聚落空间组织逻辑：逐渐失去对传统格局的遵循　　133

三、聚落空间优化策略　　　　　　　　　　　　　　　　　　136
　第五节　聚落空间环境提升模式　　　　　　　　　　　　　　　138
　　一、聚落改建模式　　　　　　　　　　　　　　　　　　　　138
　　二、聚落扩展模式　　　　　　　　　　　　　　　　　　　　140
　　三、聚落重建模式　　　　　　　　　　　　　　　　　　　　142
　第六节　街巷空间环境提升　　　　　　　　　　　　　　　　　146
　　一、传统街巷空间结构及功能　　　　　　　　　　　　　　　146
　　二、当代街巷空间环境提升面临的问题　　　　　　　　　　　148
　　三、街巷空间环境提升方法　　　　　　　　　　　　　　　　151
　第七节　村域边界空间环境提升　　　　　　　　　　　　　　　159
　　一、村域边界结构及功能　　　　　　　　　　　　　　　　　159
　　二、当代村域边界空间环境面临的问题　　　　　　　　　　　166
　　三、村域边界空间环境提升方法　　　　　　　　　　　　　　169

第五章　当代粤西乡村聚落建筑空间环境提升　　　　　　　　175
　第一节　居住建筑的原型、现型与转型　　　　　　　　　　　　176
　　一、宅院的基本原型——三间两廊　　　　　　　　　　　　　176
　　二、传统民居模块组合平面拓展模式　　　　　　　　　　　　178
　　三、当代民居增殖与异化模式　　　　　　　　　　　　　　　185
　　四、两种模式的对比分析　　　　　　　　　　　　　　　　　187
　第二节　乡村聚落其他功能类型建筑　　　　　　　　　　　　　190
　　一、公共建筑　　　　　　　　　　　　　　　　　　　　　　190
　　二、防御建筑　　　　　　　　　　　　　　　　　　　　　　196
　　三、生产建筑　　　　　　　　　　　　　　　　　　　　　　198
　第三节　各类建筑的存续　　　　　　　　　　　　　　　　　　199
　　一、居住建筑　　　　　　　　　　　　　　　　　　　　　　200

二、公共建筑 　　　　　　　　　　　　　　　　　　　　　　200

　　三、防御建筑 　　　　　　　　　　　　　　　　　　　　　　200

　　四、生产建筑 　　　　　　　　　　　　　　　　　　　　　　200

第四节　乡村建筑风貌特征　　　　　　　　　　　　　　　　201

　　一、建造材料特征 　　　　　　　　　　　　　　　　　　　201

　　二、装饰细节特征 　　　　　　　　　　　　　　　　　　　203

第五节　建筑外围护结构气候适应性量化分析　　　　　　　　206

　　一、屋顶日照强度模拟 　　　　　　　　　　　　　　　　　206

　　二、外墙遮阳效果模拟 　　　　　　　　　　　　　　　　　209

第六节　建筑空间环境提升方法　　　　　　　　　　　　　　212

　　一、主要原则 　　　　　　　　　　　　　　　　　　　　　212

　　二、传统建筑修缮及更新改造实践 　　　　　　　　　　　　215

　　三、村镇公共建筑新建 　　　　　　　　　　　　　　　　　223

　　四、当代住宅建筑改造 　　　　　　　　　　　　　　　　　228

第六章　可持续发展的乡村空间环境提升路径　　　237

第一节　乡村地域性的消解　　　　　　　　　　　　　　　　239

第二节　乡村地域价值再认识　　　　　　　　　　　　　　　240

　　一、绝对价值：先天的原生态价值 　　　　　　　　　　　　240

　　二、相对价值：当代城镇体系中的交互性价值 　　　　　　　241

第三节　乡村地域价值的当代传承　　　　　　　　　　　　　242

　　一、关键：传承场所回应现实的适应性机制 　　　　　　　　242

　　二、传统聚落生态价值传承 　　　　　　　　　　　　　　　244

　　三、传统聚落文化价值传承 　　　　　　　　　　　　　　　245

第四节　功能与空间整合的实施路径　　　　　　　　　　　　247

　　一、功能与空间秩序 　　　　　　　　　　　　　　　　　　247

二、区域宏观层面功能整合策略	249
三、聚落中观层面功能整合策略	250
四、聚落微观层面功能整合策略	255
第五节　乡村聚落空间环境可持续发展的保障措施	259
一、促进基于新乡村共同体社区的形成	259
二、分阶段实施，以点带面促进聚落整体提升	263
三、过程保留弹性、动态完善	265

参考文献	267
后记	273

第一章

粤西传统乡村聚落空间环境特征

粤西传统聚落在早期较为恶劣的自然基础之上，历经战乱、自然灾害，以平稳的步伐完成了聚居规模的壮大、族群的融合与文化的传承性创新、人居环境与自然环境的共进式发展。这种共进式发展的成因和作用机制十分复杂，涉及了自然、技术、制度与文化的方方面面。本章对聚落形成进行梳理，阐述在一定的历史时期内，粤西地区影响聚落形成的几种主导因素，这些主导因素交替演化，对聚落形态产生了影响并促成了其他因素的调整与变革，同时聚落形态与自然环境发生了物质与能量的联系，在这种平衡结构的破坏与重构中，社会或空间过程达到分化与整合的统一。

传统聚落的区位选择、规模和空间组织方式受到了环境和农业生产技术的限制，并反映当地社会组织与合作关系[①]。粤西地区传统聚落空间的早期变迁是建立在以农耕为主的社会生产关系背景下的，以血缘及地缘为纽带，以精耕细作的农业为经济基础，其村落形态相对来说较为稳定，发展较为缓慢。粤西地区聚落因为策略的不同决定了乡村不同聚落空间的变迁方式，空间形式丰富多彩，这些不同的空间形式顺应特殊的地理气候条件和人文环境，是造成粤西地区传统乡村聚落和建筑地域性的重要原因。

地理和气候的差异曾给粤西地区的传统乡村聚落带来了各式各样的面貌，并通过交流与冲突带来了多元文化的交融，各地乡村聚落空间形式根据实际需求对各种文化进行了有选择的吸纳和取舍，造就了粤西各地传统乡村聚落的独特性。但无论何种方式，乡村聚落形态基本维持了以小农经济模式为基础的整体性，并通过不同文化之间的交融影响形成了各自不同的地域特征，广府、雷琼、客家、百越文化彼此影响交融。

农业文明使得以植被与土地为主体的粤西乡村景观具有宽广感与辽阔感的特征，无论是西江流域还是沿海平原台地，都具有典型的地域性景观，顺应自然界地形过渡关系的土地利用状况，成为地区象征的场所。传统民居及乡村景观符合当时当地的需求，其真正价值在于蕴含于营造智慧中的通用理念和原则，特定的空间形态只是这些理念和原则在传统的社会文化下得出的最佳方案。

第一节

聚落形成的背景

村落的演变是一个动态过程，在这个动态过程中，包含着两个方面的因素：即特定的自然环境及人居环境的创造者与使用者——人。自然生态以及与之相关的生产生活方

[①] 王竹，魏秦，贺勇，等. 黄土高原绿色窑居住区研究的科学基础与方法论［J］. 建筑学报，2002（4）：45-47，70.

式构成了乡村聚落空间形态的决定性因素，聚落形态的演化过程事实上是空间过程与社会过程的统一[1]，而原住居民与外来居民在对自然环境和族群间文化的相互影响决定了各地乡村聚落独树一帜的地域性特征。

同时，特定的自然地理和气候特征是聚落分布和聚落形态的重要制约因素。秦汉进军岭南，粤西地区的西江是其主要通道，因此西江是广东开发自西向东空间推移的第一站，在当时的经济文化相对发达。粤西南部的高雷地区，临近历史早期中原汉人南下的湘桂走廊和北部湾航线，自汉代置徐闻县和高凉县以来，南下的士民沿着相对独立的漠阳江、鉴江和南渡河，形成三个区域开发中心并存的格局。直到唐代，粤西的西江沿岸以及高雷地区，是广东人口最稠密的地区。东晋以后，华夏民族政治、经济中心的不断南移、人口大批南下，南下的人口逐渐发展成当地的居民主体。宋代以来，水利、围垦、屯田等农业技术兴起并进一步改良和提高，过去未利用的土地变成新的粮仓，粤西地区进一步得到发展。至明清时期，耕地面积远远超过前代、人口成倍增长、商品经济达到空前繁荣，因此新的城镇和圩集纷纷出现，而开发的重点由平原、台地和盆地，逐渐扩展至山区。在这种背景下，粤西地区乡村聚落的发展呈现一个不断渐变的过程，人们依托山川地理环境构筑了相应的社会经济结构，并对乡村聚落空间形态做出了适当的选择。

一、自然背景

1. 地理环境

粤西地区根据地形可大致分为两大区域：北部为山地丘陵，属于"粤西山地"和广义的珠江三角洲的西缘，包括山地丘陵、西江河谷盆地和三角洲西侧的一小片平原地带[2]，大体上相当于今天的云浮市及肇庆市；南部是粤西沿海平原台地，局部少量的山地丘陵，包括了漠阳江、鉴江的河谷平原和雷州半岛地区，涉及阳江市、茂名市以及湛江市；这两大地理区域以绵延于云安、罗定、信宜、高州、阳春、新兴等县之间云雾山、天露山为界。不同的地貌特征意味着不同的生态环境，人们根据本地的生态环境特征创造出富有当地特色的文化类型和聚落空间形态。

北部丘陵山地以西江为纽带，联系封闭山区间的盆地以及珠江三角洲冲积平原，这片区域地形复杂、耕地分散、土地资源比较紧张，加之聚落间的贸易需求，崇山峻岭中的河谷盆地便成为人们安居乐业的好去处。受珠江三角洲农耕文化影响，该地理区域稻作文化发达，人多务商，具有农商合一的文化优势。此地在汉人到来之前已经是古越人聚居的地带，因此在汉人迁居此地后，汉越文化不断走向融合共生，成为广府民系的源头。而居住在南部沿海地带的居民，由于习惯于长期的海边生活，频繁地与风浪搏斗和

---

[1] 李立. 乡村聚落：形态、类型与演变——以江南地区为例[D]. 南京：东南大学出版社，2007：28.
[2] 曾昭璇，黄伟峰. 广东自然地理[M]. 广州：广东人民出版社，2001：6.

外出谋生决定了当地居民开放果敢和开拓进取的人文精神，成为雷琼民系和广府民系共有的海洋文明特征。

研究区域内的地形环境复杂多变，南部被大海包围，北部被崇山峻岭阻隔，有山地、丘陵、盆地以及河谷，也有台地和平原。然而，从更大的地理范围来看，在研究区域海运的枢纽位置上，这种既封闭又开放的地理环境造就了粤西汉文化与百越文化、汉民系各支系文化、本地文化与外来文化长期并存、兼容并蓄的局面，各种文化在长期的生存实践中形成了较为成熟的聚落形态和建筑体系，发展出了丰富多彩的公共建筑和民居类型。

2. 水文特征

粤西山地的西江是珠江水系的干流，连接广东、广西两省重要的水路通道，是华南地区最长的河流，在历史上一度成为中原连接岭南的必经之路，沿岸有桂林、梧州、肇庆等重要历史城市。目前，千吨轮船也可以凭借这条优良水道上行至广西梧州，所以沿岸谷地经济较为发达，被称为西江走廊，重要支流有贺江、罗定江和新兴江等。南部沿海地表水相对西江流域而言较为匮乏，河流短小，包括漠阳江、鉴江、九州江、遂溪河、南渡河、擎雷水等。其中，南渡河则是雷州半岛地区最大的河流。

由于受粤西地区地形的影响，区域开发则与河流走向息息相关，而存在于粤西地区的各个民系及其独特的文化，也基本按照河流流域孕育、形成和发展。西江流域航运发达、发展速度较快，传统聚落受城镇化影响最为剧烈，而漠阳江、鉴江、南渡河等河流作为区域开发的脉络，也是产业布局和文化流动的依托和轴线。

在山水生态环境良好的空间内，人们在冲积平原、河谷盆地及台地种植水稻、玉米、红薯等农作物，山区提供了木材、茶叶与烟叶，而江河湖泊则提供了丰富的水产品。多样的地形、独特的气候特征以及丰富的水系决定了粤西地区自然生态环境的多样性，而自然生态环境的多样性也造成了乡村聚落空间形态和乡村景观风貌的丰富变化。山水格局与聚落空间景观是统一的整体，并且聚落空间形态与山水格局存在着互相依存的关系。

3. 气候特征

村落格局的形成与气候因素密不可分，尤其是在生产力极不发达的年代，气候对聚落及其建筑的影响更大。如何在材料和技术匮乏的情况下，对抗自然灾害和争取资源，是传统小农经济时代人们需要面对的挑战。传统民居的建造者往往就地取材、因地制宜，以低廉的造价将房屋设计成顺应自然的样子，这些解决气候问题的措施影响了建筑乃至聚落的形态，因此在宏观层面探讨聚落的起源、建筑形态的发展与气候的关系时，有必要分析当地的气候特征。需要重点考察的变量包括气温、湿度、风、辐射以及降水情况。

气温：在研究区域内，电白、高州、廉江以南属于热带季风气候带，在行政区划上归属茂名、湛江两市，是全省获取热量最高的区域，在气候上没有真正的冬季，农作物一年三熟，全年皆为生长期，冬季虽然受到寒潮的影响，但基本上未达到危害的程度，干湿季节分明。粤西其他地带属于南亚热带季风气候带，夏长冬暖，其中河谷与盆地夏季气温较高。

湿度：粤西地区属于高湿地区，年平均湿度多在81%～84%之间，其中徐闻高达

84%，是广东省相对湿度最大的地区。即便是在最为干燥的1月，粤西绝大部分区域的相对湿度也在75%以上，而夏季的相对湿度更高达85%以上。

风：粤西沿海台地多受台风侵袭。一般始于5月，7~9月台风最强最多，11月台风结束。罗定盆地、西江谷地处于天露山、笔架山之北，是背风坡，又受西江谷地的影响，周围山地屏障，风速较小。冬季西江是寒潮的通道，降温幅度较大。

降水：由于受地形的影响，云雾山南麓阳江、阳春有利于形成降水的山地迎风坡，降水丰沛，其中阳江的年降水量为2280毫米；云雾山北面以罗定盆地形成少雨区，罗定年降水为1370毫米；雷州半岛一带也出现少雨地带，徐闻的年降水量为1358毫米。由于受冬夏季风交替影响，粤西地区雨、旱季分明。4~9月高温、湿润、多雨，降水量占全年的70%~85%；10月至次年3月相对低温、干燥、少雨，其降水量只占全年的15%~30%，其中特别指出的是，雷州半岛是沿海降水丰富地带旱灾严重地区，冬、春季节蒸发强烈[1]，所以旱情以冬旱和春旱为主，严重时旱季长达半年以上[2]。总而言之，对丘陵地区而言，需要注意密集降水造成的山体滑坡和水土流失；对于沿海台地而言，洪涝和干旱灾害经常暴发，台风带来雨水的影响更加严重。

太阳辐射：粤西地区是典型的热带、亚热带湿热气候区，全年云层覆盖显著，仅在年末有所减少。受其影响，太阳直射并不显著，只在年末云层减少时有较大幅度增长。而太阳漫射则在整个夏季的强度都较高，这在云层覆盖的共同作用下，形成了潮湿气候。

粤西地区乡村传统聚落对于上述方面有着深刻的理解，在没有空调、供暖设施以及维护结构保温材料的情况下，通过聚落整体及建筑自身的调节去回应气候条件的限定，聚落普遍体现出在聚落选址、格局布置、单体设计等各个设计层面中对本地气候特征及自然环境山水格局的良好把握与利用，并且对聚落微气候环境的营造有着进一步的理解。

二、社会背景

1. 季风、王朝更迭与移民

岭南地区地形比较复杂，在古代，实现"车同轨、书同文"的难度较高，这从今天的方言分布也可以看出来（图1-1-1）。"岭南远离中原政治中心，封建王朝大有鞭长莫及之感，形成政治上的相对独立性和稳定性"[3]，除了珠江三角洲地区以外，包括粤西在内的岭南地区在当时经济、文化并不发达，政府在当地的控制力度与中原地区相比非常小。

全国区域范围内的气候变化是汉人屡次南迁广东的一个重要动因。中国季风气候最重要的特征是干湿季明显，四季分明，特别是夏季风最为反复无常，极易产生洪涝灾害或

---

[1] 梁红梅. 雷州半岛农业旱灾脆弱性研究[D]. 广州：广州大学，2006.
[2] 曾昭璇，黄伟峰. 广东自然地理[M]. 广州：广东人民出版社，2001：119-120.
[3] 司徒尚纪. 岭南历史人文地理：广府、客家、福佬民系比较研究[M]. 广州：中山大学出版社，2001.

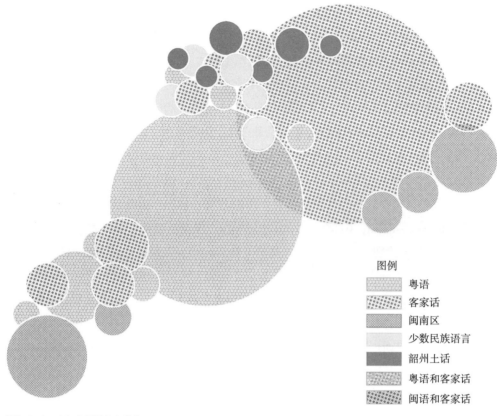

图1-1-1 广东省汉语方言分布

干旱灾害，造成农业生产不稳定，要么极为过剩，要么极为短缺。如果季风带来的雨量适中，则粮食产量增高，短时间内人口暴增；如果季风带来的雨量过多或雨量过少，则造成广泛的洪涝灾害或干旱灾害，粮食产量降低，继而造成大范围的灾荒，人口数量下降。

每两三百年为一个循环周期的全球性冷暖期更替（小冰河时期），中国的季风气候格外加强。近年来，科学家们通过勘探冰层和地质，发现气候变化和中国古代王朝的兴衰有着高度的一致性（图1-1-2），著名的盛世气温往往明显高过王朝衰落时期。除了秦朝是个例外，中国古代社会经济的衰落与百年尺度的气候冷暖呈现同期性[1]。由小冰河时期引起的重大历史事件对于今天粤西乃至整个岭南地区的传统聚落分布与空间形态有着至关重要的影响。

虽然小冰河时期现象在中国与欧洲都曾经存在，但在中国造成了严重的后果。对比历史上温带海洋性气候的欧洲，粮食产量不高但相对稳定，很少出现由气象灾害引起的粮食产量大起大落的现象，很难出现大范围的饥荒。在这种情况下，欧洲人对于生存环境有着相对稳定的预期，因此欧洲的教堂可以花费上百年的时间修建，而住宅建筑随着

---

[1] 葛全胜，方修琦，郑景云. 中国历史时期气候变化影响及其应对的启示[J]. 地球科学进展，2014，29（1）：23-29.

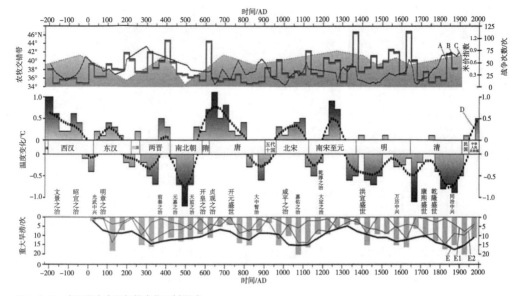

图1-1-2 秦汉以来中国气候变化及其影响
(来源:《中国历史时期气候变化影响及其应对的启示》)

社会的进步、技术水平的提高和审美的变化呈现出强烈的时代特征,同时乡村聚落也可以被不断改造以适应新的乡村环境风貌。然而,在季风影响下洪涝灾害和干旱灾害交替频发的中国,社会的稳定发展则需要更高昂的成本,往往一场洪灾袭来,不仅造成人员伤亡,也会使村落和田地面目全非,任何的人工建设首先要考虑如何生存下去。因此,便不难理解为何中国历朝历代的统治者都不惜成本兴修水利工程,相关水利工程的记载在粤西地区的方志中比比皆是,甚至一些水利工程依然惠及当代。

粤西乡村聚落的分布和空间形态,以及其背后的社会组织、意识形态也深受人口变迁和自然环境的影响。王朝初期人少地多,人力价值高,土地价值低,但随着人口的暴增,到了王朝末期,人力价值变得极其低廉,土地反而变得值钱,而这时的气候波动极容易导致大规模饥荒。人们往往将责任归咎于饥荒中富人囤积大米的行为,指责富人的为富不仁。饥荒往往会导致农民揭竿而起,最后导致社会动荡和改朝换代,使得又一次轮回重新开始。气候的变化无常导致的中国社会一再封闭循环的"内卷化"[①],使中国人节俭并信奉"不患寡而患不均",产生仇视商人的投机行为。过剩的人口和战乱带来了移民的数次南下,自耕农为了获得更好的生存条件而举家搬迁,寻找可以躲避战乱以及更适宜耕作的地方,乡村聚落区域分布的迁徙和拓展成为历史必然,人们从自然灾害经常发生的地区迁移至气候温和、自然灾害相对较少发生的地区,从土地贫瘠地区搬迁至土地肥沃的地区。农户流动的轨迹追寻的是农业生产的经济效益,在同样劳动投入下获得更高的收益,是规避生产风险的理性选择[②]。而在岭南小区域范围内,与全国整体趋

---

① 黄宗智. 长江三角洲小农家庭与乡村发展[M]. 上海:中华书局,2000.
② 李贺楠. 中国古代农村聚落区域分布与形态变迁规律性研究[D]. 天津:天津大学,2006.

（a）新兴县水湄村　　　　　　（b）郁南县石脚村　　　　　　（c）雷州市禄切村

图1-1-3　粤西地区乡村聚落空间环境类似的紧凑布局

势不同，在宋朝后期也曾出现人口减少和向湘赣地区回迁的趋势，这反映了移民同样也需要适应岭南湿热气候的现实。但无论怎样，在大的历史背景下，抵御自然灾害和社会动荡，并且努力适应和改善人居环境始终是聚居者需要解决的问题。基于朴素的"不患寡而患不均"的平均思想和节地思想，促成了村民聚族而居的习惯。粤西地区的乡村聚落空间往往显示出紧凑整齐的基本特征（图1-1-3），棋盘式或梳式布局往往是最普遍的村落格局形态，建筑单体之间差异较小、功能单一，即便是士绅阶层的住宅也只能限制在一定面积的地块内进行建设，这种聚落整体形态也在湿热气候适应性方面表现出良好的聚集效应，是居住者适应和改善人居环境的结果。

2. 北人南迁背景下水路、海运及驿道的开辟与变迁

秦汉时期为广东开发的初始期，西江和北江各支流是汉人南下的主要通道（图1-1-4），沿途的一些河谷盆地首先成为开发对象，封开、梧州一带有"初开粤地"之说。秦汉时广东所立郡县，主要分布在西江、北江和东江中上游，以及靠近航线的沿海地区，因此粤西北部山地与南部沿海平原台地在秦汉时期均得以开发。因地势关系，两个区域之间交通不便，若要从当时的岭南第一大经济都会番禺（今广州），到达今天粤西地区远端的高雷地区，首先溯西江而上至广西梧州，经北流江向南，转换梧州—合浦陆路古驿道至郁林（今玉林），再经过南流江进入廉州，廉州往东到达化州、高州，往南直通海康（今雷州）及中国最早的外贸港口之一徐闻，道路迂回。同时，西江路段水险，汛期常常中断驿行；并且广西路段路险，人迹稀少，常为盗贼所侵。因此，此时西江沿岸与高雷地区相对独立各自发展，构成多中心并存的发展格局。

南北朝时期北方战乱，岭南地区相对安定，为安置中原移民，在粤大量侨置郡县，直到唐代，粤西仍是广东行政建置最密集地区。隋唐时期，西江地区开发达到高潮，但自唐代开凿大庾岭山道后，从中原南下的路程，走北江则更短，因此西江航运地位逐渐被北江所取代。与此同时，广东沿海贸易线路随着造船技术的提高得以发展，海上贸易路线从泉州、漳州、潮州，沿海岸线航行可转广州、雷州。因此，唐代开始，陆续有闽南人移居雷州半岛地区。

宋代广东人口和经济重心由西江流域转移到珠江三角洲和沿海地区，西江流域失去

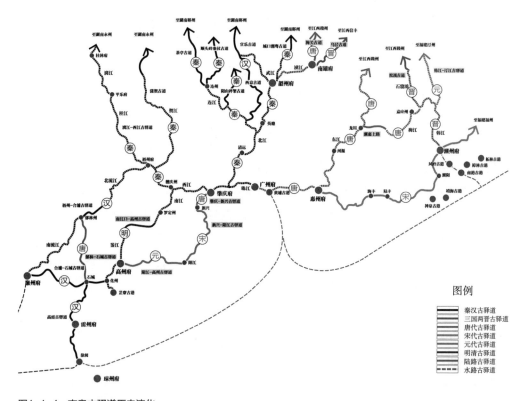

图1-1-4 南粤古驿道历史演化
(来源：改绘自《唐宋南粤古驿道的空间轴向关系探析》)

了经济优势地位，地区开发总趋势也由盛转衰。为了支持当时对占城及交趾的战争以及加强广州与高雷地区的海外贸易商品运输，宋元时期粤西地区开辟了新的驿道。这条驿道从广州至肇庆，在崧台驿折南，经南恩州，直插高、雷、琼诸地，大大促进了广州与高雷地区的沟通，驿程被大大缩短，经广西的旧驿全长约为750公里，而新的驿道全长约为500公里，缩短了约三分之一。同时，新驿道比艰险的水路更加安全。这条新驿道对广东社会经济的发展有着重要影响，逐渐取代了旧驿道，经常为经商者利用，同时通过修路、筑城、驻军、剿匪，使驿道沿线的路、州、县有了不同程度的发展。从元代开始，高雷地区一跃成为全国重要的粮产区和经济作物种植区。经过元政府近百年的经营，到明朝统治者统一广东时，便直接利用了这一驿道。由于新驿道在政治上密切联系了广州和高、雷、琼地区，最终使粤西的高雷地区和海南岛划归广东管辖，至1988年海南省正式诞生，整整六百年归属广东不变[①]。

明代，南江口至高州古驿道通过陆路交通连通了西江、南江以及鉴江，从德庆州沿此驿道可到达高州，成为另外一条打通西江流域和高雷地区的通道。随着道路体系的完善，明清时期粤西地区相继有省内外客家人、闽海人和少数民族迁入垦辟荒地，而当地的黎、瑶、畲等少数民族到了清代逐渐被汉化，与客家人一起，成为西江南江流域开拓

---

① 颜广文. 古代广东史地考论[M]. 广州：中山大学出版社，2007.

山区的重要力量，各种地域文化在这个过程中相互影响，相互交融。

3. 地域文化的互相影响与交融

先秦时期，岭南就生活着百越人。虽然自秦汉起，就不断有移民迁入粤西地区，但是由于地形阻隔，交通极为不便。粤西地区沿各流域相对独立发展，使不同民系的形成成为可能。

秦汉进军岭南，主要沿西江、北江沿岸和粤中地区进入，定居于西江沿岸的居民，成为广府民系先驱者的一部分。西晋末年战乱，除了西江流域继续有中原汉人不断涌入外，一部分人自江西、福建取道韩江、梅江支流入粤，成为客家人的雏形。一部分中原和闽南汉人进入潮汕地区，成为闽海系（包括雷琼民系）最早的居民。唐代，随着人口的不断迁移和繁衍，西江沿岸和高雷地区成为广东人口最稠密的地区。

宋元时期，广东进入以土地利用为中心的开发高潮，广府、雷琼民系在粤西地区初步形成，广府民系在粤西地区占据除雷州半岛外的大部分地区，而粤西地区的少数民族，一部分被汉化，一部分则向山区转移，渐渐形成比较稳定的分布区域。雷州半岛则在南宋末年由于战争的缘故出现大规模的迁徙，福建人成为移民主体，这些移民成为汉文化传入雷州半岛的载体，他们陆续定居，繁衍生息，才使雷州地区地广人稀的面貌彻底改变①。随着粤西地区新驿道的开辟，加强了高雷地区和粤中广府核心区域的联系，因此，雷州半岛的闽南移民也在与广府文化的交流和影响下，逐渐形成独特的雷琼民系，属闽海民系的一部分。

明末长期战乱导致人口下降，而清代在平定三藩之乱和收复台湾之后进入和平时期，人口持续增长。西江流域自宋代起即为岭南发展落后地区，自身经济文化力量较为薄弱。明清时期人口急剧膨胀，大量粤中广府人沿西江及西江各支流迁入此区域，带来了广府地区的营造技术和民居形式，因此粤西广大地区成为广府次文化区。

乾隆时期人口仍然继续增长，而按照当时传统中国农业深耕的劳动密集型投入的技术条件，可耕种的土地已开垦完毕，人们垦山为地，与水争田②，造成植被被毁、水土流失，也造成移民的流向和分布日趋复杂，给当地的生态与社会结构带来双重破坏，各种矛盾日益尖锐。例如，罗定州在明代是"瑶区"，各种势力交叉掺杂，然而在乾隆时期，东安、西宁（郁南）迎来了大规模的汉民移民潮，并呈现往山区内部开发的趋势，清嘉庆二十五年（1820年），罗定州人均耕地比经济发达、人地矛盾已十分尖锐的广州府还要低。道光以后，水稻耕作潜力已发挥到极致③。同时，番薯、玉米、花生、烟草等引进的旱地作物的栽培深入山区，西江和南江流域森林植被遭到破坏，在丘陵地区造

---

① 叶彩萍. 雷州半岛古民居[M]. 广州：岭南出版社，2006.
② 倪国华，丁冬，张璟，喻志军，等. 生态环境的承载能力是制约人口发展的瓶颈吗？——基于历史分析的视角[J]. 林业经济，2014，36（6）：13-19.
③ 陈宇思，余天佑. 清代前中期广东罗定州的开发——以当地发现的各项契约文书为基础[J]. 安徽文学月刊，2016（7）：121-122.

成水土流失和水旱灾害，水灾导致农田淹没、淤塞河道、破坏水利，冲毁房屋；旱灾严重降低农作物产量，造成饥荒，引起米价骤涨，导致饥荒和社会动荡[①]。

清初实行迁海令，以及后来又恢复沿海各县原来的地界，导致沿海人口一时不能恢复，于是清政府实行招民垦殖的政策，此时大量涌入两广地区的新移民被称为"客家"，与本地人的矛盾逐渐尖锐，原本就人地紧张的情况则更加严重，这最终导致了咸丰、同治年间的"土客械斗"，共涉及17州县[②]。本书所涉及的粤西地区，在事件晚期受到一定波及，咸丰末年四邑地区土众客寡，加之客民内部失和，导致客民相继惨败，由沿海地区的阳春、开平、恩平等地，向内陆多山的新兴、罗定、东安、西宁等县转移。其中，清同治三年（1864年）在阳春失败的戴梓贵率领数万客民进入新兴，"所过村庄，掳掠焚烧，悉成灰烬"。罗定、西宁两地本是洪兵活动之处，官兵刻意防范客民与洪兵联合，加之当地乡团势力较大，客民领袖戴永英在与官兵、土民乡团战斗中败多胜少，其在同治三年伏诛后客民于此地活动逐渐消匿。斗祸平息后，清政府或将"求抚"客民回归原籍，或安插到其他府县，当时主要选择广东高雷廉琼四府和广西东部作为安插之地，这些重新安定下来的客民在新居住地逐渐繁衍壮大，使粤西地区的部分区域也受到客家山区文化的影响。

不同人群、文化的交融，经过数百年的积淀，区域内百越文化、广府文化、雷琼文化、客家文化互相同化，并根据自然条件在乡村聚落的环境、布局、公共空间、建筑形制、结构、材料、装饰、构造、式样、题材方面形成独特的地域特征。

第二节

乡村聚落空间形态构成

本节从聚落选址分布及外环境特征、村域环境要素构成、聚落空间肌理构成总结传统乡村聚落在各种主导因素交替演化、分化整合的作用机制下的空间特征。

一、聚落选址分布及外环境特征

乡村聚落空间环境由住宅用地、耕地、山川、道路等共同组成。在当代，随着土木技术和建筑机械的发展，理论上无论何种地形和地貌都可以进行建设和建造、改变土地的形状，因此也导致了各种问题的产生。而对于粤西地区的传统聚落营建而言，决定村

[①] 罗莉. 清代西江下游生态环境问题述略[J]. 学术论坛, 2014, 37（1）: 143-147.
[②] 刘平. 被遗忘的战争——咸丰、同治年间广东土客大械斗研究[M]. 北京: 商务印书馆, 2003.

落形成的是大地形状，自然环境是人们聚族而居赖以生存的物质基础，人类活动需要主动地适应自然环境，因而必须依赖聚落空间与自然环境的依存关系，这就意味着人们在实践中不断积累对于聚落选址的经验。人们往往选择近山、近水、近田、近交通的位置建村。在地形前提之下，人们巧妙地利用自然环境特征，并且积极地改善聚落生态环境，这就涉及人们对聚落空间及周边土地利用的策略，具体的策略可能包括营造风水林、修筑堤坝、完善人工水系保证旱季、雨季均有适宜的水位为居民提供生活便利等。

聚落分布形态的过程、机制及类型根据不同的地理环境、产业结构和社会发展水平的差异，决定了不同区位条件下，空间形态发展呈现出不同的选择，乡村聚落体系的形成无形中要适应自然地形、水系和耕作土地条件。基于卫星地图影像资料及历史地图，可以发现粤西不同地域的乡村聚落在个体形态、组织结构与空间联系上具有差异。反映了在自然差异的背景下，不同人类活动方式与程度影响和改变了村落土地利用结构与地域景观格局。然而，无论何种类型，聚落建筑景观空间都是依托周围的山川、河流、田野和其他原真朴实的自然景观而形成乡村聚落的鲜明特征。

按照粤西地区大地貌形态，可以大致将粤西的乡村聚落划分为山地聚落和平原台地聚落，由于自然地理环境的不同，导致山地聚落和平原台地聚落有着较大差异。

1. 粤西山地聚落选址及分布形态

西江流域乡村聚落的空间分布与水系分布具有一定的内在规律，山地所占面积较为广阔，早期村落选址多在河谷盆地，即便在较为复杂的地形条件下，家族也通常会选择一处较为连续的土地作为聚集地。传统的聚落选址往往注重对于外界生态环境与聚落空间形态之间的关系，特别重视对天然水体的利用，有利于生产和生活。最理想的村址是靠近河流的平地，可以靠近大规模农业耕作区；然后是连续的台地和较缓的坡地，既可以靠近平地种植玉米、红薯等农作物，也可以利用山地提供木材、茶叶等烟叶等经济作物；同时，聚居基址会选择在一个用水方便又可以相对减少水患侵扰的地方。这样的地形既可以保持他们有相对宽裕的扩展空间，以满足家族扩大的需要，也可以保证家族的日常生产生活对于环境资源的取用较为便利（图1-2-1）。从清乾隆二十三年（1758年）新兴县地图可以看出（图1-2-2），至少在明清时期，乡村聚落的分布就已经与水系呈现出"串珠葡萄状"关系，表示村名的汉字在地图上呈现出背山面水的关系。以新兴县六祖镇集成河流域为例（图1-2-3），集成河沿河形成狭长的河谷小平原和冲击小盆地，流域两侧以中低山、丘陵为主，河流整体呈南北走向。流域自上游往下居民点、水系密度、水塘数量及面积依次递增。流域下游鱼塘密布，是天然的湿地系统，水塘既可以成为生产性的空间，又是生态性水系自净生态系统的一部分。从聚落形态上来看，上游的组团往往位于尽端路上，聚落位于尽端路末端、山脚下，受地形限制，呈现出高度集约的团块状，且规模较小（图1-2-4）；下游居民点密集连绵，与水塘田地相互咬合分布，且规模较大（图1-2-5）。人类聚落系统规划中要适应自然地形、水系和耕作土地条件，从聚落等级上来看，聚落呈等级分布，与水系密切相关：自北向南，新兴县城为第一等

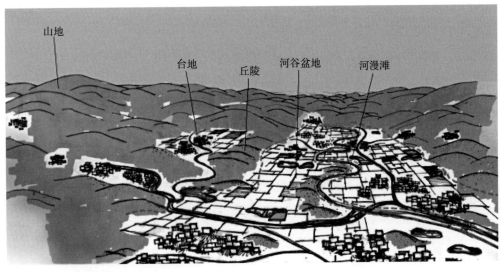

图1-2-1 西江流域集成河典型自然条件
(来源:《云浮市农林水土生态统筹发展规划》)

图1-2-2 清乾隆二十三年新兴县
(来源:转引自《新兴县志》1993年版,彩页4)

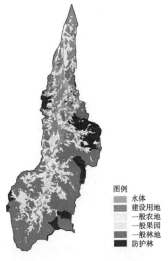

图1-2-3 集成河流域用地现状
(来源:《云浮市农林水土生态统筹发展规划》)

图例
水体
建设用地
一般农地
一般果园
一般林地
防护林

图1-2-4 集成河上游乡村聚落分布形态

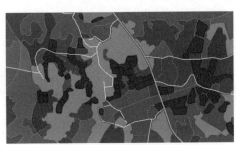

图1-2-5 集成河下游乡村聚落分布形态

图1-2-6 郁南南江流域聚落分布形态，深色部分为传统建筑

级的聚落，占据较好的区位，位于较大河流的交汇处；较大的圩集为次级聚落点，往往位于各支流流域中游，地势较为开阔，在集成河流域为集成圩所在地；其余聚落为普通村落。此外，居民点早期发育基本依托河流，而道路的建设基本沿袭原有格局，道路的建设又相应强化了历史居住格局。

同属西江流域，西江南岸的郁南县，受族群杂居、土客矛盾的影响，家族聚居的空间防卫性更强，通常体现在民居单体向心性增强，多为紧凑而大型的多进住宅，房屋规模宏大，这些大型民居的边界更加清晰，也相对更加封闭[①]，呈现出一定程度的客家民居特征。这样的村落多位于山间河谷地相对开阔的盆地或台地上，几个大型的多进民居松散地组合在一起，村落整体布局自由灵活，没有明显的边界，但村落依然受顺应山势、河流、沟渠以及耕地等多重因素的影响，呈"之"字形带状分布。聚落多挖掘有水塘或位于河流边，便于生产生活取水，且村落与田地关系紧密（图1-2-6）。

2. 粤西沿海平原台地聚落选址及分布形态

受地形影响，粤西沿海平原台地聚落的分布形式有异于西江流域串珠葡萄状或"之"字形的聚落分布形态，由于当地地质年代相对短暂，地形以平地、阶地和低丘地为主，最高山丘海拔不超过260米，地势平缓，因此，聚落多呈现出共生均质分布。早在新石器时期，当地已有先民繁衍生息，当时聚落多选址于沿海台地。雷琼地区受临海环境和福佬文化的影响，聚落选址往往近水滨海，又由于雷州常受台风侵袭，台风风向不定，时为北向，登陆后转南向，俗称"回南"，因此坐落在山埠南侧平坡地或者凹形坡地的聚落，能较好地抵御台风侵袭，成为聚落选址的首选场所。

在雷州南渡河流域，土地平坦、地势低洼且接近水源，这样的地形有利于水稻开发，而水田是人们生存的重要基础。因此，聚落往往分布在不适于种植的海陆过渡区域，人们对低洼的土地进行改造聚居成村，联系村落的道路以及人工水系往往呈直线型

---

① 李睿. 西江流域传统村落形态的类型学研究[D]. 广州：华南理工大学，2014.

（图1-2-7），因此形成的村落也沿着直线分布，村落形态呈现高度集约的团块状，以便将最好的土地让位于水田生产农作物（图1-2-8）。这种土地利用方式既保证了生产区域的最大化，有利于同种作物的统一种植与管理，又充分利用了不理想的土地，并且村落处于海陆之间，也便于人们进行捕捞养殖，兼顾海陆两种生产①。

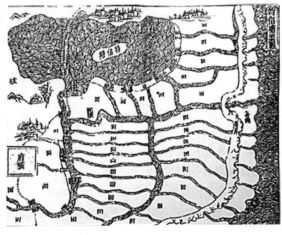

图1-2-7 特侣塘渠图
（来源：清嘉庆《雷州府志》）

3. 聚落外环境特征

传统聚落讲究背山面水。以潮溪村为例，聚落整体位于东、西、北三面偏高，南面偏低，形同谷箕的凹形坡地内，四周土地广袤，这里又有溪流穿行而过，交通便利。谷箕形的缓坡有利于排水，避免洪涝灾害，朝阳的地形可以争取良好的日照，面水则可以迎来夏季从南方吹来的凉风，四周环绕的溪流有利于农业的灌溉，水塘可以适当进行水产养殖，村落周边的榕树果林可以保持水土，调节小气候，果林还可以取得经济效益和部分燃料能源。在农业经济自给自足的时代，潮溪村聚落系统与周边的地理环境形成了生态的动态平衡状态。从风水角度来讲，形似谷箕的地块东南面开敞，是一处较好的环境（图1-2-9），村落东、西向各有一条支流汇入自村南向西南蜿蜒的小溪，溪流曲折平缓，酷似天然防护城将村庄包围，周边水草秀美，土地肥沃。此外，村南有一水塘，整体布局背山面水，以达到聚

图1-2-8 雷州南渡河下游海陆过渡地区依照人工水系及道路直线分布的团块状村落

---

① 梁林. 基于可持续发展观的雷州半岛乡村传统聚落人居环境研究［D］. 广州：华南理工大学，2015.

气的目的，利于藏气和防护。距村北约2公里远的地方有座岭，形状像古代的"谷围"，被称为"谷围岭"，坐北朝南，起到了靠山的作用，此岭比潮溪村聚落地势大约高三四十米，面积约2平方公里，北面是绵延曲折的"毛云岭"。简言之，潮溪村的关键地理因素包括谷围岭、三条溪流、水塘和远处的毛云岭，这些因素共同营造了潮溪村藏风聚气的风水格局。

图1-2-9　从村落东南面溪流望谷箕地

二、村域环境要素构成

乡村聚落是以人类活动为主体的复合生态系统，乡村聚落的建筑空间及其间人类的活动是系统的核心。农业经济时代，由于社会组织的控制和相对简单的经济体制，使聚落长期以来保持相对闭合的、自足和自循环的较稳定的聚落空间形态。然而，这种空间形态并非是一个完全封闭的系统，它一直与周围的环境进行着物质交换。而村域包括山水田园的自然环境要素与历史环境要素。

1. 自然环境要素

自然环境要素是通过历史过程中人工干涉而得到维持的"二次自然、人工的自然"，是平凡的且不被人注意的景观，但是因为其手法非常尊重当地的自然环境，从而让人产生亲切、舒适和怀旧的感觉。聚落村域边界的自然环境要素主要有环村绿化、农田、水系、村围、过境交通和路网。以潮溪村为例，利用拓扑学的方法和概念对潮溪村聚落与小范围内各自然环境要素之间的关系进行分析（图1-2-10）：

（1）环村绿化为聚落提供了遮阴功能、降低了聚落整体能耗、美化了环境，其中种植的果树为聚落提供了部分食物来源（图1-2-11）。

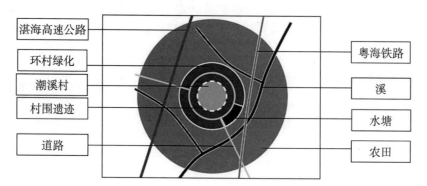

图1-2-10　自然环境要素拓扑关系图

图1-2-11 周边绿化

图1-2-12 农田

图1-2-13 南侧溪流

图1-2-14 水塘

（2）农田为聚落提供了各种不同的作物，为聚落提供了食物和经济收入。地势平缓、土地肥沃、水源充沛、交通便利、农业生产条件优良的农田是聚落得以维持的保障（图1-2-12）。

（3）水系起到"防内涝、灭明火、降酷热、成景观、促进生物多样性"的多重作用（图1-2-13、图1-2-14）。

（4）村围虽然是人工构筑物，但经常与环村绿化相结合，融为一体，形成封闭的村落边界，构成村落第一级防御体系，村围既构筑聚落安全防线，也具有将村民团结在一起的功能。随着时间的流逝，村围消失，而环村绿化还依然存在。例如，潮溪村依然能在村落东门处看到这种村落防御结构的遗迹（图1-2-15）。

（5）过境交通和路网是村落与外界交流的渠道，环绕的村道连通周边的农田果林，并与周边的路网联系。传统的村道尺度满足人与马车通行，宽度适宜，材料质朴，路旁设置高大的树木，遮天蔽日（图1-2-16）。然而，随着当代交通的建设、路网的改线以及对于机动车交通的需求，传统路网功能往往逐渐衰落。

村域边界要素与聚落之间形成了一种同心圆关系，自然环境要素为聚落提供了自然生态和物质基础，优美的田园景观成为乡村聚落与外界进行物质交换的缓冲区，类似于蛋白与蛋黄的关系。另外，自然环境要素可以调节聚落的微气候，构成了聚落宜人的环境。这种同心圆关系曾是多数传统聚落与外界物质交换的构成方式，要素对乡村聚落生态环境的构成有着重要意义，维护了聚落体系的完整性和延续性。

图1-2-15 潮溪村东门村围遗迹

图1-2-16 潮溪村东门村口空间

图1-2-17 石狗与榕树

图1-2-18 榕树与树池

图1-2-19 水井

图1-2-20 小型崇祀构筑物

随着当今乡村聚落的快速扩张和发展，失去了对传统聚落格局和尺度的遵循。更多的村落，往往出现"空心村"和村落边缘新住区超尺寸无序发展同时发生的情况，村域边界荡然无存，环村绿化、农田、水系等环境要素支离破碎地散布于住宅之间，乃至彻底消失。

2. 人文环境要素

在村域边界，人文环境要素有人工弥补风水不足和改造自然环境不利因素的作用，明确了公共空间功能的意义和主体，标示和美化了空间环境。对于村落整体而言，村门、石狗（图1-2-17）、榕树（图1-2-18）、水井（图1-2-19）、各种小型的崇祀构筑物（图1-2-20）成为公共空间设计的重点。这些历史形成的人文环境要素多位于村落的重要空间节点，因地制宜，与田园村舍具有很好的融合，成为村落标志性景观。人文环境要素多选择在村边不远处，避免深入村落居住区。这些环境要素不仅对村域边界起到了一定的界定作用，也影响了村落的整体布局与村民的行为，显示出对村落形态的塑造。这些历史环境要素都贴近乡民的日常生活，丰富了村落中的重要交往场所空间。

三、聚落空间肌理构成

聚落空间肌理在本书中是由道路、地块、建筑、沟渠水系等要素构成的，通过长期演化而成，形成"点—线—面"结合，具有一定空间秩序的空间形态。

在"面"的层面，本书重点研究地块空间肌理，因粤西地区聚落普遍较小，且规律性较强，本书将地块研究简化为新村地块与旧村地块。这里用"旧村"和"新村"强调的是一个历史村落自发的演变过程，旧村是指1949年前已经形成的完整肌理地块，新村是指1949年后形成的地块。

在"线"的层面，本书重点研究其中道路空间肌理的构成与优化，包含对外交通道路、村内主要道路、巷道三个层级。而沟渠通过人工设计往往汇入村域边界的水系，因此，本书将沟渠纳入村域边界的研究。

在"点"的层面，本书重点研究建筑单体空间肌理，尺度介于建筑研究和城市空间研究之间，其构成要素主要包括建筑平面的形式、尺度、构成，建筑高度、朝向；也包括屋顶形式、建筑立面的基本形式、建筑材料及立面细节特征等。

另外，重要公共建筑的前广场、巷道与村域边界往往会形成重要空间节点，如村口、巷道中的重要道路交叉口、祠庙前的广场等，节点与人的行为密切关系，从而成为村落公共空间的关键经营位置，具有地标的属性。由于这些节点往往也控制着村落居民点的边界，与村域的水系、护村绿化等发生关系，因此将这些节点纳入村域边界的范畴进行研究。

第三节

乡村聚落的地域化特征

一、民系与聚落

如前文所述，由于地形和交通限制，粤西地区的文化多样性而产生了多种民族和民系，百越、广府、雷琼和客家民系相互交融的影响，形成了文化多元的聚落类型。

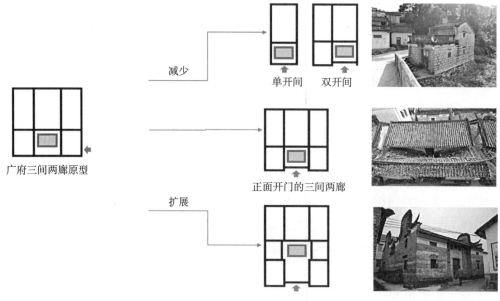

图1-3-1 粤西地区受广府文化影响的聚落特征

1. 广府文化影响的聚落

粤西地区广府文化主导的城乡聚落分布广泛，属于粤西广府次文化区，包括肇庆、云浮、阳江、茂名大部分地区以及湛江的吴川、廉江、坡头、霞山、赤坎等地区。受大山阻隔，同时又有水道直接联系粤中广府文化核心区，粤西乡村聚落的文化特征自然受到广府文化核心区的影响。新兴县广泛存在梳式布局，同时由于山间平地、台地的腹地极小，经济条件有限，本地区的大型乡村聚落不可能像珠江三角洲地区那样铺陈开来，而往往以几个组团的形式在不同的标高平面上展开。三间两廊民居是最为典型的民居形式，分布极广，数量众多。但是与广府核心区的三间两廊民居相比，由于经济和地理的限制，粤西地区的三间两廊建筑材料和建筑装饰往往稍逊一筹。较为大型的民居，也仅仅扩展为四合天井式住宅。在人口稠密、用地普遍紧张的情况下，也可以通过在三间两廊民居的基础上，减少一侧或两侧偏房来满足基本的生活需要（图1-3-1）。

2. 客家文化影响的聚落

广东的客家人，主要分布在粤东及粤北地区，粤西的客家人主要是清朝时人口爆炸增长迁徙过去的。虽然人口不多，但在粤西地区分布广泛。客家建筑具有良好的防御性，其构成元素被粤西偏远山区的聚落所吸纳。客家堂横屋拥有众多公共、居住、储藏空间，能够满足大家族的居住需要，成为除三间两廊外，另外一种重要的建筑原型（图1-3-2）。

在粤西中北部山间盆地为主要地形的封开、郁南等地出现了融合广府文化和客家文化类型的聚落，通常为一个主干家庭或扩大家庭一体营建而成。空间中路的合院经常作为堂屋使用，因而具有强烈的序列感；两侧的生活空间可横向拼联更多加以附属功能的院落或排屋，满足家庭内更多人生活的需求；整体空间呈现出较为封闭的特征，防卫性较强。但与典型祠宅合一的客家民居相比，由于家族的祭祀活动已经主要由村中的祠堂承担，

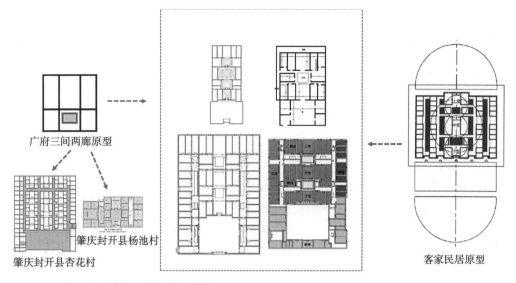

图1-3-2 粤西地区受客家文化影响的聚落特征
（来源：改绘自《西江下游流域传统民居建筑形式研究》）

因此民居的中路空间就不再以祭祀功能为主，因而更强调住宅中的公共活动功能。客家围屋中常见的横厅与过厅也变成了普通的交通空间，用于连通侧门、后门，这一形式与广府典型的梳式布局有类似之处。由于村民的生活习惯与广府地区居民的生活习惯更加相似，与客家的传统风俗有较大差异，因此建筑空间更强调小家庭居住、储物功能方面的独立性，使用者进入自己的居住空间时也不需要穿越他人的领地，这一点与客家人将各个区域的房间平均分配给各家用以维持整个家族团结而牺牲私密性的做法迥然不同[①]。

建筑物立面的处理手法、装饰装修依然保持了广府民居的特征（图1-3-3），民居多采用青石墙，屋两头大镬耳山墙高出屋脊，镬耳山墙中间低，清晰可见屋脊坡顶，轮廓分明，高低有序，具有丰富的空间层次，体现了天人合一的观念。装饰的重点多在山墙顶部、屋檐下方、屋脊、门楼等处。装饰内容丰富，有几何图案、花鸟鱼虫、历史故事、树石山川等，技术娴熟、别具一格，艺术水平很高。建筑装饰细节结合平面布局及勒脚的处理，在立面整体上形成横三段和纵三段的分割方式。清末民初，回乡华侨带来

图1-3-3 装饰装修方面依然保持了广府民居的特征

---

① 亓文飞. 西江下游流域传统民居建筑形式研究[D]. 广州：华南理工大学，2013.

了国外建筑样式的图纸、新的建筑工艺手法和技术，民居建筑出现了中西合璧的现象，但其空间依然是以三间两廊为核心的传统格局。此类典型的建筑在云浮郁南县西坝村、五星村，肇庆封开县杏花村、杨池村等均有分布。

3. 雷琼文化影响的聚落

受雷琼文化影响的聚落在粤西地区主要分布在湛江的雷州、徐闻与遂溪。

雷州建筑文化既不固执于本土，也不盲从于他乡，而是有选择地吸纳，有判断地取舍，进而形成了一种既有别于闽潮又不同于广府的具有强烈本土特色的建筑语汇。雷州地区相对地广人稀，用地比较富余，多采用传统聚落布局，建筑单元规模较大，平面形态灵活多变，聚落结构也相对松散。其建筑单体格局，以与广府"三间两廊"同构的"三合六方"单元为基础，加入闽潮建筑横向拓展的个性，但并不严守中轴对称的法则，形成开敞疏朗、明亮活泼的院落组合。能够满足多元化的使用需求。考虑到安全因素，有的建筑内部还刻意设计了具有一定迷惑性的交通流线，进一步增加了空间组织的复杂程度。其防御体系，更是把广府以村落为单位设置的碉楼，结合到具体的住居内部，同时引用了官式体系的瓮城要素，提升了防卫的深度和广度。由砖红壤制作而成的红砖是雷州传统建筑普遍采用的建筑材料。红砖砌筑的建筑，色彩艳丽、个性张扬，体现了雷州人民在红土文化的长期浸润下造就的热情奔放的性格和大胆直率的审美取向。其民居建筑造型，将潮汕的"五行山墙"与广府的"镬耳山墙"融合，再融入闽海原生的红砖墙体，出现了更加生动多元的形象。受闽潮建筑的影响，雷琼山墙也会根据建筑的方位、环境以及主人的命格，按照阴阳五行之说分为金、木、水、火、土五大类。但雷琼人热情奔放的性格和海纳百川的态度，使其山墙造型更为夸张，不仅基本型具有更多的变体，就连转折和跌落的频度也大大提高。不少山墙样式是雷琼民系独有的创造，它们提高了雷琼建筑文化的识别度，体现了当地人民特有的审美倾向和文化追求（图1-3-4、图1-3-5）。

图1-3-4 雷州民居装饰细节
（来源：自摄及《雷州半岛古民居》）

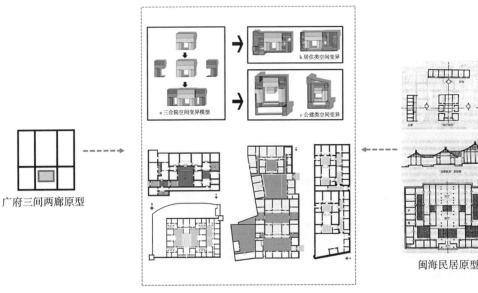

图1-3-5 粤西地区受雷琼文化影响的聚落特征
（来源：自绘、自摄及雷州市城乡规划设计室蔡健 提供）

图1-3-6 西坝村瑶寨村围遗迹

图1-3-7 雷州半岛地区的石狗

4. 百越文化影响的聚落

百越文化，主要指西瓯、骆越和南越各族系创造的文化。据历史记载，粤西地区上古时期便有古越族人聚居而栖，在接下来的历史中，中原汉人不断迁徙至此，大部分百越人被中原文化汉化，因此，古代百越居民建设的聚落留下来的遗存较少。比如前述的西坝村，原为瑶族村寨，目前只能看到瑶寨村围的遗迹（图1-3-6），大部分建设的传统民居，为后期移民过去的汉民系居民所建。从宏观村落整体形态来看，一些乡村聚落虽以广府汉民系的梳式布局为主要形式，但又同时兼具自由式和散点式布局特征，显示出本土的僚俚文化和疍民文化的基因沿存。此外，百越人民崇拜物的遗留文物也反映了古聚落存在的痕迹，比如遍布粤西，尤其是雷州半岛地区的石狗（图1-3-7）。

百越文化对于聚落的影响更多地体现在非物质文化层面。粤西地区有很多聚落含有百越语言，比如谓之云某的地名群，常见于高雷和西江地区，云在壮语中指"人"，如云浮、云城、云安、云卜、云贡、云贞、云田、云路等；含"博"字的地名，如博美、博怀村、博贺镇等；含"六"字的地名，如六合、六平山、六巷等，除翻译成"六"外，也译成"禄、陆"等，如禄源村、禄切村等；含"那"字的地名，如那罗、那花、那霍、那练村等[①]。

其他的非物质文化影响还有留存于粤西各地的民间习俗，如流传于南江流域地区的郁南县连滩镇一带的禾楼舞是古时百越乌浒族人（壮族祖先）庆祝丰收、祈求风调雨顺五谷丰登的一种舞蹈。

二、聚落空间特征与乡村社会组织

粤西聚落文化特征与聚落社会组织密切关联，以血缘及地缘为纽带，以精耕细作的农业为经济基础。基于血缘关系的传统乡土社会所提倡的耕读文化，在社会政治安定、经济稳步发展的时期，对于粤西地区聚落空间的塑造也起着重要作用。经过宋元时期的拓荒及水利建设，直接推动了农业的发展，使粤西地区原本不适宜农业耕作的土地得以改良。随着商品经济的快速发展，农作物生产水平逐步提高，沿海地区聚落和人口大幅度增长。明清时期，地区商业经济和耕读文化持续发展，平民子弟有机会通过科举制度进入官僚机构，并且促进了该地区的经济发展，同时也带动了聚落建筑营建水平的提高，改善了聚落生活空间质量。

由商品经济和科举制度共同影响所产生的士绅阶层对聚落文化特征的影响尤为深刻，主要表现在对乡村聚落的人为规划，包括对于村落空间重要节点和重要公共建筑的营造、对村落道路系统组织规划及对村落防御系统的建设。在建筑功能方面，功能类型围绕农耕背景的生活方式展开，以居住建筑为主，包括与生活相关的祠堂、庙宇等一系列建筑类型。建筑空间组合表现为由宗族等级观念与长幼尊卑秩序所决定的建筑形体组合关系。

士绅阶层参与了文化制度的建立，确定了村落约定俗成的规矩，例如在砍伐树木维护村落防御体系保护水源等方面对村民有明确的约束。在村落传统精神统治力量占优势的情况下，这些约定俗成的规定保持了聚落生态的稳定。

另外，由婚姻缔结的社会关系纽带也将各自发展的乡村聚落有机且紧密地连结在一起，将耕读文化的影响力延伸至一个地区社会组织的不同层面。例如本书的案例雷州落潮溪村与东林村，这两个士绅阶层曾是十分强大的村落，历史上互相通婚的情况就很普遍。

然而，这种耕读文化促进聚落空间发展的机制，只有在基于小农经济的传统和平盛世才能够起作用，而在世界局势发生突变、政治动荡的晚清民国时期，随着政治的颠覆和经济的衰退，基于传统耕读文化所形成的士绅阶层也随之衰落，最终也造成聚落空间的衰败，甚至倒退。

---

① 邵兰珠. 广东地名中的壮侗语底层词[J]. 广东石油化工学院学报，2015，25（2）：20-22，27.

第四节

空间形态结构特征解读

一、聚落空间形态结构的同质化特征

自然条件和土地承载力决定了聚落规模、聚落空间与建筑单体的基本格局和特征，受自然条件因素影响的乡村聚落往往体现出紧凑整齐的均质化特征，在岭南地区，村落格局这种均质化特征往往体现出整齐的棋盘式布局或梳式布局特征，建筑单体之间差异较小，形态紧凑，功能单一，亲水特征明显，聚落整体表现出良好的聚集效应。以广州从化钟楼村为例（图1-4-1），该村的村落形态就是典型的广府民居梳式布局，村落七条纵向的巷道如同梳齿一般纵向排列，再由一条横向主巷道将各条纵向巷道及院落空间清晰地组织起来，不仅通达性较好，在气候上也较好地适应了岭南湿热环境的空间组织形态。梳式布局这种源自于广府民系的聚落布局方式在粤西地区分布最为广泛，除了存在于广府次文化区以外，在本书涉及的雷州半岛地区，其文化上不属于广府文化，但其市域80%区域的乡村聚落，尤其集中于雷州城区附近，大多为梳式布局，因而体现出广州与雷州两所州府城市间较为密切的文化交流和影响。

例如，新兴县圩集密布，加工场所与原产地之间的分工明确，居民大部分商业贸易活动都可以十分方便地通过到达附近的多个圩集而得以开展，同时集成河流域农业用地极为紧张，传统聚落如水湄村（图1-4-2）的住宅建筑，聚落整体功能单一，与农业生产联系紧密，建筑单体则多为功能齐全的小型民居，可以独立进行日常生产生活，也可改造为祠堂、祖堂等公共建筑。聚落为梳式布局，整齐而壮观，建筑多为典型的三间两廊民居，以一进为主，每栋面积在110平方米左右，夹杂少量两进大屋。巷道纵横分明，布

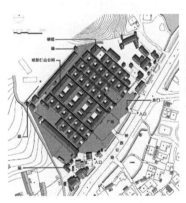
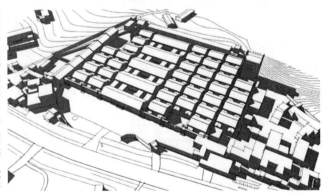

图1-4-1　广州从化钟楼村梳式布局
（来源：杨卓斯　绘）

局严谨，反映出部分广府地区梳式布局的特点[①]。但民居出入多通过横向巷道，正面开门，只有少量民居侧面开门通向纵向巷道。但与珠江三角洲典型的广府梳式布局民居出入多通过纵向巷道、侧面开门的方式仍有一定差异（图1-4-3）。

雷琼聚落梳式布局较广府梳式布局更为疏朗和松散，纵巷宽度较大。梳式布局的平原和盆地村落往往在平坦的土地上选择一块稍微高起的地块作为居住用地，周边低洼便成了水稻田与鱼塘，或者旱地作物为主的田地。居住用地中，民居建筑以祠堂为中轴线，在其两侧展开多列建筑形成聚落的面宽，每列建筑依前后民居数量形成一定的聚落进深，如东林村（图1-4-4）这种强调民居单元同向重复排列的梳式布局，应当是广东地区比较早期的梳式形态，与中原传统文化有着较为直接的传承关系。

二、聚落空间形态结构的异质化倾向

1. 地形差异导致的村落格局异质化倾向

在丘陵地形中的梳式布局非常讲求顺应地形地势，聚落往往由前至后逐渐升高，且高差较大，由村前主街联系着顺地形抬升的若干条大致平行的巷道，村落背后有后山作为风水靠山并植风水林。高差有利于村落巷道排水，同时也营造出了层次丰富的村落景观。当聚落内部地形变化

图1-4-2 新兴县水湄村梳式布局

（a）粤西新兴县水湄村民居入口多通往横向巷道

（b）珠江三角洲地区从化钟楼村民居入口多通往纵向巷道

图1-4-3 粤西地区与珠江三角洲地区梳式布局民居入口方式对比

图1-4-4 东林村总平面图
（来源：赖亦堆 绘）

[①] 亓文飞. 西江下游流域传统民居建筑形式研究[D]. 广州：华南理工大学，2013.

图1-4-5 禄切村总平面图

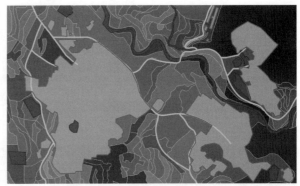

图1-4-6 新兴县龙山塘村多组团分布
（来源：谷歌地图）

比较复杂，民居单元受地形限制无法获得较为规整的街巷体系时，聚落的秩序感就大大降低。如雷州市调风镇禄切村，穿过茂密的树林，便可望见依山势建设的规模宏大的村落建筑群，该村共有数间祠堂，总祠堂在中心，分支祠堂在总祠两侧，民居围绕祠堂在外侧进一步展开，聚落的水平空间和竖向空间层次都很丰富（图1-4-5）。由禄切村的总平面图可知，依据实际地形条件，规整的梳式布局也会产生扇面状、放射状等种种变体。

2. 多族群混合导致的村落格局异质化倾向

岭南地区同族聚居的现象非常明显，多为单姓村，如果是新兴县龙山塘这样的多姓村落，则不同的族群集中在不同的空间组团内（图1-4-6）。当聚落为多姓共居，原本拥有多个不同朝向的梳式组团，随着时间的发展，族群的融合，或者缺乏整体监管的拆建、新建活动越来越多时，都容易打乱原有的组团分布规律。这类聚落的共同特点都是内部建筑布局较为自由，朝向比较多元，道路蜿蜒曲折，进而营造出形态多变的院落和层次丰富的巷道空间（图1-4-7）。

3. 贫富差距导致的村落格局异质化倾向

受自然条件和土地承载力制约的乡村聚落，村民贫富差距不大，功能单一，紧凑发展，以方便实用为主，但仍然不失乡土气息的美感。聚落的亲水特征明显，内部形态是小农社会阶层构成的直接体现，表现出高度均质化特征。主要受外来因素影响的乡村聚落，比如受外来经济和商业影响较为严重或由县城市集降为村落，或由科举制度导致士绅阶层的产生，均会导致村落内部贫富差异增加。由于贫富差异的增加，聚落内部体现出异质化特征，其村落格局和建筑单体特征往往直接体现了村民的阶层构成。聚落空间形态丰富，住宅形态规模差异明显，建筑类型呈现出多样化的趋势。享受与奢华是士绅阶层的生活方式，村落及建筑整体形态内向封闭，在装饰细节上格外刻意的渲染，体现出一种矛盾的价值观碰撞。

例如，郁南县连滩镇西坝村农商合一、以农为主的经济文化结构决定了西坝村聚落的营造并不单纯考虑居住功能，而是结合了当地农业生产与生活，结合了商业建筑与航运，并且重商的思维方式要求当地居民高效、务实地挖掘当地生产潜力和经济优势。人

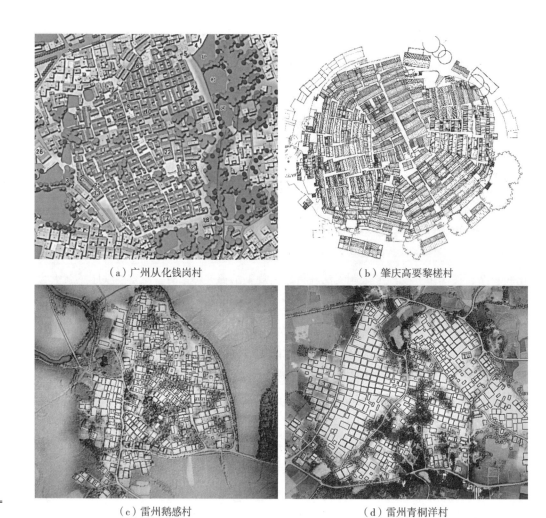

（a）广州从化钱岗村　　　　　　　　　（b）肇庆高要黎槎村

（c）雷州鹅感村　　　　　　　　　　　（d）雷州青桐洋村

图1-4-7　广府民系及雷琼民系多姓村落异质化倾向

图1-4-8　郁南县连滩镇西坝村自由灵活的聚落形态
（来源：根据传统建筑分布现状自绘）

们为减少耕作与经商奔波，三五成组、大小不一的建筑往往就地结为组团，利用地形顺势修建，最终形成依山傍水、自由灵活的村落形态（图1-4-8）。

即便是典型的单姓梳式布局聚落的内部空间也存在竞争，其结果可能是聚落空间不平衡发展。以雷州市龙门镇潮溪村为例，该村是陈姓世居的村落，据该村族谱①对照历史建筑分布分析，第五代陈元易（图1-4-9）及其屡中科举而形成的士绅阶层后代，深刻影响了聚落空间格局的发展。潮溪村村落格局呈现出较为规则完整的形态，这种布局方式在明末建村之初就经过了筹划，最早期的村落建设，已经确立了大体方位、朝向和用地范围，村落具体的建设始于目前村落东门的位置（图1-4-10）。

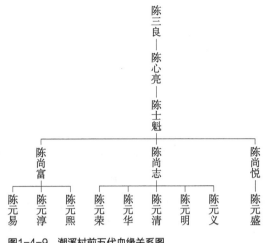

图1-4-9 潮溪村前五代血缘关系图

清代初期至乾隆年间，潮溪村周边的土地经过几代人的努力，逐渐得到了开发，元易公一支从最初农业开垦的家庭逐渐发展成为人丁兴旺、学农结合的士绅之家，而其他各支继续以务农为主，导致村落内部逐渐产生了阶级差异。元易公后人在早期村落规划中占有了绝对的话语权，他们在村落格局形成的时候已经占据了村落住宅用地的几乎一半土地。长子伟才及后人在靠近元易公祖屋的第一列用地，次子伟达及后人在靠近祖屋的第三列用地，三子伟桢及后人在靠近祖屋的第二列用地，这三列用地占据了潮溪村东侧的住宅用地。而长房的其他两支及次房的五支均在村落西侧（图1-4-11）。

随着时间的推移，陈氏内部各支出现分化现象。占据了大量建设用地的元易公后代人数激增。随着获得科举功名的人数不断增加、人丁的迅速增长，人口规模从而不断扩大，在家庭组织和制度上的建设日趋完善，形成了士绅集团，而村里其他各支人丁外迁

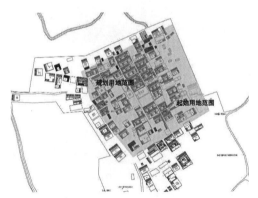

图1-4-10 起始发展用地示意图

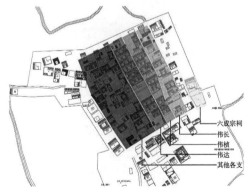

图1-4-11 各支土地规划示意图

①《潮溪村陈氏三良公族谱》。

和失传的情况突出。根据村落西侧的肌理判断，起初早期东侧的肌理也应该与西侧一样是庭院体量不大的建筑，但随着取得功名人数的增加和经济条件的改善，人们开始不满足于现状而寻求更加坚固精美的住宅。目前看到的格局保存完好的民居都是元易公后代在清朝中后期拆掉祖居而重新建立起来的具有规模和质量的好住宅，这也是东侧肌理和建筑保存较好的关键原因。另外，东侧建筑体量大、格局规整，均为典型的大面宽、主侧院，这与他们受到礼制、文化、财力等方面的影响以及严密的家族组织是分不开的。村落西侧的建筑由于人口的流失和家族组织始终比较松散而显得杂乱，同时建筑质量也禁不起时间的考验，纷纷坍塌破败。

村落早期宅基地的规划方式是统一而均等的，"不患寡而患不均"的思想始终扎根于人们心中，使得每一户人家限定在一定面积的地块内建设，若用地不能够满足需要，则必须另寻合适的地块进行建设。通过对现存部分建筑房主人姓名与其所属分支的情况及年代的调查（图1-4-12）可以发现，元易公后代自乾隆晚期开始，为了解决人口增长而最初规划的用地范围不能满足需要的问题，开始在村落东侧以外的范围寻找建设用地。从乾隆至宣统各个历史时期建设的豪宅，建设时间越晚的住宅越倾向于繁复、精巧、华丽的建筑艺术风格和复杂的庭院空间。到了清代晚期，村中的望族士绅拥有不止一座宅邸，如"观察第"和"富德碉堡"的主人十二世的陈国庆与"朝议第"的主人十一世陈钟祺合建了"峥嵘"作为共同的会客厅。陈锡厘除了"蹉尹第"还拥有另外一座宅邸。

元易公后代随着人丁的增加，失传率和失传人数也在上升，第十代97人中目前有41人已经失传。失传原因往往与经济状况有关，经济条件较糟糕的家庭无法顺利结婚，妻子更易改嫁，难以给幼儿提供较好的饮食和医疗条件，也无能力寻找过继男孩，这说明清代的中后期，在元易公后代内部出现了贫富分化。如图1-4-13所示的空地，曾属于伟桢一支的第十一世陈庆瑞只有一个女儿，也没有找到过继的男孩，因而失传，其住宅日渐荒废，这是影响村落布局的另外一种方式，使村落的空间产生了断裂[①]。

图1-4-12 重要住宅位置、年代及所属分支　　图1-4-13 空间断裂

---

① 林琳. 潮溪村历史聚落空间特征与可持续发展研究［D］. 广州：华南理工大学，2012.

第二章

粤西地区乡村聚落当代空间环境

聚落空间形态的当代演变机制研究应包含整体性与变异性的考虑。虽然粤西地区聚落空间形态历史上包含了广府民系、客家民系、雷琼民系以及本土文化的相互交融影响，在当今的发展中，其聚落空间形态的演变机制依然包含整体性，对整体性的把握可以逐渐认识到粤西地区乡村聚落在当代演变的通则和普遍性。同时，由于人口流动、家庭组织变迁、经济结构、生活模式和交通环境的因素，乡村聚落空间处于实时演化过程之中。因此，本章按照历时性与共时性、采用时间和空间与社会文化融合的方法，探讨粤西地区当代城乡转型的不同类型以及各种现象。

第一节

当代乡村聚落空间转型过程及阶段特征

本节主要结合近现代以来，我国农村经济发展经历的几个不同阶段特征，分析乡村聚落空间在不同城乡关系下的转型与演进。

一、自然经济时期（1949年以前）

在封建社会时期重农抑商的环境下，精耕细作的农业一直是农村的主要生产方式。士绅阶层曾经是村落中文化素质较高的群体，他们作为中介人，掌管着宗族的管理权，维护着文化传统和村落各种事务正常运转，包括聚落有组织的规划、营建及维持活动。但在近代西方文明的冲击下，中国传统社会的小农经济结构受到影响，同时科举制度也被废除，士绅阶层的流动渠道中断，因此其对乡村社会经济结构的影响力势微，逐渐瓦解，取而代之的是国家政治权力逐渐深刻影响着乡村社会经济结构。

作为农业经济商业化的产物，圩集的发展与乡村经济的发展紧密关联。清末民初，粤西地区的圩集随着乡村经济的繁荣一直处于持续发展之中，自然经济逐步解体，农产品商品化不断提高，乡村对市场的需求响应增加，圩镇网络趋于完善。

1840年后，西方列强的入侵以及商品经济的萌芽，外来文化逐渐对封闭的乡村聚落空间环境产生了影响，主要反映在单体建筑立面形式上，比如西坝村的西式风格建筑（图2-1-1）、东林村桂庐居的西班牙装饰风格（图2-1-2），其门框、窗框及女儿墙线脚均采用欧式风格，但建筑平面依然没有脱离传统平面原型（图2-1-3）。总体而言，这种结合并不生硬，反而与周围环境相协调，取得了较好的效果。

图2-1-1　西坝村西式风格建筑

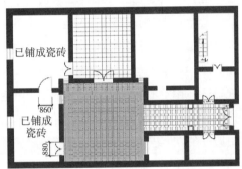

图2-1-2　东林村桂庐居立面　　　　图2-1-3　东林村桂庐居平面图

二、土地改革与人民公社化时期（1949～1978年）

中华人民共和国成立后，乡村社会生产关系被彻底改变，士绅阶层被彻底消灭和土地私有制的结束意味着长久以来存在于乡村地区的土地私有成为历史。在城乡关系方面，当时实施了城乡二元化的管理体制，确立了城乡分治关系，城市主要发展工业，乡村主要发展农业[①]，两者的产业结构都很单一。国家优先发展重工业、发展战略偏向城市，对农村地区推行强大的农业"集体经济"制度安排。受人民公社、工农业产品价格剪刀差、城乡有别的户籍政策等制度限制，我国广大乡村地区受制于单一而低效的农业生产，种植业产值在农业总生产值中始终占80%左右。农业生产中的统一集体管理和分配的平均主义影响了农民的生产积极性，农民生活水平处于停滞状态，但圩集仍然得以维持和发展，甚至产生了一些新的圩镇，如新兴县的里洞圩、郁南县的大榕圩、宝珠市场等，这表明了乡村对市场的需求。

村委会代替了宗法制度及士绅阶层处理村落事务的形式，但仍然在某种程度上延续了

---

① 张尚武. 城镇化与规划体系转型——基于乡村视角的认识[J]. 城市规划学刊，2013（6）：19-25.

图2-1-4　土改时期西坝村聚落空地利用

图2-1-5　土改时期龙山塘村聚落空地利用

家族的民主管理方式和村落规划方式，居民具有高度参与权[①]。这段时期，刚刚结束了长时期的战争和动荡，并且在1970年以前我国实施鼓励生育政策，城乡二元化制度中的户籍制度限制了城乡人口的自由流动，农民较难脱离土地的束缚，村落人口急剧增加，新增人口开始主要是对乡村聚落内部的空置、废弃房屋进行修缮和改造（图2-1-4、图2-1-5），但人口持续增加使得新村建设在一些村落成为必须，而农村发展农业的模式与传统生产模式相似，人民公社取代了原有宗族的组织，人们的活动范围及眼界都非常有限，因此新村的规划只能是以旧村的布局为规划依据，一些村落采取另辟新址的方式延续村落原有格局。住宅单体采用与传统格局极为相似的合院式，仍保持鲜明的地域特征。例如，新兴县龙山塘村在20世纪60年代形成的聚落组团、雷州市的东林村1972年在旧村东侧实施的新村规划，而平均主义的观念使得这一时期的住宅建筑呈现出均质化特征。这些新建的建筑空间形式仍然以坡顶合院为主，在建筑材料上，由于农民经济条件普遍欠佳，茅草土屋、土坯砖房、砖瓦房、石头房较为常见（图2-1-6）。在家庭构成上，这一时期的农村依然以主干家庭为主，因而户数增速低于人口增速，东林村进行土地划分的具体分地原则是：按照每户男丁人数不同，1~4个男丁可分得一块面宽13米、长12米的宅基地，多余或等于5个男丁的，则可以分得两块新宅基地，同时村民需要拿出等面积的田地用来补偿置换新征用的宅基地，显示出当时东林村已经存在的人地关系紧张的现实。

20世纪50年代的土地改革使另一些村落的士绅阶层受到了严重打击，例如在雷州潮溪村，土地改革时期士绅阶层的地产、财产被没收，无条件分配给贫雇农，其中的房产分配在较大程度上改变了村落的内部形态，虽然这种改变在短时期内并未对村落形态构成严重影响，但是随着时间的推移，这一时期的住宅分配为日后村落空间的变迁埋下了根源。而后来"文革"时期又使得一些传统村落古建筑群遭到严重破坏，传统营造技术和技巧失去了传承的环境。不可否认的是，在历史上，潮溪村的士绅阶层曾经是村落中文化素质较高的群体，他们作为中介人，掌管着宗族的管理权，维护着文化传统。然而，在这一阶段新的管理者来自贫农阶层，在士绅阶层瓦解之后，他们难以担当文化的示范作用，对于基层建设的有效组织始终没有建立起来。在这种情况

---

① 林琳，陆琦. 东林村水系的低碳传统营造智慧研究［J］. 小城镇建设，2015（11）：94-99.

图2-1-6 人民公社化时期住宅常用材料

下,由于土地改革之后多变的农业政策、住宅产权不明晰以及由于经济条件制约造成无力维护历史建筑等诸多问题,不能得到有效的控制和引导,加之传统营造技术和技巧失去传承的环境,这样造成了优秀历史建筑的失落,聚落空间开始迷失于无序化的状态中。

这一时期也产生了很多具有时代特征的公共建筑,如具有观演性质的大礼堂、集体食堂、炼钢炉、供销社等。一些乡镇企业萌芽于20世纪50~60年代的社队企业,并在70年代得到一定的发展。传统建筑的平面形式和层数已经不能够满足这些新功能,因此乡村建筑开始从地域之外寻找建构元素(图2-1-7)。

图2-1-7 具有地域之外建构元素的公共建筑

三、农村经济加速发展时期（1978~1993年）

1978年的改革开放促进了资本的自由流动，而联产承包制启动了农村改革，分田到户提升了农业生产效率，产生了大量剩余劳动力[1]。政策方面则逐渐取消了对乡村第二、第三产业发展的各种限制，城乡关系处于城市对乡村农产品价值剪刀差松绑的阶段，城乡关系逐渐放松，这给乡村经济自组织发展创造了黄金时期，农民生产积极性提高，政策的松动使农民可以使用集体土地办企业。社会组织方面，"公社—大队—生产队"的组织结构被"镇—村"结构所代替，"公社"成为"建制镇"，"大队"成为"行政村"，行政村成为法定的乡村自治管理单元。在这个过程中，村集体经济方式获得更多自主权，开始发挥积极作用，同时剩余劳动力也得到解放，从而有机会进行非农转化，剩余劳动力采用"亦工亦农"和"离土不离乡"的兼业模式实现了资本积累[2]。1983年石头冲村温北英父子承包了簕竹农场，使用股份制集资8000元开办养鸡场，实践共同分享财富的理想。1986年，温氏开始使用"公司+农户"的农业产业链管理模式帮助簕竹镇的养鸡户代销代购，公司使用农户的土地和人工，农户则依靠公司来规避养鸡过程中的各种风险。公司提供种苗、饲料、药物、疫苗和技术支撑，这种方式不仅充分整合了农村零散资源运用综合效益促进产品的流通，更调动了农户的积极性，是规模生产与个体积极性的巧妙结合。通过这种方式，也使得农业集约化发展深入乡村腹地。

20世纪90年代初，粤西乡村开始出现分化现象，区位较好的诸多村庄逐渐被城镇吸纳，成为城镇的一部分，例如新兴县六祖镇的雅岗村、夏卢村。在更多的村落中，乡村经济在这一时期加速发展，农民收入来源多样化，家庭规模小型化，个体对传统主干家庭的依赖程度逐步降低，家庭构成开始向核心家庭过渡，在人口不变甚至持续上升的情况下，家庭规模的小型化意味着更多家庭的出现，由此引发了乡村建房的高峰[3]，这在当时城乡分离甚至对立的背景下，加速了村周边宅基地的扩展，助推了空心村的形成。这个时期潮溪村、东林村兴建的住宅天井空间明显缩小，宅基地传统院落及堂屋的功能逐渐弱化（图2-1-8、图2-1-9）。

在西坝村，随着外资的流入，乡村与世界有了更广泛的联系，外来文化给乡村地区带来迥然不同的建筑风格。这个时期，受回乡华侨的影响，西坝村出现了很多南洋风格的住宅建筑。在原有的历史建筑旁，农民开始兴建楼房，楼房多为三层三开间，平屋顶形式，砖混结构，正中为客厅，两侧为卧房，二层以上至屋顶皆有阳台或露台，出挑深远，或采用骑楼形式，反映出在缺乏空调设备的情况下，遮阳与隔热需求是这一阶段住

---

[1] 郭炎，项振海，袁奇峰. 新马克思主义视角下珠江三角洲的区域治理与空间结构演化[J]. 城市建筑，2017（12）：41-46.
[2] 张尚武. 城镇化与规划体系转型——基于乡村视角的认识[J]. 城市规划学刊，2013（6）：19-25.
[3] 薛力. 城市化背景下的"空心村"现象及其对策探讨——以江苏省为例[J]. 城市规划，2001（6）：8-13.

图2-1-8　潮溪村20世纪80年代住宅建筑院落

图2-1-9　潮溪村20世纪90年代初住宅建筑天井

宅建筑形式选择的重要考虑因素。有些农宅由主楼和副楼组成，副楼一般情况下比主楼低一层，规模较小，副楼开间均等，无主次之分，两座楼之间由阳台连接，一般将厨房、卫生间功能安排在副楼，这种空间格局，能够看到传统三间两廊形式在郁南地区新时代的传承关系。这一阶段建筑外立面主体仍然使用传统的清水砖，但阳台等细节部分，已经出现了浅色马赛克或贴面瓷砖，这也可以视作当地传统建筑山墙与檐下装饰在新时代的整合与重构。这个时期，虽然在建筑细节上，已经出现了来自城镇影响的元素，但不同地域间的住宅建筑仍然能够较为鲜明地体现出各自的地域特征（图2-1-10）。

图2-1-10　西坝村既具有本土特色又具有外来建构元素的住宅

四、农村经济放缓及调整期（1993~2003年）

这一阶段进入事实上以城市为中心的发展阶段，城镇飞速扩张，城镇化进程加快，城乡差距扩大，农村集体经济优势削弱。1997年的亚洲金融危机导致乡镇集体企业的不景气和大量关停，使乡镇就业岗位相对减少，同时城乡之间和地域之间的收入不断拉大，推动了乡村剩余劳动力向城市转移。在1997年之后的几年内，农民人均纯收入增长不仅很低，而且逐年下降[①]。同时，乡村人口的持续增长和家庭结构的小型化使农村户

---

① 梁优彩. 农民收入增长缓慢的原因与对策建议[J]. 群言，2002（6）：10-11.

（a）石头冲村　　　　　　（b）西坝村　　　　　　（c）潮溪村

图2-1-11　各地形式趋同的钢筋混凝土建筑

数持续增加，农村宅基地面积迅速扩大；户籍制度的松动使乡村人口可以更加便利地迁徙至城镇，而青壮年的外出务工导致了乡村人口老龄化，使得这一时期的乡村聚落空间中出现大量空置和闲置的宅基地，反映了乡村社会经济结构衰落的事实。在这个阶段的后期，许多新建住宅开始向道路和耕地扩散，产生了"农业家园"的新现象[①]，其结果也导致原有宅基地的荒废。

若说上一个阶段的住宅还各自保持有各自的地域特征，这一阶段所常用的材料及其技术则体现出强烈的超地域性。材料的超越性使得建筑不再受地方气候、环境条件限制，因此也抹平了地方差异性。这个阶段各地修建的住宅在外观上产生了趋同性，防水效果较好的马赛克砖和瓷砖被广泛运用。比起施工复杂容易损坏的传统砖木结构体系，廉价钢筋混凝土框架体系更加具有优势，能够满足住宅建筑复杂的功能布局要求，并且更加坚固耐用。同时，这类建筑外墙所采用的混凝土砌块具有较好的保温隔热性能，因此建筑外观显得更加封闭压抑（图2-1-11），建筑平面形式变得五花八门，在有限的宅基地内，村民尽量扩大室内使用面积，阳台尽可能缩小，而天井缩得极小，甚至被取消。

五、农村经济发展新时期（2003年至今）

这一阶段以短期流动方式为主的农村劳动力非农化转换加快，造成宅基地季节性闲置[②]，对乡村发展的影响进一步加深，许多传统聚落加剧衰落，但乡村转型也迎来了契机，乡村居民绝对可支配收入加速增长，特别是劳动力成本的快速增加导致中低收入人群收入的增加。同时，政府对乡村社会经济增加了政策方面的支持，而城乡矛盾在这一阶段受到广泛关注。自2003年以来每年的中央1号文件都是关注乡村问题，文件中提出了一系列有利于乡村持续发展的政策措施，如取消税费、多予少取等，但从根本上解决

---

① 雷震东. 整合与重构——关中乡村聚落转型研究[M]. 南京：东南大学出版社，2005.
② 朱道才. 中国农村"空心化"问题研究进展与启示[J]. 兰州商学院学报，2012，28（5）：75-79.

图2-1-12 乡村特色缺失的村落景观

城乡之间发展不平衡、不充分问题仍旧面临许多困难[①]。

政府主导的乡建在乡村地区开始发挥作用，例如新农村建设和美丽乡村建设，这两次建设浪潮一定程度上改变了乡村风貌[②]。党的十九大报告则提出"实施乡村振兴"战略，突出"坚持农业农村优先发展"原则，努力实现产业兴旺、生态宜居、乡风文明、治理有效、生活富裕。党的十九大报告指出："无论城镇化怎么发展……乡村从来不是处在从属的地位上，在现代化进程中，它应该和城市处于平等的地位上。"党的十九大报告要求建立健全城乡融合发展体制机制和政策体系。报告再一次说明，城镇化与乡村振兴不矛盾，城乡发展应当互相促进、互相联系，城市和乡村是命运共同体[③]。

新农村建设的积极成就在于全面加强了乡村公共服务、社会保障的覆盖；也改变了乡村无规划、无序发展的现状，村容村貌大为改观。但目前的大量工作过分热衷于"美化运动"，许多环境整治工作成了不规范、做敷衍的修补行动，并且硬件整治无法真正促进乡村聚落空间的良性演化、吸引人口回流，也无法实现乡村政治、经济、文化的整体提升。同时，新农村建设在短时间内欲强行改变农村生活生产方式，大量与本土地域特色毫无关联的城市园林景观、别墅式住宅出现，造成了乡村特色的丧失（图2-1-12）。

六、阶段总结

通过对当代乡村聚落空间转型过程及阶段特征进行分析可以发现，对待乡村聚落空间环境，始终应当尊重乡村发展自组织规律，当强行使用工业和城市发展的模式时，就有可能造成乡村聚落空间环境的持续恶化[④]。改革开放初期，农村联产承包责任制抓住了乡村发展的自组织规律，解放了农村生产力，乡村经济社会结构均得以发展，这种发展也体现在了乡村建筑形式的探索方面。而当农村集体经济优势削弱的时候，就造成了乡村地区优质人口的大量外流，而外流人口的不彻底迁居，使得乡村间接受到城镇影

---

① 张尚武. 城镇化与规划体系转型——基于乡村视角的认识 [J]. 城市规划学刊，2013（6）：19-25.
② 张凤婕. "乡建是一种'转移'？"圆桌论坛纪要 [J]. 新建筑，2016（4）：61-63.
③ 刘璐，沈静文. 实施乡村振兴战略的时代必然——访中央农村工作领导小组办公室主任韩俊 [J]. 农村. 农业. 农民（B版），2017（12）：12.
④ 仇保兴. 新型城镇化：从概念到行动 [J]. 行政管理改革，2012（11）：11-18.

响，各地修建的乡村建筑在外观上开始向城市建筑原型进行拙劣模仿。而一味强调政府和企业投资带头的乡村建设，搞集约化建设，城市园林景观、别墅式住宅出现，造成了乡村特色的进一步丧失。

第二节

影响聚落空间形态的当代主要因素

乡村聚落的发展不是静态的，目前城镇化趋势是粤西地区聚落不断改变生活方式和居住结构的重要外在因素。近年来，城镇化兴起与加速推进对于村落的影响是多方面的，不仅影响到聚落空间的演化，也影响到乡村生态环境、社会结构和经济模式的改变。

一、经济结构的变迁

乡村变迁的核心动力是经济，乡村作为市场经济运作框架的一部分，承载着资本要素的流动、组合与分配，并在空间上形成区域分布特征。村落经济总量与空间优化建设能力、产业结构与规模、人均纯收入水平、城镇化水平相关。与农业经济时代聚落产生和演变的机制不同，在当代，随着城镇的发展，村落系统的平衡被打破，城镇化给乡村带来的商业化，各村职业农民的比重都在大幅度减少，村民主要收入来源的结构发生了巨大变化，工业制造、商业服务和租售等第二、第三产业活动增加了农民收入的来源和途径[1]。在粤西欠发达地区，这种收入来源的结构变化主要通过劳动力外出打工来完成。城乡差异推动乡村优质人口进入城镇，打工、求学等动机促使乡村青壮年进入城市，而乡村人口不断流失，最终造成城乡对立。因为政策的影响而呈现出大量资源、优势人口单向往城镇输出的倾向，外界环境对聚落系统的干扰和控制过强，使聚落系统中原有的互相制衡的因素受到抑制和冲击，而仅仅以单纯的经济因素作为导向，导致整个聚落系统失去活力，表现在聚落空间上就是聚落中心出现空心化现象，由于乡村青壮年劳动力的缺失，乡村聚落系统失去可持续发展的动力。

城乡二元制度的影响使外出打工的乡村青壮年劳动力大部分无法完全融入城市，这些人依然与其故乡保持联系，给家乡带来资金建新房。但往往盲目照搬城市经验，聚落

---

[1] 文军，吴越菲. 流失"村民"的村落：传统村落的转型及其乡村性反思——基于15个典型村落的经验研究[J]. 社会学研究，2017（4）.

空间用地不能合理利用，同时由于对家乡本土文化信心不足以及资金不足的客观现实，村落内出现大量闲置的传统建筑和空闲的宅基地，并任其日益破败，乡村新建住宅大部分位于聚落外围，加剧了村落内空外延的用地状况。

村落经济所受到的城镇化影响也在于人才、管理、信息技术、资金、土地等生产要素的配置更趋向于集约和工业化，由此也带来村民就业结构的变化，例如调研的案例村落石头冲村。石头冲村是"广东温氏食品集团"的发祥地，石头冲村共有劳动力150多人，其中在温氏集团工作110多人，该村通过"公司+基地+农户"的发展模式，围绕自身特色养殖产品，引导农民开展禽畜规模养殖，开展加工和产业化经营。但单一的产业化造成对于外部条件的过分依赖，容易受到市场波动的影响。由于产业的单一，并且与传统的小农经济不同，村民职业化，就业渠道单一，就像流水线的工人一样，会主动退出知识生产的过程。这个过程导致的结果是，随着温氏集团的发展和搬迁，村里多数劳动力转移到城镇生活，石头冲村沦为了展示样板。

二、生活模式的转变

新的社会制度下，人们的意识观念和人与人之间的相互关系都产生了很大的变化，传统大家庭已日益解体，人们对个人生活的需求增强，个体不愿意再为集体和家庭的延续而牺牲自己，年轻人更希望追求自我实现，不愿意务农，他们每年大多数时间外出打工或者就学，过年和农忙的时候才会回来，同时对乡村传统社会交错复杂的家庭谱系保持距离。过去符合传统审美、满足传统生活和人口规模的建筑无法满足现代功能需要，显露出其不适应时代的弊端，这样就造成了一段时间内闲置房屋的出现。另外，随着村民选择在城镇定居的可能性不断加大，导致乡村更多的建筑被空置，这些建筑在产权上属于原有居民，但处于无人居住的状态。

年轻人外出打工，就意味着村落存在大量的空巢老人，虽然空巢老人问题随着家庭组织由主干家庭转向核心家庭的变化是共同存在的问题，但是乡村的老年人比城镇的老年人面临更多的困难[①]。在乡村，老年人的日常起居依靠自己和家庭成员照料，从调研的现状来看，即便是在最富裕的石头冲村，老年人也依然维持自给自足的传统生活方式。接受身体健康检查和咨询是针对老年人最为基础的社会化养老服务，因此村镇一级卫生站的设置非常重要。若没有邻近卫生站的服务设施，经济情况尚好的青壮年倾向于将老人搬至邻近的城镇接受更好的公共服务设施，例如雷州龙门镇拥有一座三甲医院是当地潮溪村村民将父母接至龙门镇居住的重要原因，因而造成了潮溪村各个年龄层次的人口流失。若青壮年自身经济状况不佳，则可能发生将老年人变相被遗弃的状况，如在本书的广度调研中，曾发现湛江某村存在这样的状况。从调研情况来

---

① 《中国家庭发展报告2015》。

看，由于社会养老保险的缺失，乡村的老年人对自己的子女有很强的经济依赖。而随着年龄增长，乡村老年人比城镇老年人更倾向于与子女同住，很多老年人将房子交给子女以换得养老，这是在外打工的青壮年没有彻底摆脱乡村，与村落产生关联的另外一个原因。

三、交通组织的完善

"土气是因为不流动而发生的①。"费孝通先生在《乡土中国》的开篇，就一针见血地概括了乡土中国之所以存在的原因。实际上，一直以来在地形复杂多变的粤西地区，交通方式的改进是促进乡村产生流动的一种重要因素。随着南粤古驿道的开辟与变迁，地域文化互相交融与影响，商业贸易开始繁荣起来，逐渐形成了粤西地区的村镇体系。

进入新时代之后，随着农村社会的开放，社会分工越来越细，通过更加复杂便捷的交通体系，不仅家庭无法脱离聚落而存在，聚落也难以脱离更大规模的聚落群而独立，传统封闭的自给自足的生产生活模式失去了生存的前提，自古以来生于斯、死于斯、传承于斯的必然规律也受到了挑战，这便是大环境对小环境的冲击。城镇通过路网提供给农民农业与非农业的就业机会，圩集收购周边农村的农产品，为周边乡村地区的农业提供技术指导，并为村民提供就业岗位，乡村居民社会交往范围扩大。交通的发展，缩短了农村与城镇之间的时空距离，提高了村镇的通达性，改善了投资环境，保证了农民较高的生活质量，加快了农民现代化进程。值得注意的是，近年来随着乡村地区网络覆盖越来越发达，电商系统成为乡村地区交通及贸易构成的一部分，对于乡村聚落来说，这意味着机遇。

第三节

粤西区域现实问题与潜在优势

一、地理位置边缘与既有资源

长久以来，粤西地区地形复杂，交通不便，相对于珠江三角洲地区而言，粤西地区

---

① 费孝通. 乡土中国[M]. 上海：世纪出版集团，上海人民出版社，2008.

旅游资源丰富，但由于交通受阻，很多景点无法开发。同时，粤西地区人力资源丰富，也是受制于交通闭塞，不利于珠江三角洲产业转移，也不利于带动粤西地区经济发展。公路交通建设严重落后，影响经济发展和当地居民的出行，阻碍了当地旅游业的发展。地理位置毫无优势，也使得拼成本的招商模式存在巨大风险。

粤西欠发达地区目前对于乡村既有资源的利用主要集中在文化旅游和特色农产品两个方面。基于文化旅游和特色农产品的发展思路确实给当地乡村发展带来了一定的资金和乡村环境改善，但是这种发展模式有其无法跨越的局限，这种发展思路依然是以服务城市、满足城市需求、以城市建设发展为主体的思路，而忽略了乡村本身的特征。若单纯依靠某一产业的发展，会使得城市经济反复陷入危机的资本流通规则扩散到农村而造成不必要的危机，这种方式无疑是不可持续的，是一个乡村不断向城市单向输血的过程，也面临着农产品和旅游产品同质化的危机。粤西地区经济发展缓慢，乡村景观相对缺乏特色，无疑在市场化机制中不具备竞争力，硬拼资源的发展方式会导致乡土文化的消亡和竭泽而渔的生态危机。

粤西地区看似一般和普通的乡村景观才是最珍贵的城市和农村共享的财富，因地制宜是乡村聚落最宝贵的价值。粤西乡村景观表征了三方面内容：

第一，富饶的自然资源，这些自然资源包括水利资源、矿产资源、生物资源和海洋资源；

第二，乡村优越的生态环境，本书所研究的区域，大多具有适宜人类聚居、生存和发展的物质条件基础；

第三，包含农耕文化在内的地方传统。

这三方面密切关联，基于小农生产的农业土地资源利用，食物生产永远是摆在第一位的，这促使粤西地区形成了"山水—田园—村落"的乡村宏观空间构成方式，这种构成方式具有系统性、整体性和关联性，所形成的人类聚居环境为人们的生产和生活提供了广阔空间，也提供了充裕的生存资源和条件。

自然状态下的水土资源不一定适应人们生产生活的需要，因此即使是经过慎重选择的土地，也需要进行一些必要的、灵活运用原有地形的改造，人们利用天然的地势落差，通过一系列人为的疏导、修筑，在丘陵山地修筑陂塘蓄水和渠圳引水，在滨江平原修筑堤围排水和防水[①]，形成了系统的灌溉网[②]，河流和农道具有明快的方向性，成为空间坐标轴，使地域变得易于理解，这种典型的乡村大地景观给人以广阔感、深远感和宁静感。人们也在沿海的港湾、港汊、滩涂和低洼地修筑"鱼塭"，这种人工设施通过筑堤建闸形成的能够纳潮和退潮的大池塘。涨潮开闸放入鱼虾，退潮关闸留住鱼虾[③]。根

---

① 罗莉，王福昌. 清代西江下游地区的水利建设[J]. 农业考古，2009（1）：178-180.
② 陈宇思，佘天佑. 清代前中期广东罗定州的开发——以当地发现的各项契约文书为基础[J]. 安徽文学月刊，2016（7）：121-122.
③ 湛江年鉴编辑委员会. 湛江年鉴2017[M]. 广州：广东人民出版社，2017.

据《广东新语》的记载，这种鱼塭景观规模宏大，"其筑海为池者，辄以顷计[①]"。通过对自然地形的模拟，对地形的改造，挖土形成水池，填土形成堤坝，忠实地按照地形产生了自然的曲线形，形成具有艺术效果的滨海景观。而在水源得以满足的情况下，山区则通过山腰挂果带、山脚开梯田、低地修水田，山坑改鱼塘，塘头建猪舍、塘泥垒墙基等方式，因势利导，顺应环境，从而保持了聚落空间形态和聚落环境的整体性，在尽可能多的提供食物来源的同时，也建立起水土平衡的农业良性循环生态环境。从村落到田地，都是顺应自然界的顺位关系对土地资源进行利用，由此酝酿出秩序性和统一性，形成让人有安定感的场所。乡村聚落也迅速发展起来，人们建设精美的住宅和祠堂，村前屋后种树，完善村落外围的防护林和防护水系，形成了美丽的乡村景观。

无论是井然有序的村落建筑、奔流不息的河川、辽阔壮美的鱼塭养殖景观，还是池塘边栽植的榕树，都渗透着整体考虑并解决问题的思维，都是利用附近能够取得的能源和资源、灵活运用当地传承的技术，再决定环境设计走向，是通过每一位村民的手而形成的具有人性化尺度和生态友好的环境设计。

从本质上来说，良好的生态环境意味着粤西地区总体适合人居，通过居住环境的改善，使乡村聚落物质循环和能量与周边自然环境的交换达到一个相对稳定的平衡状态，可以为乡村可持续发展留住宝贵的人才，不仅可以留住乡村优质人口，其靠近珠江三角洲的区位也有可能吸引部分衣食无忧的城市居民为追求更好的生活环境移居农村。

二、经济发展缓慢与支援增强

乡村没有经济，活力就彻底丧失。要在村庄里建设高品质的生活，实现可持续发展，首先需要的就是物质基础。经济发展缓慢是粤西欠发达地区人居环境质量的主要制约因素，产业结构单一，经济实力势单力薄，缺乏第二、第三产业支撑。以粤西地区为代表的欠发达地区除了依靠政府拨款进行的乡村建设之外，很难应对包括对乡村聚落空间环境及基础设施的日常维护，也谈不上在此基础之上对于人居环境的有效利用。基础设施落后仍然是粤西地区发展的"瓶颈"[②]，由于乡村基础设施建设远落后于城镇，居住在乡村的人们需要花费更高的成本和精力维持正常的生活，很多本土居民和工人被迫离开，青壮年留守在乡村社区变得越发奢侈不可持续，在受经济制约的条件下，大量文化价值一般的历史建筑无人问津，任其损坏，形成了恶性循环。

与此同时，政府及社会资本对村镇建设的支持力度正在加强，与中华人民共和国成立初期大规模乡村现代化过程中去本土化相反，人们已经意识到"让农村更像农村"的重要性，城乡一致可能导致乡村地域性和其独特价值的丧失，城市反哺农村成为一种新

---

① 屈大均. 广东新语[M]. 上海：中华书局，1985.
② 高原，周诗. 发达省份区域不平衡发展动因探析——以广东省为例[J]. 生态经济，2014，30（6）：75-80.

趋势。乡村外部支援目前主要体现在农村基础设施建设与城乡医疗社会保障建设方面。

在农村基础设施建设方面，政府引导和鼓励社会资本投资农村建设。采用政府主导、企业主体、市场化运作的要求、社会参与的办法，主要集中于农村道路、供水、污水垃圾处理、供电、通信等基础设施建设，在目前的粤西已经取得了阶段性成果。

城乡医疗社会保障建设方面，随着农村信息化网络不断完善，也出现了通过政府购买的形式向乡村引入商业机构加入城乡医疗社会保障建设的方式。政府的优势在宏观资源配置，找到合理解决问题的途径，在机制设计中做到了多方共赢。在这个过程中，村民也参与到医疗保障的城乡一体化中。

在乡村外部支援力度增强的前提下，村民权利意识开始向城市看齐，村民权利关注范围从经济方面扩大到政治方面和社会方面。在这个过程中，村民有了更强的公平意识和维护自身权利的能力，村民对个体和家庭有了更多诉求。乡村建设中，村集体在与政府、企业等实施主体的合作与博弈过程中，也在乡村社区治理中学习了当代管理制度，通过参股、分红等方式促进了每个村民权利的均等化。但是，若没有考虑到当地居民生产、生活与环境三者间的长远平衡，在改善物质生活条件和追逐经济指标的巨大冲动之下，以保护为目的的乡村外部支援和资金可能起到反作用。在当前粤西乡村建设中，大量扶贫资金注入，如在没有想好如何使村落持续发展的情况下对村落进行大拆大建，可能会加速对乡村聚落社会结构、文化内涵和生态环境的破坏。

三、文化遗存丧失与重整再塑

粤西地区乡村聚落普遍衰落除了与地理因素和经济因素有关之外，也与当地文化特性有关。一方面，民系之间会相互影响，这种影响除了相互吸纳，也相互抵触与竞争，粤西地区各族群对外来文化吸纳的兼容并蓄、开放多元主要是针对建筑空间营造等实用方面；另一方面，文化虽无优劣之分，但有强弱之分，慕强心态会使得文化弱势的族群吸收与接纳强势文化，其结果是造成了原本民系文化受到制约、削弱甚至消失，这在历史上导致了百越文化几乎消失，仅剩少量遗存。

从聚落空间演化的发展过程来看，广府文化是该区域历史形成的最强势文化，不同程度地影响了几乎粤西地区的所有乡村聚落。这种影响延续至今，由于珠江三角洲地区城市群的飞速发展，更加加剧了广府文化的强势。因此，在当前乡村聚落的发展过程中，广府文化之间的资源会互相利用，对促进粤西边缘地区的带动性稍强，但对边缘的区域带动有限，而相对弱势的其他民系文化对于本土文化不自信，内生动力不足是导致粤西整个区域较为落后的一个重要原因。

这种文化影响的结果并不总是优越的，历史上多元文化交融曾造就了粤西各地乡村聚落的独特性和丰富性。但在当代，一方面是来自广府珠江三角洲地区现代化和城市化的巨大冲击；另一方面是粤西本土传统的文化观念逐渐失去了认同，不适应当代乡村聚落空间的归属感丧失。这就造成了广府珠江三角洲地区乡村聚落当代发展普遍存在的问题几乎不同程度地发生在了粤西地区，而且随着时间的推移越演越烈，如密集排布的兵营式住宅、外观极其封闭几乎占满宅基地的钢筋混凝土住宅等，基于非本土文化的聚落空间当代演化造成了当代粤西乡村聚落的普遍割裂；同时，传统本土文化衰弱，传统手工艺后继无人，无力维持传统民居，导致老房子败落，本土地域文化特征也随之逐渐消失，各地原本各具特色的乡村聚落变得同质化。因此，文化强弱的不均衡是粤西聚落趋向于无序化的深层次原因与粤西乡村当代环境提升必须考虑的现实。

存留在乡村中的集体记忆、社会组织及地域文化是乡村聚落恢复活力的潜在因素。文化方面，乡村一直被视为中国传统社会的基础和主体；包括了法制、礼仪、风俗、工商业等方面的传统文化往往来自乡村[①]；经济方面，自给自足的小农经济模式是传统乡村维持的基础，在小农经济的前提下，对土地的依赖和农耕生活的缺乏流动导致了村民聚族而居的习惯，血缘关系成为中国封建社会乡村聚落居民之间的主要社会纽带。聚落为村民提供了共同的经济利益和社会利益，所以村民对血缘关系高度认同；政治方面，传统中国采取地方官僚由皇权任命的集权郡县制，但同时"皇权不下县"，广阔的乡村地区保留了基于血缘关系的自组织机制，由于血缘关系维系的个人、家庭命运和家族的发展，也深刻影响了社区关系和聚落格局的历史变迁。通过"宗族—公社制度—村集体"自组织机制的自我调整，基于血缘关系的历史惯性成了集体记忆。这种关于"集体"的潜意识仍然深刻影响着今天村民的日常生活，"村集体"仍然是村民日常生活中重要的生产生活支撑和精神寄托[②]。

村落空间依然是风险抵御的重要保障，虽然随着改革开放，村民从"人民公社"的集体主义阵营中转向市场经济和更广泛的社会，存续的聚落空间格局依然为村落转型过程中村民面对市场风险提供了来自村落自组织机制的庇护。而"遗产均分"的传承观念也可以被看作这种集体意识的一部分，然而这一理念使得宅基地置换困难，迷信思想、旧观念、旧习俗等使农宅布局分散[③]。在现代社会，维持传统村落空间并予以环境提升，意味着乡村的当代转型将以稳定和低成本来完成。

尽管粤西地区面临地域文化逐渐丧失、社会组织逐渐衰落的趋势，地域文化和村落社会组织在村落转型中也表现出了一定程度的稳定性。村民的社交互动仍然局限于与聚落实体空间相关的社交网络，村民日常交往频率最高的仍是亲友。由于熟人网络与地域文化相结合的村民社会的自我认同，各案例村落均有着相对完善的独立文化体系，某些精美的民居、文化空间以及传统祠庙建筑得以存留至今，是源自村民自发的

---

① 梁漱溟. 乡村建设理论［M］. 北京：商务印书馆，2015.
② 文军，吴越菲. 流失"村民"的村落：传统村落的转型及其乡村性反思——基于15个典型村落的经验研究［J］. 社会学研究，2017（4）：22-45.
③ 刘彦随，龙华楼，陈玉福，等. 中国乡村发展研究报告——农村空心化及其整治策略［M］. 北京：科学出版社，2011.

文化认同所带来的积极保护。虽然村域边界空间如村围、环村绿化、水系、田地等极容易被摧毁，但与精神文化密切相关的场所，如祠庙、书房、学校等建筑尽管历经时代的变迁，仍然能够广泛存留，并继续发挥其功能，其所在的位置，往往形成村落内部的空间节点，或起到界定村落边界的作用，并成为聚落内部社会生活的核心，发挥着重要作用。由于血缘和宗族的联系，每逢传统节日或氏族特定纪念日，住城镇上的人均要回村落原址祭祀、扫墓等，并且有回到祖国居住的意愿。出于对祖先的敬畏，粤西地区的乡村聚落目前很少有人为破坏旧建筑的现象，即便聚落空间出现了混乱和无序化的倾向、传统建筑受自然因素影响日益破败，但其传统空间的整体格局依然完整。

当然，从另一个角度看，乡村传统性的存留也是当前乡村发展停滞不前的原因。在长期存在的父权农耕社会，土地的所有权是高度性别化的，在许多地方是男性特权。对粤西地区几个案例村落的调查就是这样，通过考察可以发现，聚落空间的变迁与家族各支男性后代数量以及社会地位的构成密切相关，仅有女儿且没有过继男丁的家庭被视为绝嗣，宅基地日益荒废或转让给同族男丁。妇女的土地继承权和分配权只能由夫家主张，在女性地位普遍不如男性的清代，粤西地区已存在女性参与田产交易的契约文书，但这是在族权、父权、父权体制与中国传统孝文化的交织下，家庭成员在处置地产时必须重视长辈女性权利的一种表现①。在当代，女性仍然只能通过夫家主张财产权利的方式则表现出很大的局限性，成为乡村衰败的重要因素。迄今为止，粤西地区乡村聚落普遍存在着男性的土地继承权和分配权优先于女性的情况，各村依然仅依据男丁人数分配宅基地，若多子女的家庭有若干家庭成员在城市求学打工，家庭往往会把家庭积蓄交给儿子让他买房，甚至要求姐妹参与赞助兄弟买房。这种风气在乡村财富分配上造成了很大的不公平。同时，若女性在家乡没有得到应有的财产，她们还可能通过自己的劳动或婚姻在城市获得财产，几乎没有可能在自己的家乡获得跟男性同等的土地继承权和分配权。在土地继承和分配男女极不平等的情况下，妇女处理乡村日常事务的权利同样得不到保障，村落中不仅仅是能人外出，城镇对女性的相对友好使乡村女性人口的流失成为必然。这种情况下，单方面强调女性回归乡村必然造成乡村更大的性别不平等和社会问题。与此同时，这种现状也将男性的成功和对空间的所有权牢牢结合在一起，这种绑定空间所有权的方式，对男性来说也是一种必须接受的约束，是不得不与自己家乡产生关联的原因，这也是当前二元治理结构下无法盘活农村资源在父权主导下的乡村所导致的现象之一。实际上，要打破这个恶性循环，应当促进各类资源在城乡间自由流动，村民人人都应该享有平等的发展权，不应当有人为差异。

---

① 陈宇思，余天佑. 清代中晚期粤西地区契约文书中几个特别问题探讨——以浙江宁波地区为参照对象［J］. 梧州学院学报，2015，25（2）：1-13.

四、景观特色缺乏与现代勾连

无论是粤西山地,还是粤西沿海台地,都气候温和,雨量丰沛。拥有优美的自然生态景观,大部分还是原始状态,较少受到人工破坏,但天然景观优势不突出,缺少系统的规划和管理,缺少集中有代表性的旅游景点,与邻近的广西相比,自然和人文景观风貌也较为一般。

粤西地区大量乡村建设是对珠江三角洲地区当代建筑的拙劣模仿,城市化技术的嫁接屡见不鲜,完全无视乡土资源环境的乡村规划与建筑比比皆是,使乡村新建筑风格杂糅,与周围环境割裂,同时缺乏对自然的考虑,农村生态景观受到冲击,乡村空间形态破碎,平庸乏味,千篇一律,丧失其地域特征。

地方政府部门往往希望能将传统村落作为一个旅游景点来经营,带领民众脱贫致富,其出发点是好的,但在粤西地区乡村景观特色一般、交通不便的情况下,对外来消费的吸引力明显不足。旅游开发的潜力到底有多大,能否给当地居民的生产生活带来有益影响仍然还是未知数。目前乡村旅游已经趋于中低端的消费,如果再用中低端的消费去推动粤西地区剩下为数不多的优秀乡村资源,一定是以降低成本为代价来获利的,是掠夺和破坏,是不可逆的。

乡村农业产业效益极低,难以支撑农村家庭适应现代发展的需要,子女上学、住宅建设、子女婚嫁、医疗开销、养老费用是不可回避的主要问题,农民只能自寻就业出路。因此,家庭收入来源仍然需要其他途径进行补充,村中其他主要经济来源依靠年轻人外出打工,由于城乡二元制的现实,土地具有生产功能,又是农民的社会保障,并且随着非农业的发展,其保障功能更加明显。迁居村落附近城镇是农民的理性选择,一方面他们可以享受相对舒适的镇区生活,享受更好的医疗、教育和商业服务设施;另一方面又不必远离自己的田产。

这种迁居并不彻底,农民没有完全离开自己的土地,即所谓的"离土不离乡"。在村落内部,在当前劳动力为了更好的生活、医疗、教育、商品服务而大量进城工作或者迁居的背景下,村落渐渐沦为老年人和儿童的留守地,历史建筑和景观随着聚落的衰败而损毁。同时,新建设呈现出混乱的倾向,导致了聚落整体发展的效率低下。各种资源能源集中在城镇,城乡两极化,乡村聚落长期缺乏外部资源的支持和活力的灌输,优势人口不断流失。因此,村落在与城镇的关系中处于不利的地位。

村民自身是村落在当代发展中最活跃的资源之一。不彻底的搬迁使村民在城镇和乡村之间移动,致使村民与村落之间有特殊的联系。尽管目前的传统乡村聚落存在各种问题,这种特殊的联系反而促进了村民获取城市体验。因此,乡村聚落空间并没有向城市空间形态单向演进或迅速崩溃,而是受益于外出村民信息的更新而在新时代得以继续演变。

村民社会和文化交流的边界在扩大。对于乡村聚落,其村落空间格局的完整并不意味着村落是封闭的。村民与外界的关联以及通信设施的提升使村民的社会关系网络得以扩展，从单纯的基于血缘、姻亲和地缘的社会关系扩展超地域非血缘的社会关系，人们更加关心是否志同道合、是否拥有共同的兴趣爱好。在社会文化生活方面，村民的生活习惯、消费偏好和兴趣活动更加多元化。各种文化活动组织在乡村社区中纷纷建立，这也意味着文化站和村民活动中心等公共建筑成为大多数村落普遍需要的新型公共建筑。与此同时，地域性文化和艺术也通过日益扩大的社会文化交流的边界而闻名在外，例如西坝村的禾楼舞艺术。

传统权威的影响逐渐减弱，村民更加关注个人利益。调研发现，村民非常关心"经济收入"，其经济行为更加符合市场经济规律，也开始积极利用村落既有资源，整合利益，不断优化。例如，西坝村村民建造短期出租给学生的旅馆或公寓，这些行为和决策体现了村民对于村落空间环境的判断、权衡和适应。同时，村民也不再固守不合时宜的传统经验和信仰，而更加重视实用价值，"经济能人治村"成为当前村落发展的新趋势，取代了传统的"长老治村"。

现代性也融合在村民生活的细节中，村民的厨房里，普遍出现煤气灶和土灶并存的现象，电饭煲、电磁锅也是常见的厨具（图2-3-1）。因为使用电磁灶烧饭会比土灶方便、快捷得多，所以电磁灶成为平时在城镇定居的村民农忙时回村务农的最佳选择；长期定居在本村的居民，在有了现代化厨具的情况下，也不放弃土灶的使用，人们既承认现代化厨具的便捷，也认为传统厨具做饭更好吃，乡村厨房的大空间也得以保留。大厨房是乡村大家庭交流合作的空间，通过一起劳动促进家庭成员之间的情感。再比如，曾经有一段时间农村垃圾到处扔，目前村落基础设施完善、卫生环境提升的情况下，乡村多放置垃圾桶，农民都很自觉地将垃圾放入垃圾桶，宁愿多走几步也不再扔在自己家门口。

图2-3-1 湛江某村土灶与现代厨具并存的乡村厨房

第四节

乡村聚落空间环境解析与重构

基于乡村聚落空间环境现状进行解析与重构的解决思路是针对粤西欠发达地区乡村发展的理性选择。粤西欠发达地区有其现实问题，其乡村人居环境的改善与提升需要科学合理的引导，相对欠发达的现实意味着项目的可行性与其成本和经济效益息息相关，仅仅依靠外部的资金注入促进当地乡村建设，或者对其放任自流对解决问题都没有好处，问题的关键在于发掘乡村自身的内生动力①。另外，在强势文化的影响下，如何弥合粤西乡村普遍存在的聚落空间断裂和如何保持并发扬本土文化的独特性和丰富性是必须考虑的两个问题。因此，对于村落环境的提升，应当基于对乡村现状的理解，打破乡村发展以"服务城市、满足城市需求、以城市建设发展为主体"的传统思路，有利于保护粤西地区良好的生态条件和原有的乡土文化。只有首先保证了当地的生态、生产与生活，使得当地原住民有条件、有愿望在当地持续生活下去，才可能进一步提升具有乡土特色的人居环境品质，吸引更多的人来到粤西地区旅行或创业，加强城乡间各种要素的流动，促成内外部驱动力共同作用，实现真正的可持续发展。以往的案例也证明，可持续发展的乡村功能多元、文化凸显，与城市形成了互补关系。具体来说：

（1）乡村大量空废建筑的重新利用有利于集约用地

通过对当代粤西乡村聚落空间转型过程的分析，由于农村生活水平的提高，可支配收入的增加，农村住宅建设经历了草房变瓦房、瓦房变砖房，甚至砖房变别墅的过程，一户一宅的情况逐渐被一户多宅取代，而原来的住房则逐渐被闲置。目前粤西地区也出现人口回流的趋势，同时人地矛盾也十分突出，对既有建筑的保留与更新，能充分利用已有的土地和材料资源，是控制乡村聚落能耗水平、集约用地，节约土地资源的做法。

（2）顺应乡村聚落既有格局建造成本更低、性价比更高

通过对聚落整体格局的能耗分析，可以发现，粤西聚落空间的历史演变是其村民世代选择和经验成果的总结。通过客观环境的调查和理解剖析聚落空间的空间特质及变迁的内在机制，可以发现，乡村聚落空间的组合过程中，无论从村落整体规划、单体建筑还是院落空间，甚至到装饰构件，都是顺应当地自然、社会、经济和文化等因素的影响，是一种在生活中不断趋利避害的选择，其背后的动机是适应环境条件并追求更美好和谐的生存。在这种不断的选择中，乡村达到聚落内部自平衡和与外界环境的平衡，其完整的空间体系长期以来很好地适应了环境的变迁，形成了自身显著的发展适应特征，又反过来在这个过程中得以维持。因此，充分理解乡村聚落既有格局与自然、社会之间的逻辑，从最小限度的设计入手，是应对气候变化、能源约束、乡村价值回归的低成本和行之有效的做法，投资小，见效大。

（3）充分利用当地的生态优势，可以满足当地居民的生产生活需要

乡村聚落高效的空间结构关系是融合了生产、生活、生态的三者合一②。乡村空间环境的提升应该尊重并在既有空间基础上进行优化，而不能简单模仿城市模式。粤西广大乡村地区的生态环境优越，具有丰富的生物质能、太阳能等可再生资源，丰富的水源

---

① 刘彦随，李玉恒. 农村经济与村镇发展研究 [J]. 城市规划通讯，2016，(3)：15-16.
② 仇保兴. 新型城镇化：从概念到行动 [J]. 理论参考，2013 (5)：12-14, 25.

以及可组织的自然通风条件。通过低技术、低能耗、低成本的介入方式，给予适当的指引，提供可操作的理念和可实施的技术，可以有效解决农村居民点空间划分、结构构造、通风采光等问题，并通过重要节点的环境提升和功能性景观改造，将生产生活的不同环节连接成一个生态循环，可以很大程度上改善当地人居环境并解决生计，构建集约、适宜、优美的"三生"国土空间[①]。

（4）挖掘乡村聚落空间格局内涵有助于更好的指导乡村建设设计实践

乡村建设以及乡村聚落空间环境的提升应当强调乡土性，强调乡土文化的自身特色，挖掘乡村既有资源潜力。通过本书的研究可以证明，粤西地区的传统聚落建筑和当代聚落发展之间，存在着概念上的连续性。地域技术的使用，与当地的文化传承有关，粤西地区盛行来源于广府文化的梳式布局及三间两廊单元。这是一种被证明了的利用建筑自身形态实现自然通风和遮阳的有效方式，但是它也根据粤西各地不同的建造技艺条件和建造传统有所调整。这种调整由过去一直持续到现在，因此必须将当代聚落的发展与传统聚落空间形态联系在一起进行分析。这些当代居住建筑的建设，为建筑师们提供了关于如何用现代化的低技手段来实现聚落的微气候调节方法，是建筑类型的动态衔接。因此，对既有乡村聚落空间格局的研究有助于理解乡村聚落是如何将自然环境和文化背景同时融入被动式气候调节的空间格局中去的。在标准化、集约化建设和城市模式已经给粤西乡村带来种种矛盾的今天，可以给乡村建设设计实践带来很多替代性选择和新的可能性，更好地继承和发现乡村聚落的地域特性。

---

① 刘继来，刘彦随，李裕瑞. 中国"三生空间"分类评价与时空格局分析［J］. 地理学报，2017，72（7）：1290-1304.

第三章

当代粤西区域城乡系统的整体提升

乡村聚落空间环境的提升，最终目的是为了促进乡村的振兴，因此空间环境的提升并不仅仅是传统意义上专业内空间改造的问题，也涉及保护农村生态、改善公共服务、改变村民卫生习惯、建设精神文明、打破各方参与者思想局限等方方面面的内容。目前乡村建设的经验教训充分说明，只考虑空间形式、不解决发展中的新矛盾和新问题，或是完全摒弃传统忽视自然需求、单纯依靠现代化途径，都不能将乡村聚落引向可持续发展道路的正确路径。建筑师必须突破建筑学专业的范围，应当将自己的工作与更广泛的社会群体、文化、自然环境相联系，才能够真正通过设计提升当地人居环境水平。

　　基于对前期调研资料的分析和挖掘，可知粤西传统乡村聚落空间的形成和变迁是由其自身的系统外环境和内部构成的，但作为整体居住环境的一部分，它又是上一层城镇系统的内部组成部分。从区域的城乡关系变迁的大背景中分析城乡互动的外部机制可以发现，乡村聚落面临传统向现代的过渡是种必然。因此，本章将乡村聚落空间环境纳入到更大的经济、社会和环境背景中，重视区域层面的作用，也将乡村聚落空间作为实现更大发展目标的场所，综合协调城乡发展，为乡村聚落空间环境的提升找到新的立足点。作为发达省份相对欠发达地区的粤西，不能够依托某一单一产业发展。但与珠江三角洲地区的各要素互动与粤西良好的生态环境，意味着粤西地区有通过三产平衡综合发展，重复利用已有的土地，发掘乡村聚落品质优越的居住功能，提供一种新型的人居环境。

　　本章立足于城乡一体化，对粤西地区城乡整体发展演进模式进行了分析，并对未来城乡空间格局进行了预测，对当前城镇化背景下粤西地区乡村聚落普遍存在的空心化和土地利用效率问题进行了分析，城乡之间并不完全处于对立的状态，城乡各自具有优势。基于城乡统筹的考虑，本章明确了乡村具备独特价值的主体地位，同时应充分利用其价值优势，与城镇形成资源互补、要素循环的良性互动。本章针对乡村资源的良性利用和多样性乡村发展路径提出了对策和建议。基于上述分析，提出了乡村聚落空间环境提升的核心目标：综合发展的治理；保持"山水—田园—村落"的地域化生态格局；以农村居民点社区为核心，尊重当地村民需求，增强社区凝聚力。

第一节

城乡整体发展演进模式

一、"城—镇—村"的区域聚落系统历史溯源

城市从其产生的那一天起,就天然地与乡村之间保持着紧密的联系①。我国存在很多乡镇,并且自古以来就有浓厚的乡镇情结,由"区域中心城市—州县治—圩集"构成的城镇体系雏形在唐代已经首先在广府地区出现,并逐渐成为区域发展新动力②。通过这个体系,城市与省域、城市与城市之间的互动带动着各地经济文化的发展,过程中人口不断向城镇集中。在这个城镇化体系之内,小城镇的地位至关重要,在粤西地区,小城镇往往是由圩集转化而来,圩集作为连结城市与村落的纽带,在城乡发展中起到承上启下的重要作用。其重要性体现在为乡村地区和村民提供现代化生产和生活服务,是乡村及其农业发展的直接依托。

镇在广东的起源很早,但最初只有军事防卫功能,唐代以前商业活动受到诸多限制,因此商业集镇不够发达。宋代以来城乡物资交流日趋活跃,镇作为县以下的一种基层政区和城乡物资交流中心逐渐兴起,从军事职能逐渐转化为民政和经济功能,一定程度上改变了城镇体系格局。驿道交通与市镇商业发展有着密切的关系,镇的分布也往往集中在驿道沿线。在宋代,高州、雷州粤西南路诸州只有化州零绿一镇,经过宋元时期的开发和新驿道的开辟,明清时期高雷地区镇的数量达到了十个③。

明清时期,随着广东商品经济的发展,许多城镇应运而生,其中有相当一部分由圩集发展而成,并且大部分留存至今。然而,圩集并不一定都成为建制镇,可能是服务几个自然村的农副产品和手工业品集散地,或者仅仅是满足当地村民的村级市场,并结合区域大城市、州县治、建制镇形成城乡体系和早期的城乡公共服务机制,吸引和推动当地社会经济发展。

粤西地区的圩镇分布主要受两个方面的影响,一个是城市带动发展,另一个是自然环境形成的物质基础。城市是人类文明进步的产物,为区域发展提供了动力,自然生态环境的多样性也是区域内商贸集镇形成的物质基础。

城市带动方面,明中叶以来,资本主义萌芽在珠江三角洲生长,澳门作为一个国际

---

① 胡必亮. 城镇化与新农村 [M]. 重庆:重庆出版社,2008.
② 司徒尚纪. 岭南历史人文地理:广府、客家、福佬民系比较研究 [M]. 广州:中山大学出版社,2001.
③ 颜广文. 古代广东史地考论 [M]. 广州:中山大学出版社,2007.

贸易港崛起，促进了商业城市的产生和兴盛，圩镇大量出现，城镇体系首先在广府地区发育日趋完善。清代中晚期及民国时期，受珠江三角洲地区的辐射影响，粤西山地经济作物的栽培获得跨越式发展，种植面积不断扩大、品种日益增多，栽培技术颇有进步，商品性农业快速发展[①]。地区商品经济有了长足发展，传统生产与消费之间的自然联系逐渐分离，扩大了商品原料产地与加工场所之间的地域距离，同时从事商品生产的手工业者与农户、与市场的联系更加密不可分，因此带动了粤西各水系沿河圩集的发展。

明清以来，珠江三角洲、高雷和西江干流两岸是广东圩镇分布最密或次密地区。圩集密度越大，每个圩集服务半径就越小，圩集之间相互联系就越密切，生产、消费和流通活动就越旺盛，所在地区生产商品化水平越高。珠江三角洲地区以佛山、广州为中心形成一个圩镇高密集区，离中心越近，分布越密，反之分布越稀疏，呈现出同心圆的等级空间体系。珠江三角洲这个圩集体系溯西江密度逐渐下降，在本书研究的案例当中，新兴县位于西江流域珠江三角洲边缘，因此其圩集密度远低于珠江三角洲核心区，而在新兴县域内部，商品由支流向干流集中，在支干流交会中心地区形成大圩集，在大河河湾形成较大圩集，在若干自然村或片村形成小圩集，构成大、中、小三级树枝状空间体系；继续溯西江往西，广东边境的西宁（今郁南）圩集密度将至更低，受地形影响，圩集仅沿西江南江及其零星的支流分布，但沿河分布比较均匀；海康（今雷州市）由于在13世纪末蒙古冲击引起广东西南沿海地区人口暴增对当地环境造成了永久的破坏[②]，因此该地区腹地的经济发展一直处于停滞状态，海康的商业体系依赖海路，与海洋经济密不可分，其圩集体系为沿海的环状格局，但到了清中晚期，海上贸易带动雷州半岛农业经济的发展，海康腹地的圩集也开始建立和完善起来。

随着圩集体系带动商品经济的显著发展，逐渐引起粤西乡村地区新村落的产生、旧村落的衰落，以及乡村风貌的改变，这种村镇之间融合发展的关系一直持续至今。

二、村镇聚合——自下而上推进城乡转型

村镇聚合的城乡转型形式是从乡村层面推进城乡转型进程的一个重要方式，在这种方式下，转型过程中的乡村也许并不处于被动地位。圩集的形成早期较少受到国家政策影响，大多数依据自身条件逐步形成：或是因为自然环境较好且处于交通要道，促使人口集中，如依托西江、南江及其支流交汇处；又或是居于一定地域范围内的地理中心，便于形成区域性的交易中心，例如地处雷州半岛腹地的形成的圩集。它们更多地受小农经济的影响，主要的生产单位是家庭式手工作坊，商业、贸易也以分散、小型化、缺乏

[①] 罗莉. 清代西江下游经济作物栽培初探[J]. 农业考古，2015（4）：176-181.
[②] 马立博. 虎、米、丝、泥：帝制晚期华南的环境与经济：Environment and Economy in Late Imperial South China[M]. 南京：江苏人民出版社，2012.

分工为特征，在空间形态上体现出功能混杂的特点，各种形态要素乡村性较强[1]。

依托圩集的村镇聚合主要有两种方式[2]：

一种方式是指若干村庄聚合向城镇的转变，在粤西地区的小农经济时代，当几个村庄共同拥有一个圩集时，随着贸易和市场规模不断扩大，这个市场往往成为这些村庄聚合形成城镇的核心。这种形式多出现在西江流域及西江流域支流南江流域，受地形限制，聚合的村庄往往沿道路或者河岸呈带状发展，如集成圩带动了雅岗村和夏卢村的城乡转型。而西坝村与连滩镇的关联，也正处于这种城乡转型的过程之中。

另一种方式是让人们离开他们原来的村庄，并把他们的家人搬到一个新建的小镇。比如，龙门圩位于雷州腹地，周围村庄数量较少、规模较小且分布较为分散，当龙门镇开始兴旺发展的时候，对周边的村落产生了巨大的离心力作用，潮溪村的村民就开始逐渐转移到龙门镇，因此导致潮溪村内部空间的空废化。

这种"村—镇"聚合的空间分布具有一定的内在规律，圩集的选点首先要满足商品交换的可达性。在此基础上，关于村镇聚合的空间分布，施坚雅在《中国农村的市场和社会结构》一书中提出了一种六边形的网状市场结构模式（图3-1-1）[3]，根据这个理论模型，又将圩集分为三个层级：中心市场（Central Market）、中间市场（Intermediate Market）与基层市场（Standard Market）。就粤西地区而言，圩集的分布与这种极差理论模型基本一致：一般的乡村圩集属于基层市场，周围环绕着一定数量的乡村聚落；在一般乡村圩集之上，有一般的府县城邑市场，即中间市场，最典型的如新兴县城、郁南县城，某些产生较早、规模较大的圩镇也可视作中间市场，如连滩镇、龙门镇，这一类圩镇在目前往往被界定为中心镇；在中间市场之上则是地区经济中心的区域性市场，在唐宋之后，南粤古驿道空间网络的确定（图3-1-2），广东省主要区域性市场包括位于珠江入海口的广州、沿海运路线的潮州与雷州，沿大陆腹地陆路交通线的端州（今肇庆）、惠州和韶州（今韶关）。

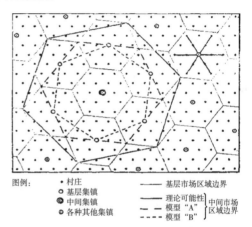

图3-1-1 作为稳定的空间体系中的中国基层市场区域的模型

（来源：《中国农村的市场和社会结构》）

施坚雅的六边形等级排列模式的模型会受到具体地形的约束和影响。罗一星认为清代岭南市场分布可以分为三种类型（图3-1-3）：（1）同心圆分布；（2）树形分布；

---

[1] 张小林. 乡村概念辨析[J]. 地理学报，1998（4）：365-371.
[2] 胡必亮. 城镇化与新农村[M]. 重庆：重庆出版社，2008.
[3] 施坚雅. 中国农村的市场和社会结构[M]. 北京：中国社会科学出版社，1998.

（3）项链状分布[①]，使用这个模型可以解释新兴、郁南和雷州的分布特征。新兴县圩集历史上属于树形分布，在当代则纳入珠江三角洲同心圆圩集分布体系的外围；郁南由于其主要干流流经的是贫瘠的山区，其早期圩集分布呈树形分布，在当代随着陆路交通的改善，逐渐沿着新交通路线完善其圩集体系；雷州早期如同海南岛地区一样，其圩集分布呈项链状分布，在当代圩集则围绕着雷州市区及南渡河流域呈同心圆状分布。

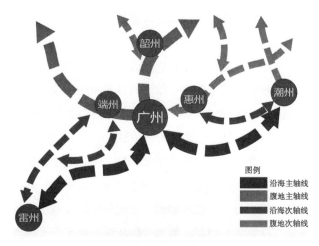

图3-1-2 南粤古驿道空间轴向关系示意图
（来源：《唐宋南粤古驿道的空间轴向关系探析》）

施雅坚的模型能够更好地解释"村—圩集"之间的互动关系，但其理论主要是建立在平原地区的假设上，而罗一星的模型则更符合岭南地区的实际情况，尤其是对于地形的考虑。然而，当代圩集与乡村之间的互动关系则与罗一星研究的清代中前期的

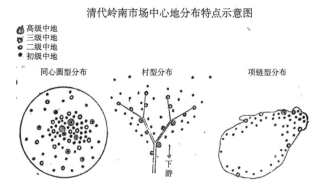

图3-1-3 清代岭南圩集体系分布特点示意图
（来源：罗一星. 试论清代前期岭南市场中心地的分布特点[J]. 开放时代，1988（9）：51-56.）

情况发生了改变。罗一星提出的树状市场模型中，农户选择交易的市场受交通限制而十分有限，有时只是某一个市场，但是随着当代交通模式的改变，地形限制的影响变小，农民可选择的市场变多，其选择交易的方式反而更接近施坚雅的市场等级网络。

不可否认，在中国漫长的历史中，由于受到王朝更迭的影响，乡村聚落与圩集屡遭损毁。然而，从明朝开始算起，乡村地区聚落数量的不断增长、圩集体系的不断完善总体而言是个不可逆转的趋势。因此，可以假定，从明朝开始，聚落与圩集处于一个单纯的过程，新的聚落、新的市场不断建立。在这个假设下面将分别讨论新兴县、郁南县和雷州市的圩集体系。

1. 新兴县圩集体系

新兴县位于广东省中部偏西，与珠江三角洲山水相连，东南面与佛山市、江门市毗邻，西南面连接阳江市，东北面与肇庆市接壤，是珠江三角洲产业向西转移的首站和休

[①] 罗一星. 试论清代前期岭南市场中心地的分布特点[J]. 开放时代，1988（9）：51-56.

闲后花园。新兴县自然资源丰富，并且气候常年温和湿润，在人文资源方面，是中国禅宗六祖惠能的故乡。

古代的新兴是一个非常重要的交通枢纽，水陆交通发达，驿道与河流网络相连构成"八州通衢"的格局，甚至可达雷州、海南等地。由于地理位置的重要性，此地交通得到历代政府的重视，而交通的繁荣导致商业发展，新兴县现存圩集共计23个[①]（图3-1-4），主要依靠新兴江及其支流发展，由于新兴县城及周边区域开发较早，因此创建于明代及明代以前的圩集一共有10个，大约占43%（图3-1-5）。洞口圩与新城圩之间的距离只有4公里，分别处在新兴县城内外，步行1小时可达，因此，可算作一个节点，这个节点处于新兴江支干流交会中心地区，容易形成大圩镇，船河、集成河、共成河和回龙河汇于此处，这个交汇向北沿着新兴江顺流而下，可到达肇庆，进出西江。天堂圩处在新兴江支流与漠阳江支流之

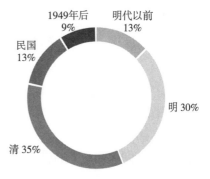

图3-1-4 新兴县现存各年代圩集比例

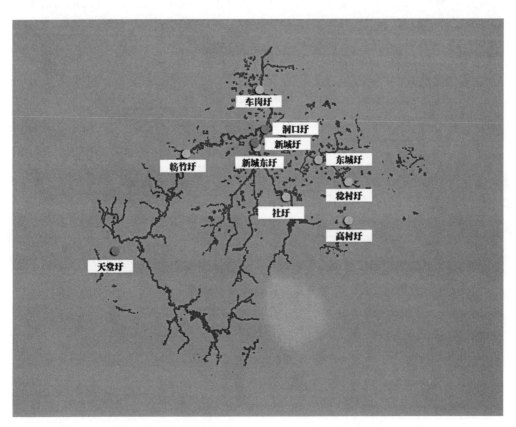

图3-1-5 新兴县明及明代以前建立圩集的分布情况

---

① 资料来源：《广东圩集》。

间，此节点仅需一小段陆路，便可将西江流域和漠阳江流域联系起来。天堂圩向北沿新兴江可达新城圩，向南沿黄村河、云林河、漠阳江可达阳春市、阳江市，最终入海。从地理位置上来说，新城圩与天堂圩均处于交通要道上，两圩之间距离27公里。至明朝，随着新城圩与洞口圩市场规模的扩大，周边人口更加密集，新兴县城区增加了新兴东圩以缓解旧圩集设施的拥挤，沿着新兴江各支流可达性较好的位置（主要是东西线），相继建立了新的圩集，沿新兴江回溯往南有簕竹圩，新兴江下游往北有车岗圩，沿共成河有社圩，沿回龙河有东成圩、稔村圩，另外还有高村圩，高村圩应属于潭江流域上游，通过陆路交通与稔村圩相连。依附天堂圩的河头码头也曾经是当地一个繁华的中转站，清初编撰的《读史方舆纪要》新兴县亦云："凡商贾往高雷，必拖船至河头乃登陆。"说明至明代，河头码头已经是水陆交通的中转站，到目前为止，河头旧渡头遗址依然存在。各地货物在这里装船沿新兴江运送至西江水路后到达广州，再运到海外各地，而各地区较为缺乏的瓦缸、煤油、盐、布匹也从这里得到补充。

这些围绕着新城圩的市场相互之间的距离为8~10公里，这意味着每个圩集所服务的乡村聚落的辐射半径为4~5公里。这些圩集不仅完善了基于新兴江及其支流所形成的商品贸易网络，也通过天堂圩和高村圩联系了西江、漠阳江及潭江流域之间的商品贸易，扩展了商品交换的可达性。然而，簕竹圩与天堂圩之间的距离约为19公里，考虑到此时每个圩集的服务半径为4~5公里，这表明直到明代，新兴县腹地、新兴江及各支流的中上游，依然有大片没有任何圩集服务半径覆盖的空白地带。

至清代，新兴境内新兴江各支流中游地带进一步增加了圩集，乡村聚落由新兴江下游逐渐向各支流中上游扩张，同时县城附近地区乡村聚落密度进一步增加，圩集作为地区性集散中心相继兴起，进一步完善了基于水网的市镇网络体系，不少陆路也分支衍生出多条路线，水陆交通更加四通八达。这期间增加的圩集有位于新兴江上游的湾边圩，湾边圩位于天堂圩与簕竹圩之间的中点位置；船河中游的船岗圩；共成河流域的太坪圩、共成圩；回龙河支流的东山圩。这些圩集进一步完善了以新兴县为中心的市场体系。此时，除了满足各圩集辐射的乡村范围内农民的日常需要，各圩镇可以通过精心安排协调不同的圩日来满足行商们的需要。另外，在新兴江上游，此时增加了合河圩、大江圩，这两个圩集是以天堂镇为中心市场的；通过陆路可到达的最远端则增加了水台圩，这表明随着圩集的增加与扩散，圩集间道路也进一步得到了完善和拓展。到了民国时期，圩集体系的扩展还在继续，主要集中于各支流中上游，新兴江上游支流交汇处增加了河头圩；集成河中游设立了集成圩；共成河上游增加大塘市。1949年后，新兴江上游还增加了内中圩和里洞圩，说明随着现代交通体系的完善，新兴县内最偏远的位置也发生了一定程度的商业化。至此，稳定状态已经达到，圩集沿着树枝状的水系在所有可能的地点建立，村落则在满足土地承载力的前提下，填满所有可能的区域（图3-1-6）。

新兴县的圩集体系至今得以维持，并在现代道路体系的完善下，产生了一些新的变化。原本沿水系树枝状分布圩集体系，由于自然河道很难改变，新兴县又位于丘陵

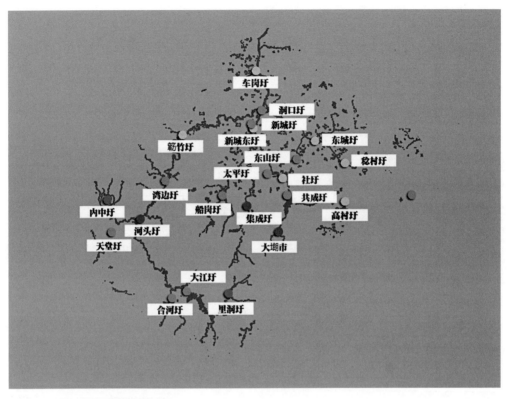

图3-1-6 新兴县目前圩集的分布情况

山地，依托水系组织交通是最方便的做法，因此商品是由支流向干流集中的，在支干流交汇中心地区形成大圩镇，在大河河湾形成较大圩镇，在若干自然村或片村形成小圩镇，圩集规模由支流到干流是逐级变大的，圩集建立顺序是依次从干流向各支流发展的。然而在路网完善的情况下，新兴县部分圩集体系开始转变。1992年是农村经济加速发展时期的末期，乡村经济自组织发展的黄金时期，同时现代道路体系已基本完善。因此，这一年对于各圩集基本情况的统计与分析具有代表意义，有利于观察村镇聚合是如何自下而上推动城乡转型的。通过对1992年各圩日赶集人数的统计[①]发现，新兴县日赶集人数万人以上的圩集有4个（图3-1-7、图3-1-8）：新城圩，日赶集人数10000人，若考虑新城东圩及洞口圩，则日赶集人数一共16000

圩名	县城距离/公里	日赶集人数/人
新城	0	10000
新城东圩	0	5000
洞口圩	4	1000
太平圩	7	1000
社圩	9	4000
东山圩	9	800
东成圩	10	5000
船岗圩	10	3000
车岗圩	10	4000
簕竹圩	11	4000
集成圩	12	15000
共成圩	12	2000
稔村圩	15	10000
大塘市	16	500
湾边圩	16	2000
高村圩	19	1000
河头圩	21	3000
内中圩	23	3000
里洞圩	26	5000
水台圩	27	2000
大江圩	27	800
合河圩	27	1000
天堂圩	27	12000

图3-1-7 新兴县各圩集距县城距离与日赶集人数
（来源：《广东圩集》）

---

① 资料来源：《广东圩集》。

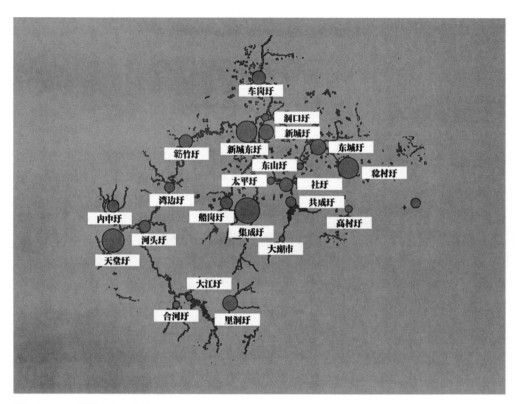

图3-1-8 新兴县圩集规模比较

人；集成圩，日赶集人数15000人；稔村圩，日赶集人数10000人；天堂圩，日赶集人数12000人。其中，新城圩、稔村圩和天堂圩建设较早、区位较好，可以连通周边很多乡村圩集，因而可以成为规模较大的货品集散地。而建于1918年的集成圩，也获得了很高的日赶集人数，其规模在区域内已经可以被视作中间市场，这里面体现了新兴县在当代圩集体系由依赖水路交通为主转变为依赖道路交通为主，由线性发展构成的树枝状结构转变为网状结构。若仅考虑水路交通，集成圩只是依托新兴江一条普通支流的基层市场，只能与新城圩有直接往来。当生产力和技术提高之后，在现状路网体系已经完善的情况下，集成圩可以与新城圩、船岗圩、太平圩、社圩和里洞圩有直接的道路连接，商品运输不必再通过中间市场进行周转，运输费用由此大幅度下降，而上述几个圩集若需要互相运输商品，最便捷的方式是通过集成圩进行交换。对于集成圩周边圩集服务半径范围内的居民而言，新连接起来的道路减轻了他们到达其他圩集乃至更高层级圩集间距离的阻力，因此住在周边新道路附近聚落的村民可以方便地直接在集成圩、或在不同的圩日在其他圩集出售他们的产品进而获利。在这种情况下，集成圩升级为中间市场成为一种必然。伴随着道路的完善，集成圩规模不断扩大，甚至连新兴江上游的居民也可能每隔一段时间就去一次集成圩，并且随着居民经济收入的提升，居民对于基层市场的需求变小，所以集成圩周边的圩集规模开始缩小。另外，从新兴县城往新兴江上游回溯至天堂圩之间的三个圩集，是沿新兴江水道单线线性发展，由于地形限制，新建道路只能

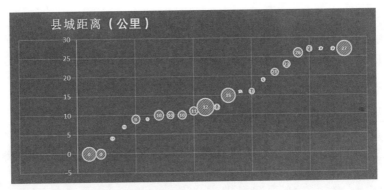

图3-1-9 新兴县圩集规模及距离比较

沿着既有河道修建,即便是在当代,这几个圩集也仅仅与其上游和下游的圩集相连,因此沿线乡村聚落的居民最多有两个基层市场可供选择,导致了这几个圩集规模比较相似,距离大致均等,日赶集人数分别为:籁竹圩,4000人;湾边圩,2000人;河头圩,3000人。由此可见,在当代,道路系统是影响新兴县圩集规模的一个重要因素,路网密集,尤其是几条路交会的地方,容易形成日赶集人数万人以上、规模巨大的中间市场,而中间市场的形成,会造成周边基层市场的衰落。沿单一道路分布的圩集,规模适中且相近,日赶集人数多为几千人。

对圩镇规模与圩镇到县城的距离进行比较发现圩集较容易出现在两个距离区间内,第一个区间是在10~15公里,第二个区间是在26~27公里。同时,这两个区间的圩集规模往往在日赶集人数几千左右,也出现了1~2个万人以上的中间市场,说明当代圩集服务乡村聚落的辐射半径为6.5~7公里,而在这两个区间范围之外的聚落,数量较少且规模较小,反映出在当代路网交通体系的影响下,圩集体系动态变化的过程(图3-1-9)。

2. 郁南县圩集体系

郁南县位于广东省西部,是一个山区县和沿江县,东接云安县,南邻罗定市,西接广西苍梧县、岑溪市,北与封开、德庆两县隔江相望。县城都城镇沿西江而建,距广州290多公里。该县雨量充沛,河流众多。西江循县东北边界流过,西江一级支流——南江下游河段穿过县南部,此外县内还有属于两江的大小支流12条[①]。郁南的圩集体系与其水网密切相关。

郁南县现存圩集共计27个(图3-1-10),由于郁南处于广东、广西边界,比新兴更加远离珠

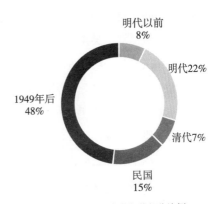

图3-1-10 郁南县现存各年代圩集比例

———————
① 《郁南年鉴》编纂委员会. 郁南年鉴[M]. 北京:中华书局,2011:173.

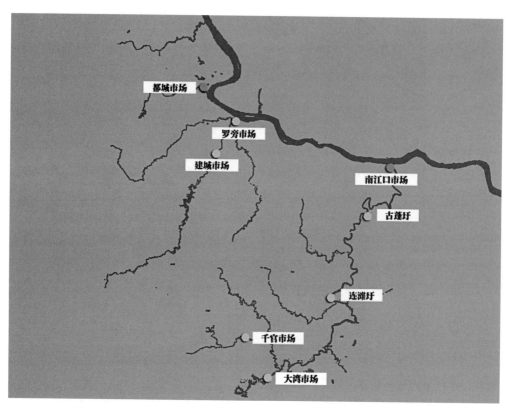

图3-1-11　郁南县明及明代以前建立圩集的分布情况

江三角洲，由珠江三角洲带动的商品贸易影响力更弱，历史上主要依赖水运，陆路交通相对滞后，长期以来阻碍了当地经济发展。郁南县创建于明代及明代以前的圩集只有8个，大约占现存圩集总数的30%，这些早期形成的圩集如图3-1-11所示，主要沿着以西江为主的古水路和以南江为主的古水路产生和发展。明代以前出现的圩集是都城圩和南江口，都城圩沿西江而建，由西江向西不远可到达广西梧州，东沿西江顺溜而下290多公里可到达广州。南江口市场地处县域东北部，北临西江，东临南江，圩集选址位于两江交汇处，向东可经西江前往广州；沿南江向南可到达罗定，在罗定越过分水岭沿鉴江顺流而下，至湛江、吴川之间出海；也可由罗镜河支流进入漠阳江流域，沿漠阳江而下，到达阳江出海口。明朝时期，由于当地地形崎岖，河流的冲刷使得山岭和沟壑相连，而比较少有平坦的地区，在当时的技术水平和条件下，限制了可供农业生产的土地数量，而圩集也往往只服务于其所在的河谷小盆地周边的村庄。除都城圩外，此时仅发展了罗旁市场和建城市场；南江流域则可以从南江口回溯至古蓬圩、连滩圩、大湾市场和千官市场，这几个圩集之间的距离大约为15公里。总体而言，直到明代，郁南县的圩集也只有沿县域北部的西江和县域东部的南江的零星分布，而县域内西部和南部大部分山区，仍然是人迹罕至。

明清时期人口急剧膨胀后，大量粤中广府人沿西江及西江各支流迁入郁南县，随着人口增加，在西江支流桂河中游设立桂圩市场，在西江支流建城河上游设立通门市场。郁南县在"土客械斗"晚期受到一定波及，清咸丰、同治年间惨败的客民由沿海地区的阳春、开平、恩平等地，向内陆多山的西宁（今郁南）转移。斗祸平息后，西迁的少量客家人留居于此，使郁南部分区域亦受到客家山区文化影响，人口逐渐向山区扩张，山区土地得以开发。然而，由于此时陆路交通尚未完善，主要的商贸活动依然严重依赖水路交通。

民国时期，郁南县圩集还主要是沿着水路交通线性发展，圩集继续向各支流上游发展，平台市场、大方市场、罗顺市场相继设立；另外在都城圩附近增设了都城耕牛市场。这个情况在1949年后发生了变化，随着郁南县陆路交通的完善，新的圩集迅速发展，主要沿道路产生，至1992年，郁南县存在的圩集有48%设立于1949年之后，20世纪50~60年代设立了大榕圩和宝珠市场；改革开放后，伴随着农村经济体制改革，计划经济时代对资本自由流动的约束消失，为乡村经济自组织发展创造了黄金时期，本地资本也开始流向乡村腹地，新乐圩、中里市场、沥洞市场、龙塘市场、东坝市场、宋桂市场、大全市场、河口市场相继设立；另外，郁南县城增加了都城北郊市场、都城河堤；连滩圩附近增加了连滩新市场。目前郁南县形成了两个主要的村镇聚合系统，一个是以都城镇为中间市场的村镇聚合系统，由于都城镇位于郁南县的西北角，而依托南江水道、历史悠久的连滩圩成为郁南东南部的另一个重要市场，成为周边乡镇货物流通的集散地（图3-1-12）。

郁南县依托都城镇和连滩镇为中间市场形成了双核心的圩集体系（图3-1-13、

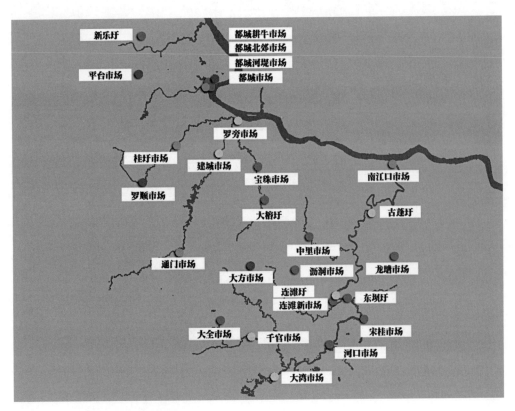

图3-1-12 郁南县目前圩集的分布情况

图3-1-14），圩集组织方式沿西江和南江支流水系，形成树枝状圩集分布。都城镇和连滩镇的圩集均建立较早，在后期则位于水陆交通交汇的位置。通过对1992年各圩日赶集人数的统计①发现，位于都城镇和连滩镇的圩集规模较大，各个基层市场的规模也大致相当，多为几千人。郁南县总体为山区，与新兴县中间市场的兴起造成周边基层市场的衰落有很大不同，地形限制造成了郁南县比较简单的道路体系，无论是水路，还是陆路，都串联起基层市场，而市场之间间距为十几公里均匀分布，这是造成基层市场规模大致相当且持续发展的原因。由新兴县和郁南县的比较可知，在山区县内，以串联方式组织起来的圩集呈现出大致均等的发展态势，多条道路交会的圩集，容易形成中间市场；而处于道路末端、或距

圩名	县城距离/公里	日赶集人数/人
都城圩	0	25000
都城河堤市场	0	10000
都城北郊市场	0	8000
都城耕牛市场	1	3000
罗旁市场	8	3000
桂圩市场	10.5	5000
建城市场	11	6000
平台市场	12	6000
新乐圩	14.5	4000
宝珠市场	15	3000
罗顺市场	19	5000
大榕圩	20	3000
通门市场	26.8	5000
中里市场	29	1000
大方市场	30	3000
南江口市场	32	6000
古蓬圩	32.5	4000
历洞市场	32.5	3000
大全市场	36.5	2500
连滩圩	39	15000
连滩新市场	39	8000
东坝市场	40	1600
千官市场	41	6000
龙塘市场	41	3000
河口市场	45	2000
宋桂市场	45	1000
大湾市场	47	8000

图3-1-13 郁南县各圩集距县城距离与日赶集人数

（资料来源：《广东圩集》）

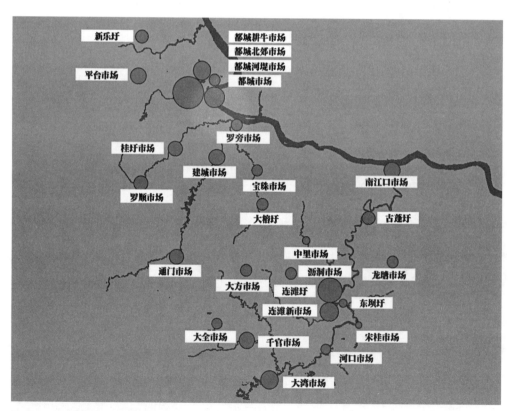

图3-1-14 郁南县圩集规模比较

---

① 资料来源：《广东圩集》。

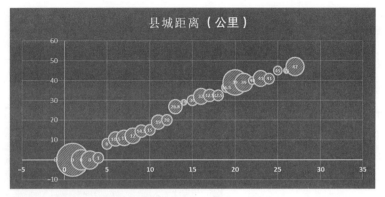

图3-1-15 郁南县圩集规模及距离比较

离中间市场过近的基层市场,由于缺乏足够的商品贸易交流而衰落。

对郁南县圩镇规模与圩镇到县城的距离进行了比较,如图3-1-15所示。表格显示,圩集较容易出现在三个距离区间内,第一个区间是在10~15公里,第二个区间是在26~32公里,第三个区间是在39~47公里。郁南圩集服务乡村聚落的辐射半径大概为7.5公里,圩集分布没有新兴县密集,但圩集规模普遍更大。

3. 雷州市圩集体系

雷州半岛地处岭南边陲,北接粤西山区,南邻辽阔南海,遥望琼岛海南,在古代交通极不发达的情况下,成为较为封闭的地区,因其封闭导致文化与生产力各方面均较中原地区落后。半岛地势平缓,海拔在25米以下,气候相对干旱,滩涂辽阔,海岸线长,地势平坦,地表水资源较为匮乏而地下水资源较为丰富,地表河流短少,呈放射状独流入海,其中最大的河流是南渡河,长65公里,流入雷州湾。雷州半岛自古以来就是海上丝绸之路的始发港之一,对外交往活跃,早在西汉之前,人们就已经前往东南亚、南亚,并有过民间的交流历史[①]。

雷州市现存圩集共计22个(图3-1-16),主要以雷州府城为核心均匀分布。创建于明代及明代以前的圩集共有8个,大约占36%,如图3-1-17所示,主要分布在人类活动及开发较早的雷州湾、西南沿海地带。沿海地带既拥有良好的海洋资源,也便于贸易和交流。13世纪末蒙古冲击引起广东西南沿海地区人口暴增,对当地环境造成了永久性破坏。14世纪大规模的砍伐热带雨林和红树林以及随后的烧荒,造成了严重的水土流失,把雷州半岛很多地区都变成了荒漠,即便在明朝建立以后的和平年代人口有所下降时,森林也没能得到恢

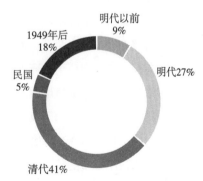

图3-1-16 雷州现存各年代圩集比例

---

① 陈国威,何杰. 古代雷州半岛对外交往史考[J]. 广东史志,2015(3):12-18.

复，这造成了雷州半岛经济的衰落或低水平增长[①]，所以雷州早期的村镇体系已较难考证。

虽然雷州半岛对外贸易历史悠久，但现存最早的两个圩集，半岛西海岸北和圩建立于南宋末年，雷州府城城内市场建立于元末。明代时，政府关闭沿海贸易以及半岛农业潜能下降，造成了半岛自清朝至今区域经济一直处于边缘化的停滞状态。明朝新设立的圩集沿县域边界发展，自北和圩沿海岸线向南北方向发展出企水圩、康港圩和乌石圩，这些圩集依附天然渔港、码头；

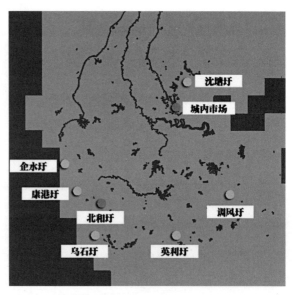

图3-1-17 雷州市明代及明代以前建立圩集的分布情况

在雷州与徐闻边界附近设立英利圩和调风圩；在雷州城北10公里处设立沈塘圩，而雷州半岛腹地虽然曾有大量人口聚集，但因为土地逐渐贫瘠，以及明朝国际贸易停滞导致半岛地区无法在农业生产中投入更多的资源，同样也导致了半岛腹地乡村贸易的停滞。

清代，岭南地区经济得以恢复，得益于宋元时期水利建设的基础，在清代广东掀起的撩荒运动中，雷州府是开垦土地较多的地区，包括兴建水田和旱田，凡较好土地，悉被纳入垦辟范围。海洋开发更受重视，盐场比过去更多[②]。在贸易方面，清初曾一度海禁，但解除海禁后海上贸易又兴盛起来，从1684年开始，海路的国际国内贸易有了巨大的增长，当康熙重开海禁时，广东沿海和河道的港口已足以建立起70个海关关口[①]，从珠江沿海经雷州半岛、廉州府的口岸被屈大均称之为"西路之海门"[③]。海上贸易的繁荣推动了雷州半岛经济的发展和农业的商业化，雷州腹地圩集纷纷开始建立，新建立的圩集以雷州城为核心分为两环，内环是南渡河流域的一系列圩集：杨家圩、松竹圩、南兴圩、雷高圩；外环则位于距离内环约10公里的半岛腹地，主要有纪家圩、唐家圩、龙门圩、客路圩；此外西南海岸线还增加了覃斗圩。民国至今雷州圩集的空间模式基本延续了这个同心圆形式，增加了流沙圩和东里圩，另外由于市场专业化需要，在龙门镇还增设了龙门西瓜批发市场，在客路镇增加了车路塘耕牛批发市场。

从雷州村庄分布的情况来看，村庄分布与圩集分布呈现明显的关联性。村庄分布依照其密度可以分为三环，第一环村庄高度密集，处于雷州城附近南渡河流域，所包含

---

① 马立博. 虎、米、丝、泥：帝制晚期华南的环境与经济：Environment and Economy in Late Imperial South China [M]. 江苏人民出版社，2012.
② 广东历史地图集编辑委员会. 广东历史地图集 [M]. 广州：广东省地图出版社，1995：165.
③ 屈大均. 广东新语 [M]. 北京：中华书局，1985.

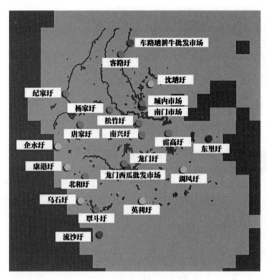

图3-1-18 雷州市目前圩集及村落分布情况

圩名	县城距离/公里	日赶集人数/人
南门市场	0	40000
城内市场	0	12000
松竹圩	7	3500
沈塘圩	10	3000
南兴圩	10	20000
杨家圩	13	12000
雷高圩	13	6000
客路圩	20	10000
车路塘耕牛批发市场	21	无数据
龙门圩	23	20000
龙门西瓜批发市场	23	无数据
唐家圩	25	20000
调风圩	28	3300
东里圩	30	25000
纪家圩	32	13000
北和圩	34	10000
英利圩	35	20000
企水圩	37	10000
康港圩	41	2000
乌石圩	45	5000
覃斗圩	46	6300
流沙圩	52	1000

图3-1-19 雷州市各圩集距县城距离与日赶集人数
（来源：《广东圩集》）

的圩集有杨家圩、沈塘圩、松竹圩、南兴圩和雷高圩，这些圩集至雷州城的距离约10公里；第二环是半岛腹地一条明显的村庄稀疏带，所包含的圩集有客路圩、车路塘耕牛批发市场、纪家圩、唐家圩、龙门圩、龙门西瓜批发市场、调风圩和东里圩，这些圩集至雷州城的距离20～30公里；第三环是半岛西海岸至英利圩，村庄密度再次较大，所包含的圩集有企水圩、康港圩、北和圩、乌石圩、覃斗圩、流沙圩和英利圩，这些圩集距离雷州城多在35公里以上。这种村落及圩集分布情况，与雷州半岛开发次序相吻合，符合由沿海向腹地发展的次序（图3-1-18）。

与新兴县和郁南县相比，雷州的圩集分布稀疏，规模较大（图3-1-19～图3-1-21），日赶集人数在万人以上的圩集有12个以上（缺乏车路塘耕牛批发市场和龙门西瓜批发市场的数据）呈现出平原及台地圩集分布的特征，这些市场从规模、距离和交通上来看均可以视作中间市场，但缺乏基层市场的补充，仅在西海岸一线以企水圩和北和圩为中间市场的局部圩集体系有相对明显的市场分级。处在村镇体系第一环的圩集，日赶集人数较多，而同时处于村庄密集的区域，有足够的乡村人口支撑商业贸易的进行，因此第一环的村镇处于城

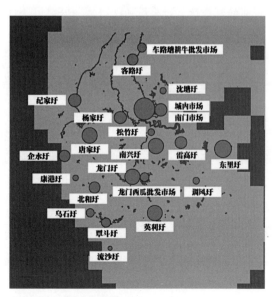

图3-1-20 雷州圩集规模比较

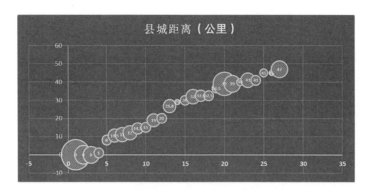

图3-1-21 雷州圩集规模及距离比较

乡共荣的状态；第二环的圩集，除调风圩以外，圩集规模均在万人以上，然而这一环村落稀疏，没有足够的乡村人口和产业作支撑，若要维持日赶集人数如此大规模的圩集，势必造成这一区域乡村衰落的状态。同时，国营农林场对半岛腹地的开发，也主要集中在第二环地带，农业产业化规模化势必造成该区域农民土地较少，种植何种作物选择较少，农民不得不搬到附近的镇上居住，这就进一步造成了原本数量不多的村庄持续衰落，尤其是遗憾地造成了一些传统聚落的衰败。

4. 圩集体系对于乡村地区的作用

粤西地区本身地域差异大，通过新兴县、郁南县和雷州市圩集体系的案例分析可知，粤西地区圩集体系具有多元化的形成方式，乡村既不是孤立的地带，也不是城市的延续，而是通过圩集将城乡联系在一起。城乡之间是一种相辅相成的关系，这种关系来源已久。

乡村发展在工业化与城市化的现代进程中更加无法与世隔绝，也不能没有乡村的独特性。今日乡村的低水平发展是城乡不均等发展中乡村处在结构弱势位置的结果，因此要转变乡村的弱势地位，便需要以城乡关系为整体思考。当下由乡村各种要素聚合自然形成的圩集体系对乡村地区可持续发展仍然具有积极意义，其促进作用如下：

（1）有效吸引乡村劳动力就地就近就业；

（2）为农业提供规范化服务，实现村镇差异化发展；

（3）以农产品加工业为主的工业产业通过向农业提供建设资金，促进农业生产率的提高；

（4）有更多的机会发展工业和第三产业，并发展特色产业链，促进乡村地区产业结构转型，并给农村家庭提供了多元化的就业机会；

（5）有利于形成乡村地区的公共服务系统，完善的医疗、教育和商业设施，丰富了乡村的业余生活。

三、城镇辐射——自上而下推进城乡转型

孤立的乡村聚落是不存在的，乡村聚落无法抛开城镇的影响，城市、圩集和乡村构

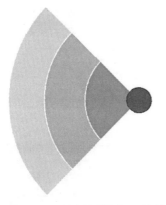 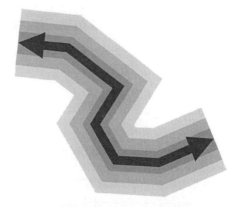

图3-1-22　城乡关系模式一：城市辐射影响　　图3-1-23　城乡关系模式二：交通轴影响

成了一个资源合理再分配的动态网络。在讨论传统乡村聚落的空间演变时，要将其放置在所在的城乡体系内看待其发展变化。对于粤西地区的乡村聚落而言，"城市—集镇（圩集）—村"是这个城乡网络构成的分级。三者之间通过现代交通紧密联系，构成了城乡关系的多元类型，由"城""镇"两个层级的动力机制共同作用对村落空间形态产生影响。

乡村受城镇影响的动力机制主要有两种：

第一，受到与大中型城市距离的影响（图3-1-22）。

新兴县在本书讨论的几个区域内，以珠江三角洲城市群经济的辐射带动作用显著，在各方面很容易受到大城市的影响，新的空间模式迅速建立，造成空间的断裂和突变式发展。从经济辐射带动作用来看，新兴县的乡村受到邻近县城的影响反而较小，在这种情况下造成外来资本很容易投入乡村建设，村容村貌提升较快，但由于其已经处于珠江三角洲辐射经济带动的外围地区，城市公共服务设施基本已经无法到达，因此容易造成该村的劳动力向邻近的新兴县城整体转移，乡村聚落空心化严重，然而这种空心化趋势可能会随着公共服务设施的改善得以扭转。城乡关系较为孤立的雷州城对周边区域辐射半径较小，从村落分布的情况可以看出城市辐射能力梯度衰减的趋势。距离雷州城较近的村落，接受城市辐射能力较强，交通的便利使得该村的空心化程度较浅，而距离雷州城较远的村落，村落空心化程度较高。

第二，受交通轴的影响（图3-1-23）。

最明显的如西江流域，集镇、村庄均是沿着西江及其重要支流发展，其余地区则随着与交通轴距离的增加而呈现村庄衰败的加深，例如连滩镇虽然距离周边的大中城市遥远，但由于其重要的交通位置得以发展，与之邻近的西坝村也是如此。雷州的龙门镇也是由于陆路交通的改善由村庄逐渐发展成圩集乃至目前的中心镇，其镇区空间的发展呈现出非常明显的沿道路扩散的特征（图3-1-24）。

近年来，随着工业化发展，城市经济的辐射使得已形成的圩镇作为乡村地域中心的作用进一步加强，同时成为联系更大规模的城市聚落与乡村的桥梁，其经济活动开始出

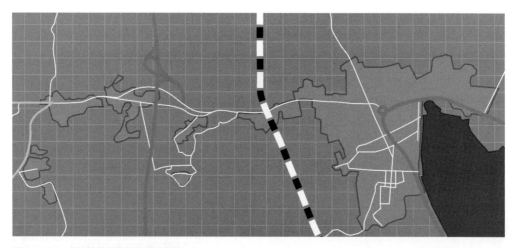

图3-1-24 龙门镇镇区发展与道路关系
（来源：改绘自《基于可持续发展观的雷州半岛乡村传统聚落人居环境研究》）

现了一定的专业化、集约化和组织化的特征，形态要素上产生了新的特征，乡村性逐渐消失，出现了与城市形态要素趋同的趋势，其形成的网状空间结构对村落空间形态的演变造成了较大影响（图3-1-25）。

若一个村落周边可达到多个圩集，每个圩集对这个村均产生拉力和推力，这个村落则更容易达到稳定状态，而且和周边各层级的聚落产生相互共生、彼此强化，这样的村落空间本身可以成为推动就地城镇化的载体。例如，位于雷州村镇体系第一环的东林村及紧邻南江流域连滩镇的西坝村，周边圩集密集，其用地也较为紧张，村庄可以有效地将现代化与地理位置、资源优势联系起来。由于内外因素合力造成的稳定性，村民往往希望传统聚落空间形态可以最大限度地保留下来。

若村落周边可以到达两个圩集，由于只有两个方向对这个村产生拉力和推力，若村落没有强大的内生动力，村落则更容易出现村落边缘无序发展，尤其是向道路扩张的现象，如新兴县集成圩与里洞圩之间的外布前村。而同样位于新兴县的石头冲村虽然也是位于两个圩集之间，但其由于农业产业化的内生动力在一定程度上保持了村落空间形态的稳定，因此并未出现向道路扩张的空间形态。

若村落处于道路的末端，只与一个圩集产生关联，在内生动力不足的情况下，极易出现村落人口大量向圩集转移的状况，例如位于雷州村镇体系第二环的潮溪村就是如此，原本该村位于通往雷州府城的必经之路，兴旺发达，但其邻近的龙门镇在近代发展起来，也导致了路网的改变，由于潮溪村邻近的古驿道衰落，只能依附龙门镇发展，龙门镇借助其地缘优势、交通优势、资源条件、公共设施、工业发展等因素已经成为影响潮溪村发展前景的主导因素，同时也是影响聚落人口在空间流转的核心动力要素，因此逐步对乡村聚落的空间结构产生了巨大影响，潮溪村因为近代地理位置变得闭塞，迁徙就成了很多人改变现状的捷径，这势必造成村落空间的衰败。

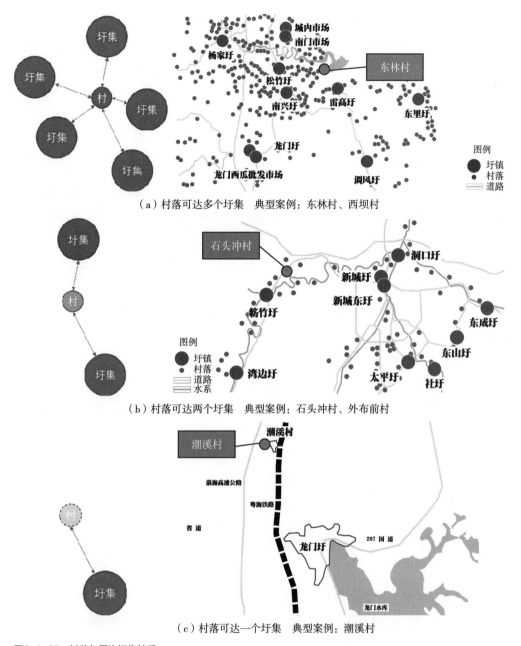

图3-1-25 村落与周边圩集关系

四、城中村——乡村性在城市的延续

城中村是被城市建成区逐渐包围的村落,虽然城中村地处城市区划内,在城市化进程往往处于边缘化的境地,并且其传统的社会结构仍然有所维持,所以城中村内部空间形态综合了城市和乡村的特征。居住在城中村的原有村民大多数已经没有耕地或者人均耕地面积很低,因此村民的主要收入来源是非农就业和租赁房屋。此外,城中村较好的区位和非常低的生存成本使其成为外来人口和移民进入城市的过渡空间和第一站。

城中村有乡村聚落当代演化的相同因素：

第一，城中村公共服务依靠其自身提供的方式是传统的乡村社会管理体系在当代的延续。在传统的政治体系中，"皇权不下县"，因此村集体以及村民是村落的所有者与管理者，这种组织结构特征依然延续到城中村中，传统家族结构仍对聚落内日常管理起控制作用。

第二，集体产权限制产权流动，避免过度资本化。

第三，集体化管理使得村民有共同的集体发展目标。

第四，城中村是多种功能的混合体，村办工厂往往与城中村融为一体，各种业态类型不断涌现，这些工作就业门槛较低，可以解决移民暂时的工作问题，在一定程度上实现生产、居住、消费、就业和娱乐的就地平衡。

第五，以牺牲采光为代价获取生存，岭南地区传统聚落往往是整齐密集的布局方式，民居普遍存在室内日间采光不足的问题，卧室通常很小，这是出于节地、防御及气候适应妥协的结果。当代城中村的村民将高密度发挥到了极致，对于移民来讲，牺牲采光也是必要的生存策略，高密度意味着低廉的租金，这样可以以较低的成本保持迁移过来的居民最低限度的居住需要，成为租客愿意聚集的原因。

城中村也有形成的意外条件：首先，位于城市中心区域便于移民大量聚集，客观上成为城市重要的居住和生活配套基地；其次，基于集体分配的极为理性的宅基地规划，在利益驱动下普遍私自加建，资源利用极限化造成了高空间密度，高空间密度包容了移民在刚刚到达城市时的低成本居住需求。

虽然对租客个人来说，城中村仅满足最低限度的居住需要，但其也有着非常繁荣的公共交往空间，而不仅仅是人们印象中的狭窄、拥挤、凌乱和潮湿。一方面，城中村的租户把个体独立居住空间的压缩作为基本的生存策略；另一方面，城中村也具有高度分享的特征，高度的分享状态也促使城中村的公共空间环境得以保持，传统乡村社区的人情关系依然存在。在一个较强的人情社会里，所有空间都是流动的，公共性可以渗透至除个人最低限度的独立居住需要之外的所有空间；与单元楼各家自扫门前雪的状况不同，城中村的邻里之间往往会互相帮助，这其实依然保持了传统乡村的生活状态。城中村的高密度与公共空间的流动性正体现了村民对传统空间结构在当代进行转换以解决问题（图3-1-26）。在这种情况下，很多民间技艺也在城中村继续存在（图3-1-27），一些传统的公共空间节点也得到保留，城中村里仍然可以看到榕荫广场这种广东村落标志化的空间，其后往往联系着祠堂或者庙宇，具有现代功能的公共建筑也围绕着榕荫广场（图3-1-28），反映出空间对于传统与现代巨大的包容性。

城中村混合、复杂、功能齐全的自循环系统和其日常生活场景，都证明了经过适当的空间重塑和价值重塑，传统聚落可以以新的方式纳入城乡系统。对广大普通乡村聚落空间环境的提升而言，城中村的转变所带来的启示是，当代转型时期受城镇化影响，乡村聚落空间出现多元而界限模糊的倾向是一种必须承认的现实，这也体现了村落空间处于不断适

(a)云浮新兴县良洞村传统街巷空间　　　　（b)广州石牌村城中村街巷空间

图3-1-26　城中村的高密度与公共空间的流动性体现出村民对传统空间结构在当代进行了转换

图3-1-27　广州石牌村仍然使用民间技艺的早点铺子

图3-1-28　广州石牌村榕荫广场，周围环绕着庙宇、幼儿园等公共建筑

应转型的过程之中，通过适当的方式，深入挖掘聚落空间的可塑性、激发其背后社会组织的活力，乡村聚落是有可能在城乡体系中找准定位、发挥其优势并实现可持续发展的。

第二节

城乡空间格局发展趋势

从大的区域范围内来看，尽管粤西地区与发达的珠江三角洲地区之间存在着经济、文化、技术水平等各方面的差距。但在未来，粤西地区反而由于与珠江三角洲地区地理位置相邻，经济往来密切，随着交通的日益改善，两地之间的经济互相联系、互相作用的关系会逐渐加强。事实上，城乡空间格局正从单极化演变为多极化、扁平化的发展模式[①]。

长期以来，广东省区域各种要素和资源过度集中在珠江三角洲地区的状况正在发生变化，由于劳动力成本的不断上涨，珠江三角洲的很多产业，尤其是劳动密集型产业的企业面临利润下降、生存压力加大的状况，在粤西邻近珠江三角洲地区的区县，劳动型密集产业转移早已发生，以至于厂房租金相应上涨，这促进了一些以生产农产品为主的企业进一步向偏远的地区转移，以降低成本。从这种趋势来看，包含粤西地区在内的城乡关系有可能将会形成扁平化城乡体系，这种体系更强调明确的分工、合理的功能和协调的产业布局。

2018年的《中共中央国务院关于实施乡村振兴战略的意见》中明确提出了宅基地所有权、资格权和使用权的"三权分置"。这项政策的提出，为城乡生产要素自由流动、平等交换创造了条件。这项政策是在保持宅基地集体所有权的不变情况下，鼓励以农村住宅和使用权的流转、租赁、抵押等方式获取财产收益的权利。这项政策给粤西欠发达地区未来发展以更多的想象空间，为下乡创业、利用闲置宅基地、增加农民收入提供了更多可能。而除了工业、农业产业或单一的旅游产业之外，是否还有其他多元化途径促进当地的可持续发展？以英国莫尔文（Malvern）镇为例（图3-2-1），莫尔文镇以莫尔文希尔斯山的风景、矿泉和埃尔加的音乐而闻名，而不被众所周知的是这里的自然和人文背景也影响了文学名著《故园风雨后》、《纳尼亚传奇》系列、《指环王》系列的创作。与国内小城镇建设往往依托单一产业的思路不同，以莫尔文镇为核心的乡村地区做到了三产融合，而依托自然和人文背景的乡村旅游在这里只是附加的创收方式之一。莫尔文镇有手工制作的摩根跑车；雷达、液晶显示和热成像技术著名的科技与莫尔文有关；此外该地也有领先世界的基础教育和经常上演众多一流剧目的剧院。

图3-2-1　莫尔文镇城乡景观风貌

[①] 鞠立新. 略论长三角城市群经济多极化、扁平化新变局与发展新取向[J]. 经济研究参考，2013（1）：32-40.

尤其需要指出，当地既有的国防研究机构帮助推动了当地尖端研究中心的发展，莫尔文镇形成一个被称为"网络谷（Cyber Valley）"的英国网络安全产业的重要产业集群，这个集群包括了80多家小公司，位于莫尔文镇所属的伍斯特郡和附近的赫里福德郡、格洛斯特郡，该产业集群有效促进了该地区的经济发展。相对较低的租金和优

图3-2-2 莫尔文镇创业公司，其租用场地来源于当地乡村既有建筑改造，建筑风格上依然保持较多原有风貌

越的人居环境促使许多公司搬到该地区（图3-2-2），其生活成本远低于英国主要城市中心。相对于另一个著名的英国数字经济中心大都会伦敦，伍斯特（Worcester）的租金比前者低了65.11%（2017年数据）。在生活质量满意度方面，莫尔文满意当地整体生活质量的创业公司有95%，这个数据远高于伦敦的59%（2016年数据）。另外，由于莫尔文镇交通方便，创业公司却很容易到达附近城镇的众多大学并接触到有技能的人才，弥补了莫尔文镇内没有大学的不足。每月进行的行业讨论也促进了公司之间的信息共享并创造了商业发展机会。

目前，国内也开始了镇级产业融合的实践，其典型代表是发源于浙江并在全国全面推广的特色小镇。特色小镇这一概念是在2014年杭州云栖小镇首次提到的，2016年由住房和城乡建设部等三部委不断推进相关工作。云栖小镇按照创新、协调、绿色、开放、共享的发展理念，融合产业、文化、旅游、社区功能的创新创业发展平台①。但是目前特色小镇往往出现迅速房地产化的现象，这种现象甚至由镇及村，体现了当地对于传统发展路径的依赖②，即以特色小镇名义用低廉的成本拿地，建设过程中过分追求速度，炒作概念，盲目跟随所谓趋势，无视当地的产业基础和资源特色，建造出的新镇往往由于没有特色产业支撑而变成"空镇"，也在这个过程中对当地的乡村环境造成了无法挽回的破坏。

无论是莫尔文镇还是浙江特色小镇的经验，都是经济发展到一定阶段的产物，具备相应的要素和产业基础，同时产业集群的成功和深度开发，离不开当地成熟的城乡空间格局、发达的交通网络以及舒适的人居环境。这给粤西地区未来的城乡发展带来了启示，在梳理乡村空间体系，明确圩集与乡村各自的作用，提升当地居住环境，基础设施完善，确保对乡村资源良性利用的情况下，合理借鉴类似地区的理念方法和创新思维，并避免脱离实际的简单复制，粤西欠发达地区有可能挖掘当地最具潜力的特色产业，形成具有核心竞争力和可持续发展特征的独特产业集群，促进当地乡村聚落多样化的发展路径。

---

① 新华社：特色小镇是什么？——浙江全面推进特色小镇创建综述.
② 国家发展改革委员会、国土资源部、环境保护部、住房和城乡建设部：关于规范推进特色小镇和特色小城镇建设的若干意见.

第三节

乡村聚落土地利用效率

农村空心化是城乡发展转型进程中乡村人地关系地域演化的一种不良现象，是村落空间形态背后复杂社会经济发展过程的表现。经历改革开放三十多年，特别是近十多年来城乡关系的巨大变化，农村宅基地的使用与新房建设的"外扩内空"农民建房乱占耕地、"一户多宅"、"建新不拆旧"，农村人口不断减少，农村人口人均用地规模却在持续扩大，农村宅基地超标占用土地。尽管，在未来城乡关系可能会以一种更合理的面貌出现，但在现阶段，如果不能对乡村聚落"空心化"问题加以有效控制，会严重影响乡村聚落的可持续发展。

"推拉理论"有效解释了城镇化背景下城乡体系对乡村的影响与乡村聚落空间空心化之间的关联（图3-3-1）。"推拉理论"假设乡村收入、投资、非农就业等严重影响城乡系统的要素为离心力，假设乡土观念、邻里关系等乡村系统要素为向心力，离心力与向心力的直接表现是乡村聚落的空心化。该理论将乡村聚落的"空心化"过程划分为三个阶段，并以$y=f(x)$的函数分析了这三个阶段，其中x代表离心力与向心力的合力，y代表空心化态势：第一阶段，乡村聚落空心化形成期，城乡系统的作用大于乡村系统的作用，因此乡村聚落的离心力远大于向心力，聚落开始形成空心化现象，此时$f'(x)>0$，空心化速率为正数；第二阶段，乡村聚落空心化成长期，成长期$f'(x)>0$，离心力优势绝对明显，乡村聚落的空心化加快发展。当离心力与向心力逐渐达到平衡，乡村聚落的空心化趋于稳定状态，此时$f'(x)=0$，空心化速率为零；第三阶段，乡村聚落空心化转型期，当制度约束与规划引领作用得以发挥时，乡村系统的向心力超过离心力，此时$f'(x)<0$，空心化速率为负数，乡村空心化进入转型期，甚至转向"实心化"状态[①]。

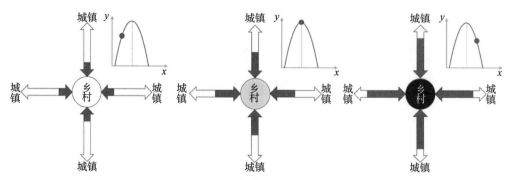

图3-3-1　不同阶段农村空心化与离心力、向心力的关系
（来源：改绘自《中国乡村发展报告——农村空心化及其整治策略》）

[①] 刘彦随，龙华楼，陈玉福，等. 中国乡村发展研究报告——农村空心化及其整治策略[M]. 北京：科学出版社，2011.

根据"推拉"理论，扭转乡村聚落空间空心化趋势的关键是要促成合力$f'(x)=0$的临界状态，从而促进聚落空间的稳定，而促成这种稳定状态，则需要某些外部约束因素和内部要素的改善，因此在针对具体的案例村落时，需要根据人口状况分析乡村聚落空心化的具体状态以及可能的内外因素，根据实际情况确定解决乡村聚落空心化的关键。在调研的案例村落中，聚落规模的大小和聚落人口的多少不能够直接作为判断空心化程度的依据，而应同时考虑人口流动、土地利用效率与村民建房意愿的因素。人口方面，调研中获得的数据仅为各村总人口数，而常住人口数据有所欠缺，因此各案例村落常住人口情况根据实地调研加以判断。

在村落建房的类型构成上，农民住宅、公共建筑、生产建筑是主要的三个方面，其中农宅比例多数在70%以上，是村落建设的主要构成，因此选取各村人均住宅建筑面积、户均住宅建筑面积、户均宅基地宗数等指标来评价案例聚落的村庄土地利用效率。其中，人均住宅建筑面积和户均住宅建筑面积反映了村庄住宅建设的集约程度，其值越小，住宅建设集约利用程度越高；户均宅基地宗数反映了乡村聚落"一户多宅"的情况（表3-3-1）。

调研村落住宅利用情况　　　　　　　　　　　　　　　表3-3-1

村名	人口	人均住宅建筑面积/平方米	户均住宅建筑面积/平方米	户均宅基地宗数
外布前村	290	120.86	438.13	1.67
石头冲村	325	81.15	338.12	2.01
兰寨村（西坝）	1148	75.87	329.95	0.78
长乐村（西坝）	981	74.87	325.61	0.79
潮溪村	2000	20.51	102.59	0.37
东林村	3000	22.64	176.87	0.44

从不同村落的调研结果来看，各村的土地利用效率不同。人均与户均住宅建筑面积最多的村落有外布前村与石头冲村，反映出这两村经济情况较好的现实，同时这两村均存在一户多宅的现象，与实际调研时的情况相符，新兴县多数村落因政策规划控制较好，新旧村规模大致相当，大约70%以上的住户在新村与旧村均拥有住宅，居民主要居住在新村。其中，外布前村住户经济收入差距较大，反映在聚落空间上是新村建筑参差不齐，而石头冲村经济强大，新村建筑规模高度比较一致。这两个村落人口较少，加之村落位于山地丘陵地带，因此用地有限，同时很多年轻人已搬到县城居住，除外布前村还有少量住户仍需加盖楼层改善生活，村落继续扩张的动力不太大，这两个案例村落的居住环境及基础设施较好、产业经济发达，若进一步加强镇区的宜居建设，找到合适的切入点，提升村内空间品质，完善空间功能设施，这两个案例村落人口回流的可能较大，因此两个村落基本处于空心化稳定期并整转向空心化转型期。

兰寨村与长乐村距离连滩镇较近，农民"离土不离乡"，在连滩镇务工，然而农业仍然是农民收入的来源之一，出现农民村镇两头跑的现象，因此仅在村落核心区域有少量空心化情况，历史建筑利用率不高，而村落整体常住人口仍然较多。兰寨村与长乐村人均住宅建筑面积及户均住宅面积与石头冲和外布前村相仿，然而户均宅基地宗数表明，并不是每一户都有单独的住宅，这说明村内居民收入差异较大。根据调研现状，有些住户已经盖起别墅式住宅，但村内也存在若干住户共用排屋的情况（图3-3-2），部分村民仍然有改善居住条件的需求，若没有有效控制，村落仍然具有继续无序扩张的可能。因此，兰寨与长乐属于空心化上升期趋近于空心化稳定期。在这种情况下，统筹城乡空间结构优化显得十分必要，应严格把关村落的土地审批和科学规划新住宅建设，改良和改善既有住宅的居住环境，减少新住宅继续对耕地的侵蚀。

图3-3-2　长乐村排屋

潮溪村与东林村人均住宅建筑面积、户均住宅建筑面积及户均宅基地宗数均维持在较低的数值上，两村均存在多户居民——往往是兄弟共用一栋住宅的情况，例如潮溪村3号住宅，属于兄弟三人，家中人口共计18人（2011年调研情况），但潮溪村常住人口实际仅为总人口的1/4～1/3，由于历史原因，不完善的建筑产权再分配，村落内部分房产所有权不明，这是该村不得不面临的一个问题。村内存在的大量历史建筑当地居民无力修缮，劳动力在为了更好的生活、医疗、教育、商品服务而大量进城务工或者迁居的背景下，该村渐渐沦为老年人和儿童的留守地，目前处于空心化上升期阶段并且发展停滞不前，但同时大量有价值的历史建筑和乡村景观随着聚落的衰败而损毁，因此潮溪村急需抢救性保护和修缮。目前面对这种情况，潮溪村衰弱乡村社区更加迫切需要基本的公共服务，以满足村民生产生活要求，这种迫切性远远比单纯的历史建筑修缮更重要，解决了公共服务方面的问题才能使该村常住人口继续留存，也为目前在外地的村民提供可以返乡居住的机会，在人口回流的状态下，该村的历史建筑才能修缮、维持以及良好地利用。东林村在村集体组织下统一而有序地分配了宅基地，由此可见，东林村乡土观念及邻里关系保持较好，以农耕经济为主要生产手段的东林村，主要面临的是人口膨胀后人地关系紧张以及建房的资金问题，但旧村也出现了轻微空心化现象，若不能及时提高居民收入、改善村落居住条件，东林村依然面临人口外流的风险。

第四节

城乡建设互补协调发展

城乡网络使城乡关系逐渐由过去的竞争性关系，转向城乡一体化的依赖性关系。通过"城市—圩集—村落"三级网络的城乡体系分析，可以看到村镇聚合和城镇辐射两种构成传统聚落转型的影响方式。在这个网络中，村落空间的演化出现多种因素共同叠加影响的结果，是一个乡村与城镇不断互动、纠葛与徘徊的过程，但无论怎样，不同的族群文化、地域文化、城乡文化在这个过程中应当被倡导。未来应提倡城乡的互补协调发展，对两者各类经济社会环境要素进行优化组合，以期实现优势互补，强调城乡之间的相互流动和相互作用，最终实现区域整体现代化的过程。在这个过程中，城乡之间互为依托的关系，在文化上现代工业文明和传统乡村文化将更趋于兼容，最终实现两者优势互补、资源共享、城乡融合发展。

一、梳理镇村空间体系与定位

面对粤西相对欠发达的现实，粤西各地政府已从政策方面自上而下提出了城乡互补协调发展的纲领性原则、建立规划管理机制并提出具体实施的路径。例如，云浮市委市政府立足于市内的资源、生态优势，大胆创新，将国家和省级层面的主体功能理念向县、镇、村层级纵深扩展推进，推行"主体功能扩展模式"[①]，其从规划与策略层面已经意识到城乡统筹发展的必要性。但是在具体的时间过程中，行政干预下的自上而下的规划策略与乡村长久以来自下而上的生长模式产生了衔接问题，限制了村落应对环境变化时所激发出来的自我修复和调试能力。

（一）村镇职能僵化

小城镇往往集中了区域内大部分行政、经济和文化优势资源，其他各村职能结构较为雷同，职能基本以农业生产为主，也有部分工厂，虽然部分村庄增加了旅游开发项目，但依然不是本地收入的重要来源，大多数村民仍从事农业生产。农业生产方面，由于小城镇主导的农业产业化依然强调产品的集约化生产、规模化经营和社会化相配套的现代化农业体系，导致乡村聚落沦为单纯的生产基地。

（二）忽视了乡村基础设施的真实需求

不可否认，通过改善提升聚落空间环境进而改善村民生活条件并维持村落活力是必要的，只是这种聚落空间环境的改善提升不应该盲目参照城镇模式。目前，粤西地区的乡村建设往往出现给没有多少人的广大农村装上路灯、修建烈日下空无一人的辽阔广场、硬底化道路，甚至硬化田埂、水塘浇成混凝土、菜圃改为草皮、自然生长的树木圈进花坛、以危房的名义拆除原本可以通过维修继续使用的农宅、琉璃瓦换掉黑瓦以彰显

[①] 赵登发. 确定主体功能 统筹城乡发展——广东省云浮市实施县域主体功能区规划[J]. 中国财政，2012（10）：49-50.

阔气等表面美化的方式，这些方式是无法将乡村人才留在本地的。

而最涉及乡村存续的医疗、文化、教育和交通体系仍然存在资源配置不合理、不均衡的问题。镇区各类公共服务设施往往较为齐全，但因为过于集中而服务不到偏远村落；行政村公建设施往往主要用于服务自村，往往存在规模及品质较低、设施不完善、使用率不高，服务半径太短的问题，造成了资源浪费，例如各村重复建设小学，分布散乱，生源不平衡，教育设施资源不能得到有效利用，同时也不利于教育质量的提升；文体设施种类单一，服务类型固定，场地不足。

这就造成了偏远村落由于交通条件不方便，生活条件较差，越来越多的人口外迁，整个家庭外迁到其他地方，村内人口数量大幅减少；而直接受县政府的支援，且基础条件好，发展势头好的村落，由于村镇整体的公共设施档次仍然品质不佳，不能满足当地居民的精神文化需求，也造成了优势人口向大中型城市的外流。

（三）忽视了基于乡村环境的乡村空间功能的混合性和多元性

乡村聚落空间同时具备了生产、生活、生态功能，具有混合性和多元性，这与城市规划将各项功能严格分区并进行空间分离的做法完全不同。城市和工业具有强大的生产和消费功能，但是由于缺乏降解功能，无法形成循环经济，而乡村除了具备生产功能，同时也具有消费功能和降解功能[①]。乡村的吸引力来源于农业文明，这种吸引力是城市不具备的，具体包括：

（1）基于农业和地理特征的多样化生产功能；

（2）具有乡村特色的居住功能；

（3）水源和土壤保持、生物多样性保护、排洪蓄洪等生态涵养功能；

（4）令人身心愉悦的自然和人文景观功能。

尽管政府的政策制定与规划编制注意到城乡平衡协调发展的重要性，出于传统的"生产主义"观念惯性，人们潜意识中依然认为乡村是从属于城镇发展而提供农产品的，乡村的功能被过度简化，集约化生产、规模化经营的单线思维模式只关心速度，而不在乎品质，不仅造成村镇职能僵化、千篇一律的低质量公共设施，也无法盘活农村资源，乡村依然向城市单向输送生产者，外来的资本侵入把利益摄取之后，当地居民只得到微小的利益，乡村原本具有的消费功能和降解功能无法发挥作用。

农业可衍生出有机食品提供、农场采摘体验、农产品就地销售等一系列产业，这些产业是具有消费功能的。即便已经被人们注意到其消费价值，但往往只关心一个最快捷的、投入和产出当天就能看到的利益点，所采用的方式往往虎头蛇尾、拆东墙补西墙，而缺乏整体的和持续的考虑。例如，尽管集约化农产品生产取得了成就，但往往造成了农产品的同质化；基于小农经济的粤西各地特色优质农业产品发展停滞不前甚至面临消

---

① 仇保兴. 新型城镇化：从概念到行动[J]. 行政管理改革，2012（11）：11-18.

失的危险，而这些产品往往具有历史的积淀并带有地理标志，与当地原野和田园风光有关，并满足当下人们对有机健康食品理念的认同；或为了单纯满足旅游消费的需要，将原本的水稻田改为仅仅满足了单纯看风景需求的油菜花田及果园，并设置围栏收费进行采摘体验（图3-4-1）。这些做法只是资源的简单利用，投入产出效率低下，尚未做到资源的综合利用和深入挖掘。

图3-4-1 被围栏围起来收费体验的菜园

（四）忽视乡村聚落作为社区的核心价值

在很长一段时间内，乡村聚落作为社区在政治、经济、文化、教育等各个方面被严重忽视。传统建筑虽然蕴含丰富的文化内涵并具有良好的气候适应性，但同时由于基础设施的不够完善、资金缺乏等问题，传统建筑往往年久失修，存在采光、厨厕排污等现实问题，对于生活条件尚待提升的普通村民来说，所谓文化内涵遥不可及，村民认为盖一栋像城里人一样的钢筋混凝土房子，才是身份地位的象征，导致盲目照搬城市模式的住宅并非宜居空间。当游客纷至沓来参观老房子时，村民过去的经验被打破，原来老房子也有价值，村民认为其价值主要体现在商品价格上，却不是作为住宅本身的宜居性。

忽略乡村聚落作为社区的核心价值也体现在新村建设往往采用行列式的机械布局的兵营式规划上，传统聚落空间社区的混合性和多元性逐渐消失，兵营式规划布局使得新村往往只能够满足单一的居住功能，在自家开设简单的家庭作坊和商铺变得不可能，因此导致村落新建建筑向村落道路扩张，由于村落环境的恶劣，人们也无法找到合适的直销农产品的场所，无法提高农产品的附加值，更多地依靠附近乡镇企业收购；村落巷道空间往往狭窄压抑，难以满足多功能的交往需要；即便已经住上了别墅型住宅，村民依然在房前屋后寻找空地种菜养鸡。

以上种种问题反映了当前乡村建设、环境提升与当地的内在需求产生错位，是因为缺乏基于城乡演化规律的、合理的乡村社区定位，由于乡村社区定位的不明确，导致乡村聚落空间环境提升路径的缺乏或欠合理。在空间优化和提升方面，乡村应是实现城乡综合可持续发展的重要组成部分，同时乡村社区拥有其独立价值，是富有经济价值、文化价值和生态价值的空间，并不是城镇的附庸。实际上，传统乡村聚落应当是让村民在历史的环境里仍然能够享受现代生活。让当地人过上更好的生活、悠闲的生活，在发展经济的同时能够保持质朴的乡村生活气息。

正是因为乡村的独特性、不可替代性以及乡村振兴的紧迫性，所以应当重视乡村聚落空间的环境问题。乡村振兴的思路应当从输血式的乡村建设转化到挖掘乡村自身内生动力的造血式乡村空间优化，优化的思路应将改善乡村居住条件放在重要位置，并应综合考虑重赋乡村产业活力、尊重乡村自然环境、重振乡村传统文化，从被动改造、功能提升的局限中脱离出来，强调主动、全面的特色塑造。

二、确保乡村资源的良性利用

第一，各类生产活动与自然资源环境之间的关系应该平衡，特别是与自然资源环境密切相关的农业及其相关产业，这与乡村可持续发展息息相关。另外，由于地理特征，乡村所能承担的生态保护功能远远大于城市，这些功能包括自然资源保护、生物多样性维持、自然灾害防御及提供宜居环境，乡村地理特征也调节了整个区域的城乡环境，因此人类活动与自然资源环境的平衡需考虑到城市和乡村两个方面。

第二，乡村振兴不但是乡村环境美化、乡村用地的集约，而且需要从根本上转变思维，强调多元转型，鼓励混合开发，三产平衡。应尽可能地鼓励重复利用已有的土地，发掘乡村聚落品质优越的居住功能。而优越居住功能的基础，是要确保对乡村资源良性利用的同时保持乡村的自然生态涵养功能。三产平衡将提供更加丰富的就业途径，并保证乡村居民生活质量的提升。

第三，在保持乡村田园风光的基础上强调地域与文化差异性。乡村环境的重要性越来越高。除了提供食物、木材、能源之外，也是乡村的生态性和舒适生活环境的保障。乡村田园风光是人们希望在乡村进行多种方式消费的基础，然而，大部分的田园风光是相似的山川绿野，差异程度并不高。乡村消费价值的竞争力还有赖于地方发展的独特性，因而应当保护基于农耕文化的乡村地域特点，并转化为乡村发展优势。

第四，乡村空间环境的提升应该将多元理想作为长远目标，应认清乡村发展要素（经济、社会、政治、文化）特征及其关联性，判断乡村发展阶段的需求和矛盾，认清乡村现实条件与急需解决的困境，有序地逐渐推进[①]。针对乡村出现的产业分化和社区需求多样化，也应当及时调整乡村发展策略和规划目标。

三、探索多样性乡村发展路径

由于时代的变迁，恢复以往传统聚落形态中的自足式结构并不现实，乡村聚落系统越来越成为一种开放的体系，保持与外界输入与输出的动态关系。当代乡村所具有的生产、居住、旅游和生态等复合功能意味着随着乡村经济和社会职能整治扩大。未来乡村的活力源自多样性，这种多样性综合了聚落空间组织背后的乡村生产活动、居民构成以及乡村社会网络等方面。村落系统只有努力发掘村落的内在动力，努力促进三产平衡，才有可能形成自组织形态，保证与外界环境之间物质、能量和信息的良性交换，不断激

---

① 胡百顺. 安吉：中国美丽乡村[J]. 党建，2013（11）：54-55.

发聚落内部的活力和潜能,实现聚落空间的可持续发展。

第一,应发展地方和有机的小规模农业。粤西地区,尤其是山区,耕地资源少,丘陵比重大,水稻、蔬菜需求多,除了沿海台地部分地区,多数地区不适宜大农场经营,小农经济依然是农村经济的基础,应当坚持农业适度规模的经营,农牧结合、农林结合、循环发展。从返乡创业农民工、大中专毕业生和有志于农业生产经营的人群中培育现代职业农民[1]。充分发挥农产品"有机"和"地方"的优势,将农产品逐渐从产量竞争提升至质量竞争[2]。利用电商网络扩大,直销的农产品可以减少产品流通环节的价值损失,增加农产品附加值,从而提高生产者的直接收益,促进消费双方的直接信息沟通与互动,让消费者能够直接追踪到产品的生产基地,拉近消费者与生产过程的距离,同时也可以使得外界对该地区逐步了解。

第二,促进基于农业生产更为广泛的经济活动。产业转移是一个双向过程,不仅仅是一些产业更多地集中在大城市,还有另外一些产业从大城市向小城市和乡村蔓延的现象。这种双向互动是由于内在的地理引力,从城乡一体化的角度来看,应当促进城乡产业的双向转移,实现均衡。不仅可以让低端产业扩散到乡村地区,也可以将农业和手工业发展成为高端产业。其要点包括:

(1)支持农产品加工。如腐竹加工、话梅加工、酿酒等食品工业的发展,使其成为农产品增值、农民增收的新产业。

(2)支持农业生态化转型。生态化转型可带来农产品的高附加值;基于生态农业的体验式农村休闲活动可以促进乡村产业的多元化发展;农业遵循生态规律更有利于土地可持续利用。

(3)在未来,乡村地区的三产构成应当与城镇地区类似,因此应采取多种鼓励措施促进城镇的很多发展功能向乡村地区转移,特别是那些对环境压力小的产业。规模上,经营的小型化和私营化应该是乡村经济的重要特征,这些产业应具有多元化特征,可能包括文化产业、手工业、生态产业、小型商业或兼具这些产业的特征,这样有利于乡村资源的合理开发并解决很多人的收入来源。本地就业机会可以阻止乡村人口不断外流的趋势,而当这些产业形成一定规模时有可能促进乡村人口的回流甚至吸引外来人口,继而基于多元化产业形成的一定人口规模对乡村文化有可能起到一定的保护作用,而结合产业和地域特征也将把这些文化特征继续传承下去。同时,乡村较为低廉的租金降低了成本,鲜明的地域特征可以使得这些企业的产品在与同行业的大企业竞争中有一定的优势。

(1)适度的旅游开发可以调整村落产业结构,增加收入来源。休闲旅游业促进乡村农业、餐饮业、商业、手工业等在地产业的发展,对乡村经济起到了助推作用,增加了

---

[1] 汤爽爽. 法国快速城市化进程中的乡村政策与启示[J]. 农业经济问题, 2012, 33(6): 104-109.
[2] 闫琳. 英国乡村发展历程分析及启发[J]. 北京规划建设, 2010(1): 24-29.

乡村居民的收入。

（2）较少受到地域限制的远程工作在未来乡村可能有广阔的发展空间。远程工作和乡村的宜居环境有可能促进乡村人口回流，也使得乡村各类生产功能摆脱物质空间局限，与更广泛的地域空间形成关联。

第三，推动乡村公益事业、公共服务、公共工程的发展。目前，粤西地区的乡村建设中，社区和地方组织的参与水平较为初级。应当意识到，粤西地区乡村聚落普遍规模较小，密度较高，在政府财力有限的情况下，在每个村投入雷同的公共设施只能造成普遍的质量低下和资源浪费，除了需要解决水、电、路、通信等基础设施方面的内容，解决当地面临的经济、社会和环境问题的公益项目、公共项目也应当逐步推进。公共服务和公共工程应当建立更深层次的区域多方合作，打破地域与行政区划的障碍，从更广泛的地域或流域以及区域城乡空间布局方面入手，从根本上构建高效的和可持续的公共服务体系[①]。在组织形式上，应当采用共同体等联盟形式，这种联盟应当不受行政边界的干预，其成员应当包括各级地方政府，大、中、小型企业，各种工商行会、贸易协会、农业行会等[②]，采用平台化的运作，通过市场加以配置，通过价格杠杆调整供求关系，实现公共资源的有效利用与公共资源利益的合理化分配，建设一定水准的公共设施，推动公共服务的现代化，改善乡村居民公共服务可达性，提高公共服务效率，不仅促进政治、经济、文化、卫生、教育等公共事务与社会保障的提升，也改变农民社会角色认知及农民行动等深层次问题。

第四，促进圩集体系的发展。乡村集市的局域流动性有助于维持真实的地域性。通过本章第二节的分析可以发现，粤西地区的圩集具有顽强的生命力，同时圩集推动了周边乡村社区的产业和经济结构的升级和调整。圩集是很多乡村偏远地区唯一能买东西的地方，圩集具有凝聚力，提高了乡村的消费能力，小商贩游走于多个圩集，促进基层商品流通，也从事农业、手工业等其他职业，因此降低了成本；圩集也提供了教育、医疗、文化等方面的服务，形成网络的圩集体系，对附近的乡村有促进作用，推动乡村社区文化的多元化发展。在当代，圩集需要完善交通设施，不仅要加强与发达地区的联系，也要加强圩集之间、圩集与村落之间的交通连接，粤西很多村落的衰败，很大程度上与交通落后有关，如果能够促进良好的道路系统和现代交通工具的发展，有利于维持传统聚落空间形态，也能够促进圩集之间的商品与交换、工业及手工业产业的发展[③]。

第五，在确定村民建设的主体性前提下，应当鼓励乡村建设多元主体的参与，打破壁垒促进城乡间人口、资金、土地的流动。政府重视早期方向引领的同时也应考虑乡村

---

① 李建伟. 风景园林的内涵与外延[J]. 中国园林，2017，33（5）：41-45.
② 刘健. 基于城乡统筹的法国乡村开发建设及其规划管理[J]. 国际城市规划，2010，25（2）：4-10.
③ 吴宜瑾. 浅谈日本现代农村民居对中国农村民居发展的启示[J]. 艺术科技，2012（2）：121-123.

图3-4-2 英国伍斯特基于码头改建的集中多种功能的住区,通过改造既有水系格局和建筑,综合解决了居住、工作及通勤

后续发展,因此在最开始便应当鼓励市场和社会力量进行干预,不拒绝加入新的行业和新的人口。

第六,促进原有乡村景观的保持,改善提升居住和生活品质。减少乡村地区钟摆式和不可持续的交通出行,在住宅和就业地之间形成良好的可持续交通链接,通过步行、骑车或使用公共交通实现工作的顺利出行。通过建设和翻新鼓励多元化的住房供应,并在满足当地相关法律法规政策的前提下提供住房租赁。在强化乡村特征的前提下,提升乡村的居住品质,使其具有城市般的生活舒适度,且比大都市的生活更具有魅力。结合资源优势,吸纳更多就业人口,以吸引未来包括创业、退休返乡、度假二套房、城乡间通勤(工作在城镇、居住在乡村)的新型乡村居民,激发乡村服务业需求(图3-4-2)。

通过一系列的措施,促进具有地域性产品的生产和在当地的消费,支持和维护当地社会组织的形成和发展,传承和丰富民间文化,尊重和包容地方人群与动植物的生存状态,这些内容都是与地域化空间环境的保护与营造相辅相成的。

第五节

确定乡村聚落提升目标

一、多重目标的乡村聚落空间环境整治

基于综合发展的治理价值观,维护包括自然环境和人文环境,并促进本地人民生产生活提升的成功综合案例以民宿项目为主。以惠州地派镇渡头村爱树乡村度假山居为例,该项目是非建筑相关专业人士组成的创业者主导,村子周围山环水绕,两百多年历史的客家村落依然保持较完好的历史风貌。

（a）场地原状

（b）绿化后

图3-5-1　惠州地派镇渡头村对村落周边荒废的山野田地进行的绿化改造
（来源：爱树乡村度假山居团队）

图3-5-2　惠州地派镇渡头村古树保育项目
（来源：爱树乡村度假山居团队）

图3-5-3　惠州地派镇渡头村稻鸭米种植项目
（来源：爱树乡村度假山居团队）

项目开始时，整个村落已经成了空心村。项目首先对村落周边景观空间进行提升，对大片荒废的山野田地进行修整减排绿化林（图3-5-1）。采用网络众筹的方式，认养寒绯樱，这种树木树形俊逸，生长速度快，具有吸碳功能和较高的观赏价值。从改造后的效果来看，树木的种植对大地景观的提升效果显著。除了植树育林、树木认养，项目还为当地筹款修建生态公共厕所、清理河溪垃圾、开建道路、古树保育（图3-5-2）、销售当地荔枝，推广不用化肥农药的稻鸭米种植（图3-5-3），真正实质性地改善了当地的人居环境，并解决了当地人民的生计问题。

接下来逐步建立了精品民宿、书屋、鱼塘和有机菜园，并设计了各类自然教育课程，参与众筹的人，可以参与为自己的樱花树浇水、除草和参与户外活动。该项目所修建的民宿是在文化价值较为一般的原有旧房基础上进行的重建，保持了原有空间肌理，设计手法方面融合当地民居风格并适当加入了一些现代化元素的营建方式，解决了采光、防水等方面的现实问题，较好地融合了周边环境（图3-5-4），而文化价值很高的广东省文物保护单位"见龙围与炮楼"依然维持现状（图3-5-5）。

该项目特别重视村落社区氛围营造，目的是可以使得本地村民以本地就业的方式有尊严地解决生计问题，同时提升该村的经济收入。民宿聘请的服务员和厨师大多是本村村民。随着该村吸引力的提升，一些曾经外出打工的村民也有机会通过民宿提供

（a）场地原状　　　　　　　　　　　　　（b）重建后

图3-5-4　惠州地派镇渡头村在原有空间肌理基础上重建的民宿
（来源：爱树乡村度假山居团队）

图3-5-5　惠州地派镇渡头村文化价值较高的"见龙围与炮楼"作为"山水—田园—村落"的地域化生态格局的一部分维持现状
（来源：爱树乡村度假山居团队）

的就业机会获得不菲的收入。而随着外出打工村民的回归，渡头村渐渐变得热闹起来，人们也纷纷回村建房，改善居住环境。项目团队目前正准备在每个星期天的早上在村里开展"农夫集市"，让村民出售他们的有机农产品，这种方式也可以让游客和市民感受到乡村圩集的氛围和乐趣，丰富的活动和人际交往让小山村更加充满活力。该项目合理使用当地自然资源和文化资源，使用寓情于景的方式再生并超越了乡村传统价值。

　　以民宿经营促进乡村振兴在粤西未来发展中并不是常态或唯一途径。但在目前，民宿具有广泛的社会意义，其积极意义在于为现代城市生活方式提供了反思机会，并在一定程度上引起了人们的关注，促进了人们思考重塑乡村聚落空间环境和尝试体验不同生活方式的可能性，并着手去创造属于个人的未来生活。对于粤西欠发达地区而言，由于其基础条件不同，除通过民宿激活乡村社区外，在未来应当寻找更加多样化的可实施路径。

二、保持"山水、田园、村落"的生态格局

自然山水格局是乡村聚落赖以生存的物质基础，决定了包含农耕文化在内的地方传统，基于同一地区地理环境的空间要素具有同质性，因此乡村聚落环境的提升应当将"山水—田园—村落"的生态格局整体考虑进来，维护当地的乡土特色，在细节上对待环境的态度应杜绝大拆大建，具应通过对空间的修复与升级等柔性的、渐进的方式使原有的空间环境更具有包容性。当地稻田景观、鱼塘景观、梯田景观、果林景观应当予以维护和提升，结合地形，通过不同作物的轮作，改善乡村田园风光的单调性和季节性，进一步加强普通农村景观的提升。乡村聚落空间环境的特征和特色主要体现在最日常的生活功能与空间场所精神的把握方面，所以应当尽量维持原有的场地关系和空间有关乡村生产生活的细节、形态，优化空间格局。

三、以乡村聚落为核心的地域性社区活力

空间环境的提升应采用前瞻性的、积极的和促进的方式，激发社区活力，强调综合性、参与性。乡村空间结构的适度功能混合是有效率的，所以空间环境的提升，一定要考虑到可能的、潜在的多功能应用，乡村聚落环境提升应优先考虑乡村社区生产生活的多元发展，实现多功能的生产生活空间，再促进乡村作为消费场所的吸引力。这种方式不能仅靠单方面的既往经验，而应当基于更广泛的沟通与协作。

沟通与协作的核心是将本地村民视为村落主体，空间环境提升应当首先满足本地居民的生产生活需求，进而探寻发展路径的多样化，以促进当地乡村聚落空间环境的真正可持续性。乡村往往存在着空心化人口分布与老龄化的人口结构现象，导致乡村人气冷清，想要通过设计聚集人气，恢复传统村落的原真性与丰富的场所感，依然有很长的路要走。应该更切实地考虑村民的实际需求，在着手方案设计前应对村民进行非常细致的调研，考虑如何平衡相关利益群体的矛盾、聚落内部成员的需求冲突，综合村民和政府等多方意见，经过反复调整才得到最终的设计。因此，要多听从当地人们的意见，而不能仅仅依靠自上而下的规划和设计。

第四章

当代粤西乡村聚落的提升模式

粤西地区的传统聚落空间形态和现代乡村聚落空间形态之间，存在着概念上的连续性。粤西地区盛行的梳式布局是一种聚落尺度的整体气候适应性策略，充分利用了当地的气候特点，具有利用聚落空间整体形态实现自然通风、相互遮阳及降低能耗的作用，其组织空间的关键是院落和巷道，并且辅以村域边界水系和绿化进一步调解微气候，蕴含着对室内外环境互动的深入思考。另外，这种利用聚落整体聚集效应的做法实际是一种文化继承的方式，在粤西地区颇为盛行。通过当地村落的社会组织结构，结合各地不同的地形、气候条件、水系格局、植被状况和文化渊源基础经历缓慢的调节，促进原有格局适应外界环境，以达到与当地自然条件和文化条件更加适应的平衡状态，其聚落物理空间的背后亦反映其社会组织。

将粤西当代乡村聚落空间与传统聚落空间联系在一起看，可注意到粤西地区常见的居住模式是传统空间形式在当代的传承。一方面，这种现象为建筑师们提供了关于如何用现代化的手段利用聚落空间格局、实施传统遮阳、通风技术的线索；另一方面，也说明建筑师在对待乡村问题时与村民进行沟通和商讨的重要性。探究这些策略，不仅要通过技术的眼光，还要用到人类学的洞察力。

传统营造策略在取舍之间所遵循的原则也有不适于现代生产生活需求。同时，当代村落家庭构成模式、土地制度的变迁及生活的新功能需求已经发生变化，这导致大量传统建筑被空置。当代村民更注重个人利益，集体利益逐渐让位。在这种趋势下，大量新建建筑仅从建筑单体使用角度出发，村落整体形态逐渐松散稀疏，周边山林水系荒废消失，也破坏了传统乡村聚落格局的气候适应性；而当前由政府及企业牵头的一次性完成的规划建设未对村落传统空间肌理价值给予充分的肯定，再一次给乡村注入了异质化元素。总体而言，乡村聚落逐渐失去了对传统格局的遵循，居住景观由乡村性趋向于城市化，缺乏交往性活动场所，导致村落公共空间功能及界面单一化。

在粤西欠发达乡村地区未来的发展中，应从乡村整体空间格局出发，在利用现代技术辅助的同时，仍然有效利用当地传统人居智慧，顺应自然环境的循环要求，以"聚落微环境先行"作为改造的前提。针对传统建筑不适应现代生产生活的问题，旧村的环境提升重在保护更新、基础设施的完善和新功能的植入；针对当代新建建筑破坏村落整体格局的问题，新村重在重要节点的环境改善、街巷界面控制、建筑风貌控制和公共空间营造。

第一节

乡村聚落空间营建可持续理念

一、适应气候，融合环境

通过前文分析的粤西传统乡村聚落及建筑的一些地域特征，以及与典型的广府民居和客家民居进行的对比，可以发现乡村聚落和传统建筑反映了当地的地理气候。建筑设计手法往往体现出工匠对于材料、空间和周边自然环境的思考。这正是当代建筑师在进行乡村建设中需要学习的。粤西乡村聚落整体上是以质朴的乡土特色为基础，与周边环境组成体现自然生机、具有生态效应和文化效应的乡村景观，这种乡村景观顺应了土地承载力，维持了小农经济模式为基础的整体性。村落建设顺应了自然界地形过渡的关系，最低限度改变了原始地形地貌，以当地自然朴实的建设材料为主，和环境完美结合，较好地融合人工与自然，形成具有稳定性和安全感的居住环境。丰富的水系和植被得以尽量保留，并根据农业生产生活的需要进行了优化，形成具有宽阔感和宁静感，并具有食物生产功能的农业景观。

二、强调功能，整体统筹

以农业为主的经济文化结构决定了粤西传统乡村聚落的营造并不单纯考虑居住功能，而是结合了当地的农业生产与生活，并且商品贸易带来的重商思维方式要求当地居民高效、务实地挖掘当地的生产潜力和经济优势，因此村落营造应充分考虑到各方面的利用价值，因地制宜地进行农林牧副渔结合的低碳技术，使乡村聚落具备低能耗、宜居、可持续发展的特征。这种以实际需求为中心的思维方式在聚落的建设过程中贯穿始终，顺应自然的传统聚落组织以环境大局为重，强调人工环境和自然环境的和谐统一，聚落从宏观聚落选址到微观建筑结构技术和材料建构从形式到功能都是浑然一体、互相关联的。另外，在乡村聚落不断发展的过程中，不断会有新的问题产生，而聚落形态的发展也一直是根据外界环境的变化不断调整、改变和创新，这种根据现实状况不断调整、改变和创新的持续过程也是传统乡村聚落营造智慧的重要一环。

三、就地取材，节约能源

粤西传统乡村建设充分考虑低成本做法，尽量节约投资，减少加工和运输，将能源消耗降至最低，做到在有限的预算内，尽可能节约能源，发挥建筑材料在结构上的最大潜力。因此，有必要尽可能选取当地的建筑材料并挖掘材料的可用性与可能性。例如粤西各地使用的具有本土特色的烧结砖，西江流域往往采用青砖，而雷州半岛地区则使用红砖。使用造价低廉、就地取材的材料，可省去大量交通运输费和能耗加工费。而粤西各地传统聚落具有丰富地域特征的现象说明，使用这些乡土材料并不一定意味着需要在风格上妥协。村落建设往往采用低成本循环的方式，没有任何资源在建设过程中被浪费或成为垃圾。小农经济能够长期延续，是因为其本质是循环的。在全球化背景下，由于现代材料的使用，新建建筑往往失去了应有的地域性与民族性，导致建筑面貌千篇一律。与此同时，建筑能源消耗及使用效率已经引起广泛关注，当代建筑设计师也在不断寻求可持续的建筑技术，正是在这样的背景下，粤西地区乡村聚落及其建筑使用材料的智慧依然值得现代建筑师思考与研究。

四、兼容并蓄，开放多元

多元文化的兼容并蓄，造就了粤西各地传统乡村聚落的独特性，对于来自多元文化的影响，各地乡村聚落空间形式根据实际需求进行了有选择的吸纳和取舍。比如，源自广府文化核心区的梳式布局形式在岭南地区具有良好的气候适应性，因而在粤西地区得到了广泛采纳。在郁南，村落居民以广府移民为主，但由于村落位于山区盆地，相对于位于珠江三角洲的广府文化核心区是偏远和动乱较多的地区，因此当地居民在艰苦的开发过程中，面对现实环境借鉴了某种已被客家先民验证了的家族再结构方式，这种方式与围屋这一种建筑形式的选择密不可分。围屋的建筑形式与广府建筑文化相结合，形成了郁南民居独有的建筑形态。雷州半岛地区的居民以闽海移民为主，随着广州与雷州两所州府城市间的文化交流和影响，梳式布局形式被迅速采纳。因为梳式布局除了可以起到调节聚落微气候的作用之外，在雷州半岛地区也具有较好的防台风效果。由此可知，在环境融合的基础上，新的理念、技术、材料都可以应用，传统聚落及建筑对外来文化的吸收是有选择性的，结合了时代需要和自身的地域特点，是融入大量智慧的创造。

第二节

聚落形态结构转变模式分类

粤西地区村落空间当代发展往往存在村落形态逐渐松散稀疏、甚至对原有聚落格局造成破坏的现实。究其原因，主要是传统生活形态和人口规模所设计的建筑无法满足现代人生产生活的功能性需求。因此，本节将在聚落当代不同发展模式的前提下重新审视粤西地区乡村聚落的建筑功能与格局变迁。本书所涉及的案例村落可以大致根据现状分为四种典型的类型：突变式、衰退式、异址新旧村独立并行式、多核心分散扩张式。

一、突变式模式

突变式模式的村落往往地处山区，用地极为有限，但往往交通良好。城镇化对这类村落的影响最为直观地反映在经济数据上，村庄往往具有维持村落持续发展的经济模式，最典型的经济模式主要有两种：一是"公司+基地+农户"的农业产业化模式，二是通过乡村旅游强村富村模式，城镇化给这类村庄带来了商业化和集约化因素，这与原先的小农经济和文化不同。同时反映在空间上，这类村落新建筑的层高、形式与内部空间更容易受到城镇建筑风格的影响，而缺乏原有传统建筑元素的继承。在本书的研究案例中，最典型的村落便是石头冲村与外布前村。因为强大的集体经济，造就了富裕且较为均质的农民阶层，因此可以在较短时间内完成新村建设。此类村庄山水环境优美，村落整体格局比较完整，但由于可建设用地有限，因此紧凑地沿着旧村肌理发展，分布在村落一侧，沿袭了村落的整体格局，但新建建筑在形式上已经完全脱离老建筑的影响，新建住宅高度相同（两三层），体量相仿，是按城市生活要求布置的别墅型住宅。村落新建部分与旧建筑之间截然不同，两种建筑形态之间没有过度，新建部分与旧村形成割裂的态势，因此称之为突变式发展模式（图4-2-1、图4-2-2）。

（一）外布前村

外布前村位于新兴县六祖镇南部中和村，距离新兴县城17.5公里，距离六祖镇镇区5.5公里。外布前村村落选址在山间的小平地，整个村落坐南朝北，村落西侧是集成

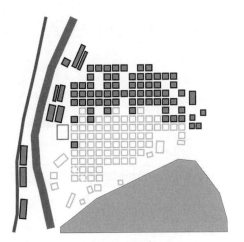

图4-2-1　突变式发展模式拓扑图示意　　图4-2-2　外布前村聚落空间拓扑关系图

河，山水环境优美。顺应南高北低的地形，村落整体格局比较完整，反映出广府梳式布局的特点。

旧村建筑形体规整，民居多为一进，出入多通过横巷，居住建筑多采用三间两廊的建筑形式，高度与建造材料基本一致，受制于交通及过去经济状况的限制，只有南侧地势较高处采用了青砖墙体硬山屋，最常见的居住建筑多用黄泥夯土或者石块砌筑，悬山屋顶。由于泥砖保存时间较青砖短，且现状保持尚属完好，因而可以判断，整个村落是由南向北逐步建设的。而后建建筑严格遵循了先建建筑所形成的肌理。在公共建筑方面，旧民居中有书室和祠堂，但整体格局跟三间两廊的民居并无太大差别（图4-2-3）。

图4-2-3 旧村建筑风貌

新建筑部分的肌理严格沿袭了村落的整体格局，宅基地大小也与旧房相差无几。从建筑类型上看，整个建筑组团仍然是功能单一的居住群落，因此造成聚落内部空间高度均质化（图4-2-4）。新建筑部分以多层平顶为主，分布在村落北侧。高度与形式方面与旧房差异较大，导致新建筑部分与旧村形成割裂的态势。随着经济发展，居民开始追求较高水平的居住形式，从平面布局上来看，已经与传统建筑的三间两廊形式毫无关联。新建筑在

图4-2-4 新旧建筑高度均质的聚落内部空间

高度与形式方面的无序，导致新建筑部分与旧村形成割裂的态势。同时，新建筑部分的微气候较老建筑部分差。此外，村落延续旧村原有排水系统，做到雨水排放明渠化、生活污水排放暗管化，污水集中收集处理。近年来又建设了"厌氧+人工湿地"生活污水处理项目工程。

（二）石头冲村

石头冲村位于云浮市新兴县簕竹镇东北面，隶属于五联村委会，下辖两个村民小组，共78户，325人，总面积3.3平方公里。村落距离新兴县城10.5公里，距离簕竹镇镇区仅1.6公里。村落选址在九山相环中间的小平地，坐北朝南，面向新兴江，后靠屋背山，三溪发自后山自在坑、双荡

图4-2-5　新旧对比强烈的石头冲村

坑和老虎坑，曲水回澜，环村而流，流至村口巨石处三水合一，形成"金石锁水口"的景观。由于年代久远，石头冲村建立于何时已不可考证。如今，村民绝大多数属于温氏，仅有一户赵姓例外，村中温氏一脉繁衍至今已历经二十余代（图4-2-5）。

石头冲村是"广东温氏食品集团"的发祥地，2011年人均纯收入超2万元，比改革开放前增长了35倍，年收入10万元以上的有50多户，100万元以上的有20多户；有"小别墅"63幢，户均拥有小汽车2.5台。石头冲村共有劳动力150多人，其中在温氏集团工作的有110多人。在石头冲村建设过程中实行村企共建，以"三个一"来支持名村建设，即财政奖补、温氏集团捐资、村民捐资的比例是1∶1∶1，使该村建设投入资金的总规模达到了财政奖补资金的3倍以上。目前，已建成了一条长400多米、宽6米的环村大道，巷道全部实现硬底化，建成了6000多平方米的文化广场、500多平方米的文娱活动室，建成了一个集娱乐、健身休闲于一体的花果山小公园，建成了停车场、篮球场、卫生公厕等公共设施，村民饮上洁净、卫生的自来水。100%村民居住在楼房，100%参加农村合作医疗，100%实现十二年中等教育，85%参加新型农村养老保险，农村垃圾处理率达100%。然而，村中80%以上的青壮年在新兴县县城的温氏集团工作，为了方便上下班，有些年轻人已经搬到县城居住。还有一些村民或留守村中从事养鸡、养猪禽畜牧业，或外出自主创业。老年人多半留守家中带小孩，在房前屋后种菜。

石头冲村是农业深度商业化的村落，依托温氏企业发展。调研期间（2012年）村内设有饲料厂，因此本村住宅为租户提供了一个靠近办公地点的住所，外来租户分布在新村及旧村。这样的位置优势确保了这些新搬迁来的居民能大大减少每天在办公通勤上的时间和费用成本。然而，饲料厂气味较大，同时雇佣的外来员工曾与本村村民格格不入，村民向温氏集团反映，希望把饲料厂搬远，因此，为满足本地居民的要求，将饲料厂搬迁到了S113省道边上（2013年）。因此，石头冲村目前几乎是空的，只有少量本地居民居住。

石头冲村临近新兴江，与一般的江河流向不同，新兴江顺着南高北低的地势向北流

动，注入西江，成为珠江水系的一部分。正是因为新兴江通过水系与珠江三角洲腹地相连，使得石头冲村展现着浓浓的广府风情。石头冲村最常见的传统民居是三间两廊式青砖瓦房，此外也有少量民居是用红砖或黄泥夯土砌筑而成。传统民居通常只有一层，而层高一般都比较高，这种做法适应岭南地区炎热多雨的气候特征。到了夏天，通过大门、天井、开敞的堂屋形成室内外良好的风循环，所以即便没有空调、电扇，老屋子里也非常清凉。堂屋房顶往往会铺上几块亮瓦，以提高房屋的采光度。这些传统民居古朴实用，装饰以朴素简单的灰塑、壁画为主，少数民居的屋脊采用了龙船脊式样。石头冲村民居建筑的入口相对简单，但具有地方特色，与广府地区典型三间两廊在侧墙开门不同，石头冲村的入口多开在正面，正门前往往设置了青砖砌筑的影壁，没有明显的装饰，只有一些简洁的线脚。而大门门边的贴脸石、框顶石及勒脚部位全部是石作，只做简单的处理，这种做法适应岭南潮湿多雨的气候特点，石门槛、散水等构件有效隔绝了水分，防止水分渗入木材当中，从而保护了木构件。另外，还有一座民居保存有趟栊门。石头冲村传统民居的天井面积窄小，进深不足2米，房屋四周围堵使光线显得较暗。天井的设计主要是考虑到遮阳采光，也起到了收集雨水的作用。天井一般由长条麻石围边，中间以青砖或者红砖铺地，中间高而四周低，这种方式有利于组织雨水排水。麻石的热系数较低，雨后保持了天井地面湿润，因此，从大门吹入的穿堂风无疑增加了凉爽的体感，而窄窄的天井也有利于形成"烟囱效应"，将夏日的炎热通过上升的气流抽到室外，有效地改善了居住环境。在公共建筑方面，村落间也散落着四五座建于晚清或民国时期的旧书房，与民居连缀成一片，体现了石头冲村耕读传家的传统。村子的西北角和东北角曾分别建有一座炮楼，两座炮楼分别正对着村后屋背山形成的两个豁口，防止山贼从后山进村。目前西炮楼已经损毁，仅存东炮楼（图4-2-6）。

图4-2-6 石头冲旧村风貌

在新村建设方面，石头冲村是云浮市生态文明村、卫生村，名镇名村建设示范村，是一个集体经济非常发达的村落。经过统一的规划设计、统筹建设，新建筑部分的肌理基本上沿袭了村落的整体格局，建筑单体占地面积也基本与旧房相差无几，大致为11米×11米的地块。新建筑部分以多层平顶为主，分布在村落南侧。由于石头冲村农业现代化的发展，经济发展水平较高，居民开始追求较高水平的居住形式，从平面布局上来看，已经与传统建筑的三间两廊形式毫无关联。居民的生产生活结构也发生了快速转型，村中的住户多是典型的城乡迁徙家庭，即子女在县城有家，老人在农村有家，农村宅院平时只有老人居住，只有逢年过节之时，年轻人回乡团聚。由于新住宅是在名村建设过程中石头冲村与广东温氏集团进行村企共建的产物，即通过财政奖补、温氏集团捐资、村民捐资共同完成，这类建设从外观到内部装修都吸纳了城市住宅的习惯。建筑外墙贴面砖、铝合金窗、防盗网。还有

图4-2-7 石头冲新村风貌

面对村前广场的一排欧式小别墅，红色屋顶，米色外墙，非对称立面。建筑内部室内空间巨大，并且和一般城市住宅格局和装修模式类似，楼梯与卫生间内置，水电煤气现代化设施一应俱全（图4-2-7）。

另外，根据村落的宜居规划，全村分为住宅区、文体活动区、农业生产区、禽畜圈养区、生态保护区、奇趣果园区、创业体验区①。特别是该村沿着山谷建设了专门设置的禽畜圈养区，实现了"人畜分离"，鸡有鸡舍，人居人屋，日常住行，人鸡分离。禽畜圈养区实现了自动化养殖系统，养殖户不需要去鸡场，只需要通过手机就能控制养殖小区内的保温、喂料、照明、风扇、窗帘、喷雾等设施，实现养鸡自动化（图4-2-8）。养鸡场与住宅区保持距离，既干净又卫生。

图4-2-8 养殖户用手机操控养鸡场的智能设备
（来源：云浮大数据+新装备引领传统农业加速转型）

在公共设施方面，虽然地处山区，但村中生活便利。村民若感觉身体不舒服，像发烧、感冒之类的小毛病，可以去附近的五联村卫生站找医生。村民又捐资改造了揽根小学，不仅方便村中小孩上学，也为周边适龄儿童读书提供了便利。

（三）村落格局形成的动因

首先，村落改造的资金来源以政府或当地企业出资为主。此类村庄往往位于珠江三

---

① 郑秀亮，李旭明. 小村庄孕育大风景[J]. 环境，2013（5）：32-35.

图4-2-9 缺乏对自然和地域传统考虑的村落现代景观

角洲边缘向山区过渡的地带，城乡关系的改善提供了村落发展的外部机遇。企业发展及政府政策支持使村落经济状况较好。然而，由企业和政府主导的环境改造有其自身无法跨越的局限。因为不是基于本地营造经验的积累，其建设往往向人工化、单一化迈进，丧失了当地特有的地域性和自然性；大规模、集约化的建设方式，用在村落居住环境建设方面，造成了缺少对自然和地域传统的考虑、没有亲切感的设计，因此聚落空间形态新旧分离明显，体现出强烈的时代差异（图4-2-9）。

其次，新村建设缺乏对生活细节的实际考虑，因而逐渐变为以展示为主的样板工程。在村落环境建设方面，果木成荫、农田青绿、道路整洁，修筑了农田排灌系统，配套有一个大面积的休闲公园、生态水塘、礼堂以及篮球场等设施。然而，石头冲村的环境形态城市化明显，巨大整齐的草坪绿地、形状规整的广场和生态池塘、硬底化铺地、排水渠生硬的护坡、图案重复的路面等，失去了原有的乡土特色（图4-2-9）。由于多数村民都不在村内居住，因此这些设施利用率不高，显得缺乏生活气息。居住在村内的老年人仍然采用劈柴、种菜、洗衣的生活方式，村前休闲广场也经常被用来晾晒粮食。村里人认为，自家种出来的菜好吃，用木柴烧出来的饭菜比煤气炉做出来的香，这种现象反映出新建住宅与居民实际生活方式需求存在着一定的错位。

最后，有价值的、可产生活力的潜在资源要素未能有效利用。此类村庄优势在于其环境良好，基础设施良好，村落格局完整。但建筑质量和物理性能均属上乘的老房子没人居住，村民多居住在新房子里，造成了极大的资源浪费。企业及政府包办了村民生活的一切，从读书、工作、甚至到住房建设。这种方式看似完美，却无疑是不可持续的。

这种集约化方式使村民成了流水线上的工人，只能专注于某一项工作，而逐渐放弃了原本在小农经济时代必须掌握的生活技能，技术的进步逐步压缩了民间智慧的空间，村民被乡村建设经验和技术排斥在外，打断了乡村一直以来自下而上面对环境不断积累经验的过程。同时，与珠江三角洲地区的城中村不同，此类村庄的外来打工者也被本村居民排斥在外，由外部力量强加的生活模式最终也不适应乡村的现实情况。这种聚落空间由于提供不了城市所能够真正提供的社会服务，而作为乡村生活的主体，村民始终需要面对这种外部强加的生活方式与真实乡村生活之间的矛盾，当无法解决这一困境时，乡土文化逐渐消亡，聚落空间逐渐空心化，既没有城镇繁华，也失去了乡村聚落特色，融入不进城市，也回不去农村。

二、多核心分散扩张式模式

这种类型的村落往往位于商贸的主要交通节点，周边水土肥沃，由多个相邻较近的自然村组成，这类聚落空间形态上以扩张为主，各村庄不断向外扩张形成规模较大的连片农村居民点，新的肌理延续松散的旧肌理。随着经济的发展，村落经济由农业为主逐渐转变为第一、第二、第三产业融合，居民生计包括务农、经商、运输、旅游服务等，村落经济较有活力，劳动力流失现象并不突出，然而土地的产出效益却逐渐变得无足轻重，农民的土地价值观开始变得淡薄。同时，随着村庄供水、供电以及信息网络的改善，村域内可供建房的位置不再仅限于水边，开始逐渐向道路、自家田地扩张。公社解体后的村级行政部门职能大大弱化，对村庄缺乏合理科学的整体规划，对宅基地的审批只控制量化的指标，因此村落布局散乱，新建筑遍地开花。随着村落的扩张，村落的亲水特征逐渐淡化，农田也逐渐碎片化，田地和水塘最终穿插在农宅之间。各类建筑选址抢占沿路与村落外围发展，而祠堂、庙宇和学校等公共建筑则成为控制村落边界形态的一个关键因素，也维持着村民的心理安全距离。新住宅占地面积较之旧民居占地面积缩小，反映出当代家庭规模逐渐变小，新住宅的形式则五花八门，既有因袭"三间两廊"形制的三开间多层住宅，也有模仿城市住宅的别墅。空间形态上空心化与拥挤同时存在，聚落内部传统建筑逐渐被荒废，而边缘的新建建筑则十分拥挤。自然村之间首尾相接、没有明确界限的西坝村便是这类村落的代表（图4-2-10、图4-2-11）。

（一）西坝村

西坝村由兰寨、长乐、石桥头村三个自然村组成（图4-2-12），由多个姓氏和族群构成。西坝村所在的南江流域总体上属于广府文化的次文化区，历史上也是古代百越先民聚居地之一。目前兰寨村依然存在着瑶寨城堡遗址，同时南江流域也是中原文化向粤西地区较早传播的地区。明清时期汉瑶杂居现象存在，后期在珠江三角洲土地饱和的情况下，由粤中、粤东移民促进了西江及其支流南江流域的再开发。由于南江流域开发时

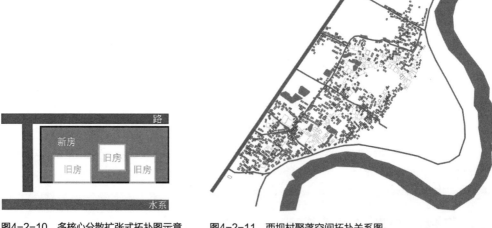

图4-2-10 多核心分散扩张式拓扑图示意　　图4-2-11 西坝村聚落空间拓扑关系图

间在岭南地区相对较晚,因此该地区家族聚居规模相对较小,由多个姓氏和族群聚居。由于族群杂居,西坝村建筑单体的空间组织、营造技术、外形特征体现了多种文化揉合的痕迹:一方面是外来文化的影响,另一方面是本土固有的本地文化和山地文化的发展,因此西坝村的民居建筑体现出多种建筑文化影响的结果,具有独特的地域性。

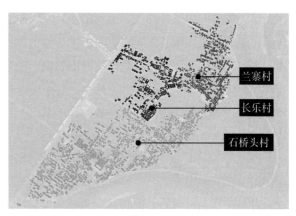

图4-2-12 西坝村下属三个自然村构成

西坝村位于连滩镇北,距镇中心约5公里。2013年人口5736人,下辖石桥头、长乐和西坝三个自然村,18个村民小组,党员70名,有水田约212.67公顷(3190亩),山地约65.33公顷(980亩),主要农作物有水稻、蚕桑、莲藕等。该村集体经济收入以出租鱼塘和店铺收入为主;村民经济收入以劳务输出为主,是一个著名的侨乡。该村是重点发展农业和以典型南江文化为依托的旅游业乡村聚落,城乡同步发展,但城镇对区域经济及产业的带动有限。村落中仍有相当数量的家庭保留有航船,村落北面有古码头遗迹(图4-2-13),说明商贸与航运是西坝村的传统文化构成因素。

在聚落选址与布局方面,由于地形复杂、耕地分散,缺少足够的土地营造集中完整的村落,同时人们为减少耕作奔波,三五成组的建筑往往就地结为组团,利用地形顺势修建,最终形成依山傍水、自由灵活的村落形态。村落建筑群顺着南江及人工水系"西圳"[①]呈现不规则的分布,集中连片,几个建筑组团由农田、水塘、风水林及道路等环

---

① (清)西宁县志[M]//浙江省图书馆藏稀见方志丛刊(第61册).北京:国家图书馆出版社,2011:83.

图4-2-13　西坝村古码头

图4-2-14　西坝村村落景观风貌

境要素连接成为一个相对完整的聚落整体，这些环境要素与聚居区有很好的生态互动效应，形成与周边环境融为一体的村落风貌格局（图4-2-14）。

城镇文明由于其地缘优势、交通优势、工业发展等因素逐步对西坝村乡村聚落的空间结构产生了影响，村落以组团为单位松散地向外扩张，最后使西坝村形成规模较大的连片农村居民点。村落后续发展的空间依然遵循就近原则围绕大屋建设，并逐渐向道路的方向扩张，不断蚕食耕地。由于家庭规模的变化，传统的具有防御性的大屋已经不适合当代的生产生活方式，因此新建住宅较之传统住宅，占地面积在缩小，这便导致了村落形态逐渐松散稀疏，甚至对原有的村落格局造成了破坏。新建建筑单体天井逐渐消失，导致建筑内部的采光更加不足；建筑高度及层数失去与村落整体格局的配合；新住宅普遍采用了框架结构或砖混结构，外观造型与传统建筑精致的风格大不相同，出于防水的需要采用水泥抹面或瓷砖贴面，局部涂料做表面装饰。有些农宅由主楼和副楼组成（图4-2-15），也有模仿城市住宅的别墅。

随着经济的发展，村域内可供建房的生长点不再仅限于水边，沿路、自家的责任田都可能成为建房的首选（图4-2-16），而公社解体后的村级政府职能已大大减弱，对宅基地的审批只控制量化的指标，缺乏认真、科学、合理的整体规划。目前，村落的亲水特征已非常淡化，明清时期开凿的人工水系也不再环绕田地村庄，而是成为零星散布在农宅之间的死水潭。聚落不断扩张，聚落与聚落之间形成首尾相接的形态。然而，西坝村仍然以农业为主的产业模式以及较为浓厚的传统文化底蕴决定了耕地以及宗祠庙宇依然起到了界定村域的作用。

村落土地利用方式向多元化发展，传统的庭院养殖趋于没落，反映在空间形态上是

图4-2-15　主副楼结合的新农宅

图4-2-16　沿交通干道扩张的新住宅

牛圈鸡舍建筑正在逐渐消失（图4-2-17），而存在的少量养殖建筑也处于空置状态。农地由粮食生产转向园林、水果、蔬菜、花卉等高附加值作物为支柱产业的新型农业生产体系，种植趋向市场化。农业用地急速向非农业用地转变，乡镇企业以飞地的形式抢占沿路或者在村落外围发展，破坏了当地传统的自然景观（图4-2-18）。

（二）村落格局形成的动因

首先，西坝村适宜的地理位置，村民表现出"城乡共时性"，突出反映在村民在日常生活中表现出持续而多方面的城乡联系。郁南县小而分散的城镇体系难以形成城镇集聚力量，对区域经济和产业的带动有限，对乡村人口的吸纳能力有限，而西坝村乡村聚落的空间组织、发展动力等方面仍然体现出较强的"乡村自治"特征。村落人口不离土地，表现出对于农村社会和城市社会的双重参与。这种方式，对于传统文化生活和社会交往在新时代的持续发展有益，不经意间维持了聚落发展的总体平衡。

其次，村民收入来源多元，传统文化底蕴保持良好。因该村是著名的侨乡，除了农业收入外，青壮年外出打工收入也是重要来源；商贸与航运是西坝村的传统文化构成，在新时代依然得以传承；随着新时代的发展，原本位于珠江三角洲地区且较富裕的新兴县，工业产业也逐渐向西坝村及周边地带转移；同时依托传统文化及丰富的非物质文化

图4-2-17　废弃的牛圈鸡舍建筑

图4-2-18　在村落外围发展的乡镇企业

遗产的旅游业也有所发展，该村三产较为平衡，具有丰富多样的资源特征和发展潜能。

最后，新建建筑对传统空间有所继承。西坝村的优点在于，基础设施好，政府投入力度大，文化保持良好，村落尚未空心化，但西坝村的局限在于经济活动规模较小，政府投入和产出不成正比，村落格局有松散无序发展的倾向，耕地被建设占用。但正是因为本地经济活动多元化、公共生活丰富，村民可同时从外部环境和传统文化中积累经验，因此，当地新建建筑对传统的空间格局、传统建筑元素和当地材料有所继承和发展。

三、衰退式模式

这种类型的村落或位于较偏远的区位，或因为附近城镇的扩张，成为典型的依附中心镇的乡村聚落，呈现出城荣乡损的城乡发展模式。聚落内部人去屋空的空心化现象比较严重，老建筑的使用率极低。空间呈现出偏心式的空心化趋势，新建建筑沿着村落道路扩张，形态逐渐松散稀疏。祠堂及庙宇成为控制村落边界的重要因素。受经济因素的制约，新建建筑占地面积和层高与老建筑大致相仿，较少出现层高突兀的新宅。由于受城镇化因素影响程度相对较小，影响时间相对较晚，受乡村经济情况的制约以及缺乏可以模仿的城市住宅原型，多数建筑的平面格局依然可以看到因袭传统的痕迹，尤其是村民无意识地保留了建筑内部的天井空间，体现了建筑内部传统空间记忆在新时代的延续。现存的新建建筑多建于20世纪80~90年代，而随着村落的空心化，极少有建于2000年之后的新建建筑，潮溪村便是这类村庄的代表（图4-2-19、图4-2-20）。

（一）潮溪村

潮溪村是雷州市龙门镇王家村委会下属的一个自然村，距雷州市21公里，距207国道和龙门镇所在地约4公里，该村建于明末，是一个典型的农业村落。潮溪村坐西北朝

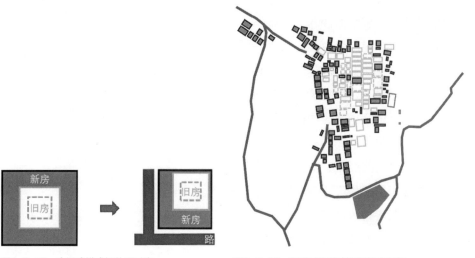

图4-2-19 衰退式模式拓扑图示意　　图4-2-20 潮溪村聚落空间拓扑关系图

东南，背靠毛云岭，粤海铁路穿过该村东面，聚落整体坐落于一个平缓的盆地中，东、西、北地势偏高，南面偏低，有三条溪流环绕，周边曾经是洼地水泽，经过陈氏祖先辛勤耕耘，成为良田沃土，农业资源丰富。该村拥有悠久的历史，深厚的文化底蕴，独特的建筑和精湛的建筑装饰艺术，具有地方传统特色。2009年，潮溪村成为湛江市首个省级历史文化名村，同时也是湛江市第一批被国家授予传统村落的村庄之一。

潮溪村目前全村总人口为1850人，310户，住在村中的人口约700～800人，多数居民较为贫困，另外有500～600人住在龙门镇镇区。潮溪村地势平缓，周围有足够的耕地，土地肥沃，水资源丰富，农业生产条件优越，因此农业是该村收入的主要来源。该村其他主要经济来源取决于外出打工，打工人数约为200人，分布在深圳、广州等城市，以年轻人为主，从事商业运输相关职业的还有约100人。此外，受传统的耕读文化影响，潮溪村一直重视教育，培养出了大约100名大学生并从事相关专业领域的工作。在古代，潮溪村曾是一个著名的地主村，进入新时代后，潮溪村受传统封建保守思想的制约，从事经营的人数较少，收入来源主要依靠农业，即便住在龙门镇的人也一样，但农业规模普遍较小，以小农经济为主，农业收入偏低，无法实现大规模的机械化生产。主要种植的经济作物有桉树、水稻、甘蔗和种植林果业等，由于依靠龙门镇糖厂的依托，其中甘蔗一亩地一年收入约两三千元，经济作物结构与种植方式较为单一，土壤养分近几年流失严重，并且农作物没有可靠保证，台风经常会造成严重的经济损失。

村落周边传统景观和生态环境基本保持完好，除了过境的铁路和高速公路对植被有所破坏，整体自然条件十分优越。目前所见的村落格局大致始于康熙、乾隆年间，至今整体格局保存较为完好，整体村落形态集中而方正，村落骨架明晰，村落的格局大致为梳式布局，街巷大多略有曲折，大多数民居建筑面宽较大，有明显的主侧院之分和空间复杂的合院。村里六条直巷和两条横巷均为青石砌阶白沙巷，大部分建筑在连接东门、南门的中心巷以北，少量建筑在其南侧。整个村落坐西北朝东南，面向南面的水塘和溪流。这个村落最引人瞩目的是华丽的清代民居建筑群，保存较好的传统民居有朝议第、儒林第、分州第、明经第、富德、德辉等，均为院落布局，建筑装饰主题内容丰富，木雕、灰塑精致细腻。另外，一些富裕人士出于防御的考虑，在宅第内建有碉堡（图4-2-21、图4-2-22）。

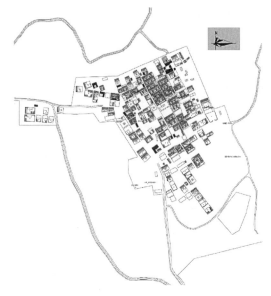

图4-2-21 潮溪村建筑群组

图4-2-22 潮溪村传统建筑群组

古村内部出现空心化现象，历史建筑的使用率低于20%，建筑物理空间背后生动的社会组织人际关系正在消逝。由于错过了农宅建设的高峰期，新建房屋的农户呈明显下降趋势，村落面临着需求严重不足的问题，集中建设农宅的最佳时机已经错过。由于地理位置靠近龙门镇镇区，富裕农户趋向在镇区购买房屋，但较为贫困的人口仍然集中在村里，且无法承担老宅的修缮费用，或是碍于严酷的管理措施无法对聚落做出适应新生产生活要求的更新改造，同时出于传统观念中对祖先的敬畏，翻建的情况较少发生。仍然居住在村内的居民往往选择迁出老宅另寻住址，这导致了聚落形态演变无序化倾向，其开发用地主要向村落南侧和西北扩展，形态逐渐松散稀疏。新建建筑占地面积与老建筑大致相仿，层高低于两层，天井空间随年代逐渐缩减甚至完全消失。

在村落卫生方面，聚落饮用水供给在1949年前只有建于清代康熙年间的两口古井，古井位于村落南门外东侧约80米处。至中华人民共和国成立前夕，全村人口达1000人，人畜用水全靠着两口井供应，运水非常困难，需要经过十多个石阶，因此自20世纪60年代起，村内居民陆续在家中打起自流水井（图4-2-23）。目前，村落在原古井附近建立了水塔供村民使用。村内没有专门的垃圾处理或统一的管理机制应对，生产生活垃圾的收集及处理仍然处于自觉自愿的状态，村落周围有几处生活垃圾堆放点，对景观影响较大（图4-2-24）。村北有简易的公用旱厕（图4-2-25），条件较好的家庭则在住宅附近搭建厕所（图4-2-26），粪便处理主要有挖坑填埋和直排的方式。热水设施及能源仍然以烧柴为主，少数家庭使用天然气。夏季制冷设施以电扇为主，极少数家庭使用空调。做饭

图4-2-23 自流井

图4-2-24 垃圾堆放　　图4-2-25 公用旱厕

图4-2-26 简易厕所　　图4-2-27 厨房

主要使用土灶和柴火，也使用电磁炉和电饭煲作为补充（图4-2-27）。电视机是最普遍的电器，其次是电饭锅、DVD、音响等。

公共文化设施方面，主要有原村落祠堂内村办小学一所，是控制村落东侧边界的重要因素。然而，缺少诊所、商店、图书馆、行政办公等设施；村内只有一座戏台，缺少相应的公共活动场所；村中现无工业及小商业。

（二）村落格局形成的动因

首先，随着体制的变更，生产生活资料逐渐丧失。在传统封建时代，潮溪村是著名的地主村。在鼎盛时期，该村75%的人口依靠土地租金过活，95%的家庭拥有土地租金收入。官员在退隐后，回村置地建房。其田地绝大部分位于外村，分布在南兴、龙门、英利、覃斗、北和等乡镇。中华人民共和国成立后，随着土地改革及人民公社的建立，传统士绅阶层失去了对田地的控制，潮溪村经济就此衰落。住宅也被没收并重新分配给贫下中农，造成了产权的混乱。新管理者来自贫农阶层，他们难以担当文化的示范作用，基层建设的有效组织始终没有建立起来。在这种情况下，由于土地改革之后多变的农业政策、潮溪村住宅产权不明晰以及由于经济条件制约造成无力维护历史建筑等问题，无法有效地控制和引导，聚落空间开始迷失于无序化的状态中。目前，潮溪村附近高铁站的开通，对村落的再次复兴也许是一次机遇，但创造当地独特、真实、特殊的地域文化的旧精英阶层已经消失，文化传承难以为继，村民缺乏对村落传统建筑文化价值的正确认识和保护传统建筑的技术手段。如果不能处理好保护与发展之间的平衡，未来有因过度旅游开发而进一步丧失地域文化的隐忧。

其次，因为龙门镇的扩张，成为典型依附中心镇的乡村聚落。由于地理优势、交通优势、资源条件、公共设施、产业发展等因素，从清末起，龙门镇逐渐成为影响潮溪村发展前景的主导因素，同时也是影响潮溪村聚落人口在空间流转的核心动力要素。小城镇的综合功能，包括了交通、基础设施与公用设施的发展，缩短了农村与城镇之间的时空距离，为农民提供了农业与非农业的就业机会，确保了较高质量的生活水平，并扩大了村民之间的社会交往范围，加快了农民现代化进程。潮溪村受传统封建士绅文化的思想影响，村民依然主要从事农业，市场竞争意识和市场开拓能力较弱，但是农业产业收益极低，难以支撑农村家庭适应现代化发展的需要，因此家庭收入来源还需要其他方式补充，除年轻人在深圳、广州打工外，迁居龙门镇是潮溪村农民的理性选择，一方面他们享受镇区相对舒适的生活，包括更好的医疗、教育和商业服务设施；另一方面又不必远离自己的田产。考虑到龙门镇的地价高于潮溪村，迁居龙门镇的多是村里的富裕家庭，因此在与龙门镇的关系中，潮溪村内生力量不断丧失，也缺少外部资源支持和活力的注入，总体来说处于劣势。

基于上述两个原因，潮溪村的聚落形态基本维持了中华人民共和国成立初期的规模，聚落空间格局、传统建筑与乡村景观处于日益破败的情况。

四、异址新旧村独立并行式模式

这种类型的村落往往位于平原地带，新村选址沿着道路位于旧村一侧或两侧，四周农田环绕，农业生产在村落经济中始终占据突出地位，农民的土地价值观相对浓厚。因此，出于集约用地的考虑，村落整体形态的历次变迁还是以一种整体构建的方式进行的，早期通过公社体制、近年通过政府帮扶及意愿扶贫的企业进行统一建造。

虽然这类村落往往采用了"兵营式"布局，但其空间形态上和古村保持了很多的延续性，是一种相对集中的建设方式。在内部空间秩序及景观建设方面没有古村丰富。村落传统的外围景观，尤其是传统的人工水系，维持了旧村整体空间的完整性。村落边界空间由防御及生产功能转变为以景观功能自净功能为主，并起到了联系新旧村，促进社区公共活动的作用。通过水系的存留，新村也同时承袭了村落传统的亲水特点。

这种发展模式的新村在发展过程中从村落整体布局、村落内部空间、建筑空间布局三方面对旧村都有较好的延续，并且对旧村的整体格局有较好的保护效果。而从更广阔的范围来看，地域传统的自然景观并没有太大的改变，仍然是大片的集中农田环绕村

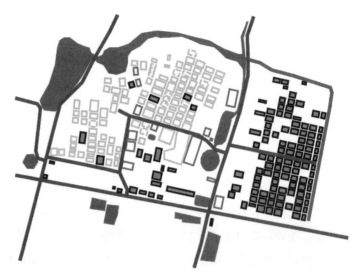

图4-2-28 异址新旧村独立并行式拓扑图示意

图4-2-29 东林村聚落空间拓扑关系图

落，因此这种建设方式吻合传统的网状空间结构。处于雷州半岛南渡河下游平原的东林村是这种类型村庄的代表（图4-2-28、图4-2-29）。

（一）东林村

东林村位于广东省湛江市雷州市南渡河下游南岸，南兴镇东北部，村落距雷州城约8公里，距南兴镇区约14公里，周围村庄众多，是南兴镇东林村委会的中心村。村落位于地势稍高的河滩地，该村周边地势平坦，土地肥沃，地下水位较高，水资源丰富，洋田围绕，人口密集。2010年，东林村被评为广东省省级历史文化名村，同时也是湛江市第一批被国家授予传统村落的村庄之一。目前东林村古村空间保存良好，新村建设始于1972年，已经形成了一定规模。村落蓬勃发展，人民团结、充满活力。

东林村村委会由东林村、书房堂村、下地村、东地村、棠池村等9个自然村组成。东林行政村有5000多人。其中，东林自然村有3000多人，计384户（2011年数据），均为本地村民，无外来人口，平均每户约9人。根据现场调研的情况，绝大多数家庭保持着传统的主干家庭结构，而每户常住人口为5.8人，多为妇女、12岁以下的儿童及40岁以上的中老年男性。由于无乡镇企业，长居人口仍然以农业为主要经济产业，农业收入为村民的主要收入来源，主要的农作物是水稻，其他作物还有甘蔗、花生、蔬菜等。然而，耕地面积十分紧张，村内人均耕地面积为0.8亩（约533平方米），在丰收的情况下，平均一亩田每年仅有800元的收入（2011年数据）。在这种情况下，村民也通过外出务工增加家庭收入，青壮年务工收入为每月1500~2500元（2011年数据）。在村落人口规模大、村落经济发展条件相对落后的情况下，东林村的人均纯收入仅有2100元左右（2008年数据），远低于同时期全国农民人均纯收入4761元，也低于雷州市的农民人均纯收入4685元。

在近八百年的发展变迁中，村落一直处于动态的变化过程中，几经兴衰，目前村落

图4-2-30 东林村新旧村组合
（来源：《传统聚落东林村地域性空间研究及其发展策略》）

图4-2-31 东林村传统建筑群组

人口数量与空间规模均达到历史最高水平，村落形成以古村空间为中心，新村环绕古村发展的格局，整体空间由古村空间、新村空间以及村落周围的田园景观构成（图4-2-30）。

古村传统聚落空间有较高保存度（图4-2-31），但由于部分建筑的损毁，旧村聚落内部也有少数的空间断裂发生，这些损毁的宅基地大部分变成了空地或者菜地，只有少部分盖上了新式住宅。

在旧村居住空间饱和的情况下，新村建设没有选择以旧村为中心向外发散扩张的模式进行新村建设，而是选择学习了旧村既有的整体空间格局，在旧村东侧另外开辟一块完整的土地进行新村建设，新村是从村落整体格局角度延续了旧村的发展模式。新村位于古村东侧，空间紧凑，中间由南北向的入村道路及两边的景观绿化作为分隔。古村和新村的南侧是东西向通往雷州和南兴镇的乡道。乡道两侧发展成为东林村的商业与文化中心：东林村村委会、东林小学、东林农贸菜市场、村卫生所、公交候车站以及老年人活动中心等均位于村落入口处的乡道两侧。新村空间已形成规模且与古村连成整体，空间形态结构成熟，形成了以村口水系景观序列空间为中心连接空间，古村与新村一体的聚落形态。

村落空间功能方面，旧村的空间特征是功能的混合与多重利用，过去的村落通过建筑、巷道、植被及水系的总和布局，承担着生产、居住、祭祀和公共交往的功能。然而，新村仅仅承担着居住功能，且建筑密布，内部空间秩序及景观建设方面没有古村丰富。

在建筑的营建方面，新村早期的住宅保留了较多的传统形式与特征，后期陆续建设的住宅因受到城市建设兴起的影响，逐渐从外观上摆脱了传统的形式，外观单调乏味，缺乏对于原有建筑文化特征的继承，但内部空间格局的分布上还保留了一定的传统形式。

（二）村落格局形成的动因

首先，人民公社取代了原有的宗族组织，延续传统思想。东林村聚落空间的变迁过程与社会结构、经济状况及土地制度联系密切。在20世纪70年代人口激增的情况下统一分配宅基地，生产队根据商议确定的规划原则，将宅基地划分为面积相近的方形地块，并对宅基地进行编号。按照每户男丁人数分配，然而这种方式忽略了每家经济

图4-2-32　东林新村荒废的宅基地

状况的差异和真实人口需求。经济差异对新村肌理造成的影响在改革开放后开始凸显，无力造房的家庭宅基地被弃置荒废，成为村中垃圾和废水的集中地，蚊虫滋生，严重影响了聚落人居环境（图4-2-32）。在分配中，未统计女性人口的状况，有多个女儿的家庭居住需求被忽略，也未能真正照顾到人口发展趋势，调研中发现某些家庭出现了多人同居一室的现象，这些都是应当解决的问题。

其次，新村规划以旧村布局为规划依据。村落形态的变迁是由特定历史时期各种复杂要素综合作用而成的。东林村新村的建设是伴随着历史的延续性与局限性而逐渐发生的。在20世纪40年代人们的活动范围非常有限，因此新村的规划只能是以旧村的布局为规划依据。然而，因中华人民共和国成立后，人们在规划新村时便没有了旧秩序（如风水、宗族、礼法等）的约束，取而代之的是用类似城市规划一般的方法来进行新村规划。其结果就是功能单一，交通组织清晰而简单，而唯一能体现传统的就是其在尺度规模方面遵循了旧村的分区尺度，因此在分区规划方面的传统延续性十分明显。

最后，传统空间环境功能得以部分存留。村落边界空间由防御及生产功能转变为以景观功能自净功能为主，并起到了联系新旧村，促进社区公共活动的作用。村落组团式有序发展，村落水系保持良好，避免了无序扩张和空心化，新建组团保留了原有建筑的空间格局和原有巷道空间尺度，作为一种空间发展策略较为成功。

五、模式总结与对比

通过对典型村落现状的分析，可以发现村落现状模式表现出了明显的文化经济要素作用的痕迹，而在粤西地区更为广泛的样本案例中，在村落空间组织上往往具有多种类型交互出现、叠加发生的特点。

在当代，粤西地区决定聚落空间发展模式的几个关键因素有：

（1）聚落最初的肌理和生长逻辑决定了后续发展的空间往往和早期空间保持了一定程度的延续性；

（2）水系决定村落边界或成为新旧村联系的公共空间，但在居住空间不足的情况下，往往会逐渐消失；

（3）村庄一侧存在道路的情况下，往往会向着道路的位置形成新的扩展带；

（4）祠庙等公共建筑决定了村落的边界或村落内部的公共空间，构建人们的心理安全距离；

（5）人口规模决定了村落发展规模；

（6）家庭构成决定了农村建房的规模和形式。

因此，对各种模式进行总结并提出建议（表4-2-1）。通过比较可以看出，就总体思路而言，自上而下的方式，可将村民统筹考虑，然后决定物质空间的去留，计算可新建的土地面积和建筑量，并统一按照某种特定的方式置换土地。这种方式最简单，但是这样的更新结果往往是只有空间没有社会，失去了文化的多样性，不符合乡村可持续发展的目标。自下而上的方式往往充满活力和创新，但往往聚落空间无序发展，造成了混乱和浪费现象。所以，解决问题的办法应当是融合自上而下的目的和自下而上的意愿，这就需要和村民进行充分的沟通，采取渐进式方法逐步改善村落的空间环境。

聚落形态结构转变模式总结与对比　　　表4-2-1

聚落形态结构转变模式	方式	结果	对乡村文化的影响	建议
突变式	由政府或企业牵头走大规模集约化新村建设的路径	忽略了村民使用的个体差异，新建住宅与居民实际生活方式需求存在着一定的错位	整体性建设阻隔了场地与旧村的联系，阻碍了乡土文化的传承	对于各种自然灾害频发的乡村地区可以采用一次性新建的方式，但仍然可以从传统的院落和梳式布局形式中得到启示，优化新村建设的布局形式。对于已经形成这种格局的村落需要找到其完整保存的旧村部分如何介入新功能
异址新旧村独立并行模式	村委会异地选址统一规划	忽略了村民的经济差异和真实住房需求，空间对传统聚落有所继承，但浮于表面，显得呆板	传统社会及文化结构保存较好，村集体组织机构有效	聚落空间的改善需要进一步与村落居民进行沟通，例如如何重新安排新村内部的闲置空地和建筑。村民人数不一定与宅基地一一对应，关键是保证村民更多的选择方式，如植入新功能转租给其他农户或经济体，促进土地流转，并通过合作社的形式让村民共同获利

续表

聚落形态结构转变模式	方式	结果	对乡村文化的影响	建议
衰退式	有效组织缺失，村民搬迁	基础设施缺失，村民流失严重、村落日益破败	乡村文化难以为继，面临进一步失传的困境	应当优先考虑村落自然的环境整治与基础设施建设，在此基础上逐步推进产业恢复及传统文化保护吸引村民回流。 在技术尚不成熟的情况下，对文化价值较高的历史建筑的修缮采取谨慎态度
多核心分散扩张式	居民在传统周围寻找空地建房	街坊内新旧元素并存。出于农民自己意愿，新建筑功能基本能够满足村民需求，但聚落整体变得松散无序，原有水系、耕地和乡村景观被破坏，建筑风格参差不齐	因缺乏外力干涉，传统社会及文化结构保存较好，对乡土文化和传统有所继承和发扬	对聚落整体空间进行梳理，尽量保持原有空间肌理，建筑也许因破败而不得不拆掉，但要保留古树、街巷和场地等记忆景观；聚落空间环境提升的项目应当采用"小聚集、大分散"的方式，在重点街巷内部植入新建筑、新空间和新功能，改善保留部分的物质性条件，以点带面促进整体发展

第三节

聚落尺度下的量化模拟分析

乡村聚落的空间发展与环境提升，关键在于如何解决生产生活的需求与建筑形式语言之间的矛盾，乡村聚落空间，既需要为村民提供遮风避雨的居住空间，也需要提供舒适的外部活动空间。因此，研究首先应当定性定量地分析传统聚落空间的空间特质，然后理解聚落空间当代演进变迁的内在机制。

一、量化分析工具介绍

本书内容研究中所运用的HTB2及VirVil均为卡迪夫大学自主研发的早期能量模拟工具软件，可以对建筑单体以及传统聚落进行环境模拟。二者在英国均经过实际项目的检验，具有较高的精度和准确性。其中，VirVil是HTB2用于规划尺度的模拟外延开发，它通过连接建筑师熟悉的建模软件SketchUp与HTB2可以进行社区和规划层面的多建筑动态热环境模拟，降低了操作难度，逻辑关系清晰。HTB2对于规划尺度建筑模型的能耗模拟，是其他软件所无法完成的，另外，HTB2与SketchUp对接的插件VirVil Plugin为建筑师与规划师提供了诸多便利，这个插件能将集成建筑材料的隐含能耗及碳排放进行模

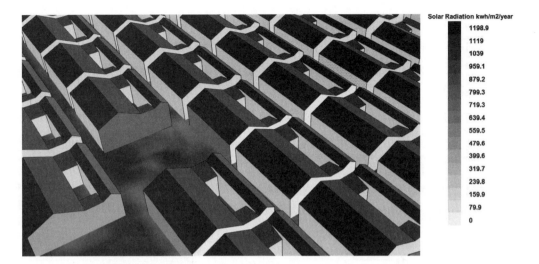

图4-3-1 可视化的太阳总辐射量结果

拟计算，对聚落整体性能有着更全面的评价[1]。HTB2模拟的优势在于：

（1）能够对规划尺度的建筑模型进行能耗模拟，因此适宜测试聚落整体热环境。

（2）虽然建模相对复杂，但在确保模型质量的前提下，可以获得较为准确的模拟结果。另外，可对复杂建筑形体进行合理简化，可极大地提高模拟速度。因为选取的传统聚落及其民居具有高度程式化的特征，可进一步提高模拟的效率。

（3）与SketchUp对接，用户界面友好，为建筑师及规划师对于能耗方面的模拟提供了便利，并且可以利用SketchUp中现成的模型和地形。

（4）综合考虑周边环境所带来的遮阳影响，因而特别适合规划或乡村聚落尺度全年太阳总辐射量的综合模拟，并可以将模拟结果可视化[2]，建筑外围护结构太阳辐射得热较多，建筑内侧太阳辐射得热量较少，其他太阳辐射得热居中（图4-3-1）。

（5）对模拟对象的建筑材料，可以自定义参数设置；以表格形式输出能量需求与室内热环境模拟结果，兼顾建筑节能与室内热舒适性，展示定量计算与定性分析。其应用扩展VirVil Plugin可提供包含设备系统用能、能源供给、可再生能源利用与碳排放等模拟结果在内的成果报告，并且可以将数据以动态可视化的形式系统全面地展现出来，形象且生动。

（一）HTB2模型的概念和结构

HTB2是一个计算机程序，是建筑热性能的调查模型。该模型是用来在短时间内研究

---

[1] 李晓俊. 基于能耗模拟的建筑节能整合设计方法研究［D］. 天津：天津大学，2013.

[2] Smith A, Alexander D, Fragaki A, et al. VIRVIL, A 3D Virtual Village to Assess the Impact of Low and Zero Carbon Technologies in the Built Environment[C]// Visualisation, 2008 International Conference. IEEE Xplore, 2008: 23-28.

建筑物的详细工作原理。这些研究包括热传导和建筑得热的许多方面，如外立面传导、通风、日晒、加热和附带的系统（图4-3-2）。HTB2主要是作为一个调查研究和预测的工具，而不仅仅是简单的设计模型。HTB2的主要用户是科学家或程序员，也可能是研究型的建筑师或设计团队。HTB2以一种模块化的格式编写，在这个格式中，尽可能地将每个子系统隔离并在特定的子例程中本地化。这意味着可以快速识别处理任何特定方面的代码的部分。此外，编程已经尽可能地明确，以便能够更容易地理解模型的内部操作。具有显式编码的模块化结构的组合应该允许用户以最少的难度更改和扩展模型的功能。

HTB2过程表示是通过时间划分来完成的（图4-3-3），具体采用的方法是将时间分为离散时间间隔，并假设在一个时间间隔中，每个热传输机制保持不变，并且独立于其

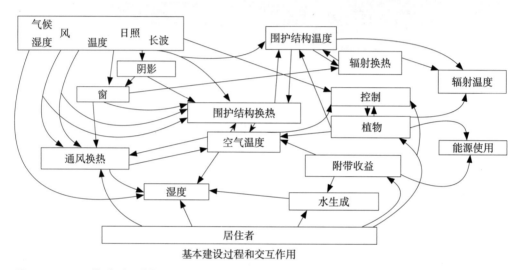

图4-3-2　HTB2模型概念和结构
（来源：D. K. Alexander, HTB2 User manual 2.0c, Cardiff: Welsh School of Architecture, Cardiff University, UK, 1997）

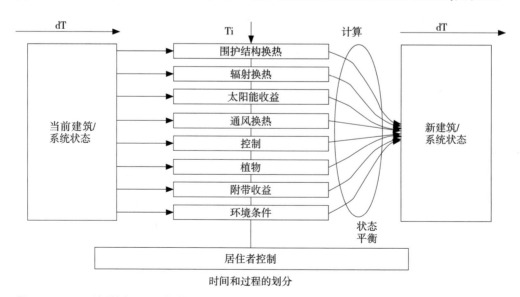

图4-3-3　HTB2过程的表示——时间的划分
（来源：D. K. Alexander, HTB2 User manual 2.0c, Cardiff: Welsh School of Architecture, Cardiff University, UK, 1997）

他传输机制,通过这种方式表现构成建筑物热性能的复杂交互集。在每一步的最后,根据这些热传输的累计效应计算出一组新的条件。此外,对边界条件、设备状态等进行了更改。这些新值将在下一次间隔期间保持不变,并且在模拟运行期间重复循环。

(二)运用VirVil与HTB2进行能耗模拟的主要内容

首先,VirVil能够预测建筑物外围护结构任意一个面的太阳辐射情况。具体是通过太阳直接辐射和漫反射来计算太阳辐射落在建筑物外表面上的情况,计算时考虑表面的方位和倾斜度,因此可以测试出平屋顶与坡屋顶日照强度的区别。如果表面是透明的,则会将太阳辐射的传输至模型化的建筑物内部表面,这就意味着软件可以测试出窗墙比对于建筑能耗的影响。对于建筑外围护结构的一个面环绕测试的情况,软件是使用遮阳罩进行表示,软件将外表面上方的天空变成10度×10度的324块区域,在遮阳罩分析图中,黑色块意味着这一小块天空被障碍物遮盖,直接辐射不会通过这一小块区域;白色块则意味着可以看见天空,需要计算直接辐射对于这个面的影响(图4-3-4)。

其次,HTB2可以计算供暖和制冷能源需求。VirVil SketchUp扩展使每个建筑物(Building)成为一个区域(Zone),而HTB2计算模型中每个区域(Zone)的加热和制冷需求。计算中考虑内部隔墙、通风、太阳能和外立面的收益。计算供暖或制冷系统的能耗,是通过将空间调节到简单的设定点的方式,比方说将空间加热到21摄氏度。该计算的结果可用于预测一个建筑物年度供暖或制冷所需的能量。

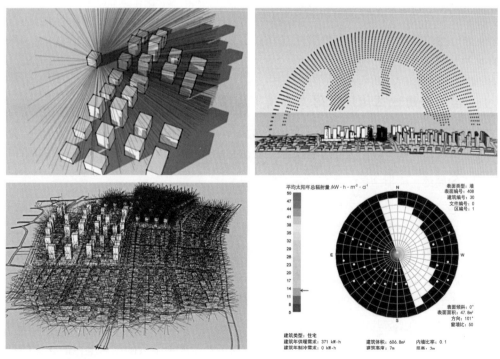

图4-3-4 遮阳罩原理
(来源:卡迪夫大学威尔士建筑学院软件开发团队)

通过以上介绍，可以得知，该能耗模拟软件可以测试建筑物形状和形式对其能量性能的影响，地形对于建筑物的影响，周围建筑物对于测试建筑物的影响以及遮阳装置对于测试建筑物的影响。

（三）粤西地区传统聚落生态模拟关注要点

首先，关注湿热及湿冷两个时间区段的室内热环境状况。粤西地区是典型的亚热带及热带湿热气候区，全年云层覆盖显著，受其影响，太阳直射并不显著，只在年末云层减少时有较大幅度增长。而太阳漫反射则在整个夏季都强度较高，这在云层覆盖的共同作用下，形成了潮湿气候。粤西地区5~9月湿热，而1~2月湿冷，因此在模拟分析中重点考察了这两个区段内的岭南乡村传统建筑的室内热环境情况。

其次，关注岭南地区聚落对于控制太阳辐射得热及营造舒适通风环境的策略。从现代建筑节能设计的角度来说，粤西地区的气候特点意味着当地建筑的设计及营造需要注意三点问题：第一，建筑设计应控制在东、南、西三面的开窗，以减少太阳直射得热和在10~12月间可能产生的眩光；第二，粤西地区在3~9月间眩光产生的可能性较小，但由于太阳漫反射在此时一直处于较高水平，因此应通过对建筑周围的地面材料、建筑外围护结构的材料和色泽以及遮阳隔热等几个关键因素进行选择和设计，来控制太阳漫反射得热、提高室内舒适度；第三，粤西地区空气相对湿度全年较高，仅在秋季湿度会短暂降到舒适范围，因此建筑设计仍然需要通过较为复杂的通风策略来达到室内舒适要求。从模拟结果来看，岭南乡村传统聚落对于上述方面有着深刻的理解，在没有空调、供暖设施以及维护结构保温材料的情况下，聚落普遍体现出在聚落选址、格局布置、单体设计等设计层面中对本地气候特征及自然环境的良好把握与利用，并且对聚落微气候环境的营造有着进一步理解。

（四）粤西地区传统聚落生态模拟局限性

实践证明，与常规方法相比，基于HTB2能耗模拟的分析方法有着显著的优势，尤其是在规划的尺度。然而在实际操作中，受到来自数据来源、技术工具及工作流程等方面因素的制约，模拟结果仍然存在一定局限性。

首先，气象资料来源多样、基础数据缺失、透明度差。基础数据库的缺失与不透明性是研究面临的最大问题。能耗模拟的开展依托于大量信息与数据分析，因此需要庞大的信息库作为基础，然而我国成立气象专业数据采集的时间较晚，且覆盖面较窄，测量间隔时间长，数据库并不完善。另外，在调研过程中，发现各县市数据统计程度也参差不齐，不利于整合数据和不同地区间典型聚落样本之间的分析比较。研究的样本案例中除广州外的其他地区都没有可供动态传热学软件模拟所需要的逐时气象参数，因此雷州地区的样本案例采用CSWD（中国标准气象数据）数据库中临近的茂名电白的气象信息作为背景资料，云浮和广州地区的样本案例均采用IWEC（国际能源计算气象数据）数据库中广州的气象信息作为背景资料。在这种情况下，虽然模拟软件提供了数据库的自定义功能，但基础气象数据的匮乏影响了本书中研究分析的准确性与科学性。

其次，模拟软件对传统建筑形式的识别能力有限。软件是针对英国本地建筑形式开发的，在模拟我国乡土建筑时，对粤西地区普遍存在的内庭建筑形式无法进行识别模拟，而由三间两廊围合成的内庭院落，在夜间是以半室内半室外空间的形式对全室内空间造成传热学影响。因此，岭南乡村民居借助内庭院落调整不同时段通风模式的被动式设计智慧，无法在模拟结果中得以全面阐释。

再次，模拟结果对岭南地区微气候环境的表达有限。模拟软件对当地气候条件的识别通过气象资料的录入得以实现，而气象站往往不在乡村聚落的实地范围，所以气象资料与样本所在环境的真实气象情况存在了误差。同时，本书存在着传统聚落的"冷巷效应""空调效应"只能被模拟结果可视化，能较准确地把握建筑格局、形式造成的影响，但无法很好地反映建筑外环境对室内热舒适状况造成的影响，这有待于结合乡村聚落更多的室内外环境实测性研究予以对比分析。

最后，模型需进行合理简化以提高模拟速度。与其他的能耗模拟软件相比，HTB2确实可以获得较为准确的模拟结果，但对于模型的完美性要求过高并且对于聚落尺度模型的计算时间过长，需要对复杂建筑形体与空间模型进行合理简化并提高模拟速度，因此在修改模型及运算方面花费了大量的时间，这势必造成了模拟结果不够精准。

总体而言，尽管软件有以上局限性，研究仍然通过定性和定量相结合的方式，通过不同尺度的模拟及对比研究得出一些具有指导意义的结论。

二、聚落组成模式的气候适应性

观察聚落健康与舒适，需要了解聚落的哪些具体做法在回应温度、湿度、辐射（包括光）、气流以及降水、需要对这些因素实施有效的控制，考虑这些因素并建立起某种平衡，才能够让使用者觉得舒适。粤西传统乡村聚落空间或多或少的采用了源自广府文化核心区的梳式布局，这是粤西地区传统乡村聚落一个非常显著的均质化特征。

粤西广泛被采用的梳式布局是一种聚落尺度的整体气候适应性策略，可以营造出比当地自然条件更适宜人类舒适要求的微气候环境。本节以广府文化核心区的广州雅乐黄公祠建筑群为例分析梳式布局如何通过巷道和庭院有效的组织通风，而下一节分析的几个案例聚落，也均可通过梳式布局在不同季节、不同时段均利用季候风达到降温或保温的目的，并且会随着当地山川湖泊条件及地势地貌调整空间格局。

广州雅乐黄公祠建筑群坐北朝南、背山面水，整体朝向为北偏东15度左右，是清代岭南传统建筑，原本为村落中的雅乐黄公祠、应麟黄公祠及六组三间两廊形式的民居，是典型的广府特色建筑。广州冬季盛行风集中在北偏西20度至北偏东40度的范围之间，并以东北风为主，且温度普遍偏低，湿度并不太大。夏季盛行风为凉爽潮湿的东北风及炎热潮湿的东南风，东风也较频繁，但频率较前两者来说为少。

该组团的场地布置明显遵从背山面水与坐北朝南的传统择居准则，在场地北部是小丘陵和森林，南面和西面被湖环绕，并在此基础之上将整体布局向东北部偏移了15度。梳式布局形成的空间形态有着清晰明确的风道，可将风依据人的舒适性要求及场地自然条件引入建筑环境：夏季时，主导季候风从西南向经湖面预冷后几无障碍地进入横向巷道，辅以山墙对巷道的巧妙遮阳，不仅形成了宜人的冷巷步行空间，还通过山墙的开窗、趟龙门等措施将自然凉风引入建筑与中庭，使整个聚落成为浑然一体的自然空调系统；冬季时，主导季候风从北面被山体减弱并预热，且纵向巷道与主导季候风呈锐角夹角，从而使得季候风在进入巷道后被进一步减弱，而经过巷道预热后在山墙窗与入户大门紧闭的状况下，不仅只有极少量季候风会进入室内，还最大限度地利用了场地热惰性材质的热能。因此，岭南地区著名的"冷巷"在模拟结果的分析中，在冬季也起到"暖巷"的作用[①]（图4-3-5），正如同风水学所讲究的"曲则有情，不宜直来直往"，使用巷道方向与主风向形成夹角预冷或预热气流的这种巧妙的方式，传统聚落巧妙地处理了山体、人居和水源的关系，创造了宜人的微气候。这也是为什么炎炎夏季漫步此类聚落的巷道，所到之处微风习习，而湿冷季节也可避开主风向，由背风巷道悠然前行。这种微气候营造的智慧，正是失传于现代聚落，却又最应重新树立的化于无形的人居智慧。

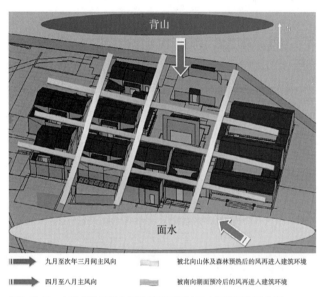

图4-3-5 广州市雅乐黄公祠建筑组团场地及空间格局布置分析

广府传统梳式布局形成其村落微气候作用机制的要素为冷巷和院落[②]。粤西地区的传统村落基本上延续了梳式布局的形式，在细节上有所变化。冷巷在本书涉及的案例村落中均有出现，其主要通过两种方式营造，一种通过建筑之间的排列组合围合出一条较窄的通道；另一种则是在多进民居空间的一侧或者两侧侧院留出一条半室外的廊道。朝向和布局的变化对村落内部热环境分布和变化情况有一定的影响，但就村落整体热环境

---

① 梁林，张可男，陆琦，廖志. 建筑性能模拟在岭南传统民居更新改造项目中的实践——案例分析之既有场地内的新建筑[A]//中国民族建筑研究会. 中国民族建筑研究会第十七届学术年会论文特辑[C]. 中国民族建筑研究会，2014：13.

② 惠星宇. 广府地区传统村落冷巷院落空间系统气候适应性研究[D]. 广州：华南理工大学，2016.

角度而言，梳式布局在不同朝向和布局下均可使得村落内部获得稳定的舒适热环境。即便在以散点式布局的西坝村，建筑单体内部也通过布置冷巷、敞厅、天井等活动空间来获得较好的热舒适环境（图4-3-6）。

图4-3-6 光二大屋冷巷、天井及敞厅

另外，在雷州地区，梳式布局也有利于防止沿海频发的台风灾害，联排群体所形成的整体机构和并联系统具有类似蜂巢网格的兼顾效果。当台风到来时，并联结构系统的共同支撑作用远比单栋建筑稳定，可以将台风造成的损失和破坏降到最低。

借助地势的传统聚落往往为明渠、水流、池塘所贯穿，这是天然的室外舒适性空调系统。因为水是一种热惰性材质，能在炎热夏季通过导热及对流传热吸收空气中大量热量，从而降低整个聚落微气候的室外温度。而在冬季，这些水源也能储存大量热量，使得聚落的局部微气候温度略高于旷野。此外，环村绿化也能对村落整体起到遮阴和调解微气候的作用，这与现代聚落营造关起门解决各自室内问题的思路完全不同。

三、聚落整体形态比较

岭南传统聚落的宜居性更多来自聚落尺度的整体气候适应性策略，营造出比当地自然条件更适宜人类舒适要求的微气候环境。从对案例聚落的模拟来看，被模拟的几个聚落均可通过梳式布局在不同季节、不同时段利用季候风达到降温或保温的目的，并且会随着当地山川湖泊条件及地势地貌调整空间格局。

（一）云浮市新兴县六祖镇外布前村

外布前村坐南向北，山水环境优美，村落整体格局比较完整。通过对太阳辐射分布模拟可以看出（图4-3-7），新旧村巷道两侧的外立面区别明显，老建筑群的外墙冷巷效应明显，这种成组成群的布局营造了优良的微环境效应，凸显了传统建筑布局的智慧。现状中，新建筑部分以多层平顶为主，分布在村落北侧。新建筑的部分肌理基本沿袭了村落的整体格局，但因在高度与形式方面的无序，导致新建筑部分的微气候较老建筑部分差。由太阳辐射分布模拟可以看出，新建筑部分的冷巷效应有相当程度的削弱，说明新建筑的立面太阳辐射得热较多，这种情况不仅导致室外步行空间舒适度下降，也会导致夏季炎热时段的室内温度显著上升，从而催生对空调的需求。新建筑布局在村落北侧，虽然在一定程度上阻挡了冬季寒冷的北风侵袭村落，但同时也影响了整个村落的通风和气流组织。

图4-3-7 外布前村全年太阳辐射分布模拟

（二）云浮市新兴县簕竹镇石头冲村

石头冲村的建筑类型较多，住宅类建筑只占全村建筑的40%左右，分布较为集中；饲养业建筑所占比重较大，约为57%，分布在居住建筑外围，还有3%的公共建筑（图4-3-8）。石头冲村的新建建筑比例较高，老建筑遗存较少，新建建筑多为多层砖混或钢筋混凝土框架结构，平顶为主。石头冲村的村落选址背依山冈，面向东南，符合自然气候条件的优选布局。但就目前现状来看，老村格局破坏较为严重，新建多层居住建筑多集中在东南向村落外围。从模拟的太阳辐射分布图（图4-3-9）可以看出，道路的拓宽破坏了老村格局，同时也破坏了村落的微环境气候，冷巷效应骤减；东南向新建筑的高度与其他案例村落相比较为整齐，多为两三层的建筑，但建筑形态松散，且与老建筑高度差异较大，因此仍然阻挡了整个村落的自然通风，进一步恶化了原有村落营造的自然微环境。从另一方面讲，村落总的太阳辐射量还是十分丰富的，可以考虑将此优势加以科学利用，尤其是饲养业建筑有大面积的屋顶，且遮挡较少，太阳能发电利用前景较大。

图4-3-8 建筑功能分布图

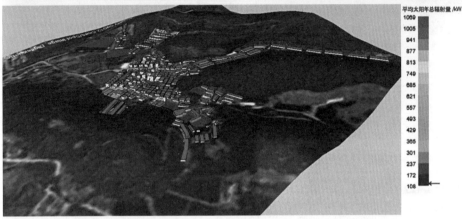

图4-3-9　石头冲村全年太阳辐射分布模拟

（三）云浮市郁南县连滩镇西坝村

郁南县连滩镇西坝村是由几个相邻较近的自然村不断向外扩张形成的规模较大的多核心村庄，几个自然村分别是兰寨村、长乐村和石桥头村，其中兰寨村人口为1148人，长乐村人口为981人，石桥头村人口为4083人，因此兰寨村与长乐村的人口规模相当，农村居民点规模也相当，人均住宅面积均为69平方米。因此，本章仅对兰寨村与长乐村进行了模拟测试。兰寨村与长乐村新建建筑比例均比较高，分别为78%和71%。老建筑沿着原有的水系呈"之"字形带状分布，新建建筑依照旧村肌理呈现出发展趋势，在远离旧村的位置，新建建筑沿着道路发展，道路的规划与村落原有肌理不同，因此整个聚落空间，新村与旧村之间产生了差异化的空间形态，村庄内部也出现了一些空地，新村的发展呈现出明显的人文经济要素作用的痕迹。新建建筑多为多层砖混或钢筋混凝土框架结构，平顶为主，宅基地面积多在100~200平方米的房子之间，与旧建筑呈现扇形石头冲村的新建建筑比例较高，老建筑遗存较少，新建建筑多为多层砖混或钢筋混凝土框架结构，平顶为主，这与当地传统建筑的两层多进院落组合的方式迥然不同。

从太阳辐射分布图可以看出，老建筑很好地利用和结合了空间布局，利用房间之间的排列和间距，直接或间接遮挡阳光，达到了减少热辐射的目的，营造了良好的微气候环境。同时，在这个案例里，两个自然村旧建筑朝向不同，但在太阳辐射分布方面，并

图4-3-10 兰寨村全年太阳辐射分布模拟

图4-3-11 长乐村全年太阳辐射分布模拟

未表现出太大的差异性。而新建建筑表现出沿着道路建设发展的倾向性，较少考虑村落既有布局地形条件及气候环境因素，因此新建建筑在高度和形态上显得参差不齐，新建筑获得的太阳辐射较多。村落原有的水系格局随着新村的发展而变得不够完整，正在逐渐消失，成为零星散布在农宅之间的死水潭（图4-3-10、图4-3-11）。

（四）雷州市潮溪村

潮溪村与东林村类似，旧村巷道形态较为松散，院落空间也比较宽敞，但潮溪村在建筑朝向上选择了东南向，与东林村相比，可以充分利用夏季的主导风向，并且保证夏季正午之后正屋的阴凉，有效防止西晒。从整体布局来说，潮溪村东侧更加密集的平面组合所形成的规模效应更加明显，建筑形体提供了更多对阳光的遮挡，而西侧的建筑群

图4-3-12　潮溪村全年太阳辐射分布模拟

松散，说明密集整齐的平面布局遮阳降温的效果优于松散的组合方式。潮溪村新村部分延续了旧村的松散肌理，建筑高度也与旧村部分较为一致。因此，新建筑与旧建筑在太阳辐射分布方面的情况，并未表现出太大的差异性（图4-3-12）。

（五）雷州市东林村

东林村周围一马平川，无地形遮挡，旧村整体格局完整，内部出现少量空间断裂，村落外围边界也非常完整，有树林及水系环绕，有利于改善地形和朝向的不足。从太阳辐射分布模拟可以看出，旧村巷道形态较为松散、院落空间也比其他地域的案例村落更加宽敞。对比前面所述的几个案例，可以体现出雷州地区对于岭南的传统梳式布局，更多的是一种文化角度的影响和传承，体现了早期梳式布局的特征，与晚期广府地区受宗族结构影响聚落形态趋于规整的状态非常不同（图4-3-13）。

图4-3-13　东林旧村全年太阳辐射分布模拟

图4-3-14 东林新村全年太阳辐射分布模拟

新村则经过类似宗族结构的村委会合理规划,以更加紧凑整齐的空间形式、组团规模发展,多为一层天井或合院式建筑。旧村朝向南偏西20度,新村朝向南偏西10度,因此旧村比新村承受了更多的下午阳光的强辐射。与前面列举的案例村落不同,旧村在气候适应性方面并未比新村表现出更多的优越性,甚至新村天井由于尺度的缩小而呈现出更多较深的蓝色,表明遮阳效果较好(图4-3-14),体现了村落内部根据社会构成与自然环境的变化做出调整的过程。

四、新旧组团形态对比

本节接下来将分析这几个村落的新旧村空间对于当地气候环境适应的情况,进行不同类型村落的制冷能源需求测试分析比较。由于石头冲村发展农业产业化经济,村落外围工业建筑较多,而工业建筑无论从建筑体量、外观造型与能耗需求方面均与通常构成村落主体的居住建筑有较大差异,因此在对比中石头冲村的工业建筑未纳入统计。雷州半岛地区纬度偏低,属于热带气候;而新兴及郁南纬度偏高,属于亚热带气候。地处雷州半岛的潮溪村与东林村与其他案例村落相比,建筑物若要调节到适宜的温度,每平方米需要更多的能量用于制冷,尽管如此,通过几个案例村落的对比,依然可以得出一些有意义的结论。(表4-3-1)

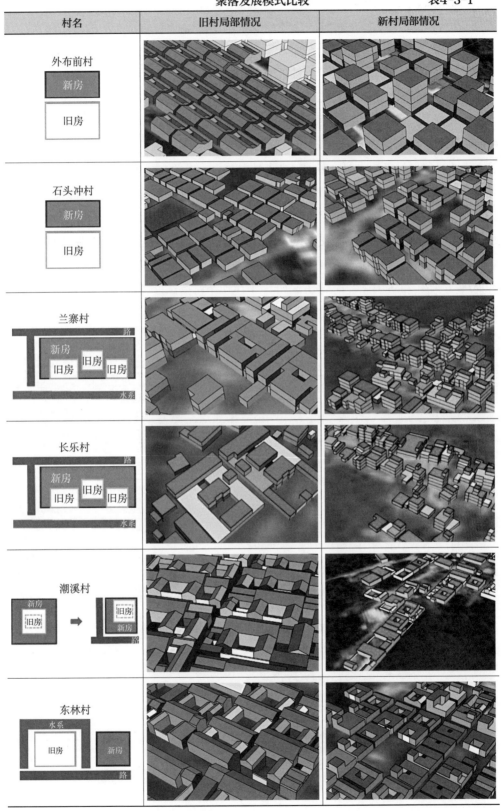

纬度相近的外布前村、石头冲村、兰寨村与长乐村，平均年制冷需求相近（表4-3-2、图4-3-15），介于55～65千瓦时/平方米/年之间。其中，旧村组团布局最为严谨紧凑、南侧山体可对建筑形成遮挡的外布前村平均年制冷需求仅为55.98千瓦时/平方米/年，而同处于新兴县山地的石头冲村，旧村肌理相对松散，其横向巷道比较宽，同时聚落所在区位坡度较陡，对比外布前村，外围护结构，尤其面向横向巷道的建筑南侧立面得热较多，为浅绿色，太阳年总辐射量约为400～500千瓦时/平方米/年，而外布前村建筑南侧立面太阳年总辐射量为60～70千瓦时/平方米/年。道路拓宽的局部破坏了旧村肌理，因此，石头冲村旧村平均年制冷需求稍高于外布前村，为60.50千瓦时/平方米/年。兰寨村与长乐村位于河谷平原处，远处群山环抱，近处地势平坦，周边地形对建筑的遮挡有限，旧村主要依靠建筑内部的多进院落来组织通风及遮阳，一些大型民居的内部空间，也具有类似于梳式布局的内部交通组织。因此，建筑的朝向及建筑之间的紧凑程度变得相对不那么重要，两个村落的旧村部分表现依然良好，平均年制冷需求分别为63.74千瓦时/平方米/年和65.71千瓦时/平方米/年。上述四个村落纬度相近，虽然各村的传统建筑表现出了各自地域化特征，但均表现出了对当地气候环境的适应性。

新旧村平均年制冷需求　　　　　　　　表4-3-2

村名	旧村			新村		
	建筑数量	建筑面积（平方米）	平均年制冷需求（千瓦时/平方米/年）	建筑数量	建筑面积（平方米）	平均年制冷需求（千瓦时/平方米/年）
外布前村	65	7171.46	−55.98	151	27879.43	−75.71
石头冲村（不含工业建筑）	114	11910.09	−60.50	55	14463.77	−83.21
兰寨村	43	18523.06	−63.74	417	68584.70	−81.61
长乐村	64	21267.08	−65.71	295	52189.57	−81.07
潮溪村	64	18696.23	−82.03	155	22341.50	−85.14
东林村	118	13750.69	−100.41	108	14284.70	−90.53

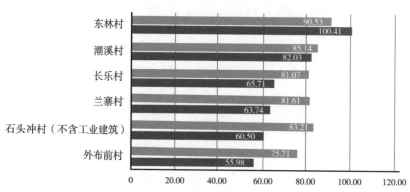

图4-3-15　平均制冷能耗新旧村对比

这几个村落的新村部分，则更多地体现出了与原有传统建筑异质化的空间特征，建筑形式以多层平顶式为主，参差不齐。在没有天井空间的情况下，为了赢得采光，并考虑小汽车等现代化交通工具的进出，新建建筑之间的间距扩大，新村肌理因此变得松散，建筑外立面吸收的太阳辐射较多，因此这几个案例村落新村建筑的每平方米平均年制冷需求均比旧村高出30%左右，介于75～85千瓦时/平方米/年之间。

　　雷州的两个案例村落情况又有所不同，由于雷州半岛地区远离珠江三角洲城市群核心区，出于交通和地理条件的制约，以及区域内分布广泛的资源，整个区域自成体系。近年来，外来文化经济因素对于村落格局的影响较小，这两个村落新村部分更多地继承了旧村的肌理，建筑也以单层为主，多数新建建筑依然保留了天井空间。因此这两个案例村落新旧村平均年制冷需求差别不大，而且在组团规模、尺度及街道宽度相近的情况下，东林新村的表现比旧村还更具有优势，究其原因，是旧村建筑组团承受更多西晒影响的缘故。

　　进一步对这两个聚落内部空间平均年制冷需求分布情况进行了分析（图4-3-16、图4-3-17）。潮溪村制冷能耗需求较低的建筑分布在古村中心巷以东的两路传统建筑。此外，新村延续旧村肌理的部分也表现较好。潮溪村特殊的碉楼建筑更多的是考虑防御功能，因此此类建筑整体表现普遍不如居住建筑。聚落空间内部空间断裂的位置，其周边建筑需求的制冷能耗量有所提升。村民加建的厨房、卫生间等附属建筑所需的制冷能耗极高。

　　东林村地处平原，周围无地形遮挡，村落整体朝向向西，东林村新旧村的制冷能耗

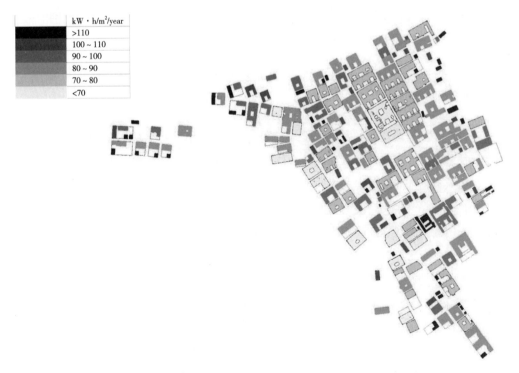

图4-3-16　潮溪村平均年制冷需求分布情况

图4-3-17 东林村平均年制冷需求分布情况

需求都高于潮溪村。与潮溪村类似,聚落组团中空地周边建筑所需能耗较高,说明空间肌理断裂对聚落整体的不利影响。另外,茅草土屋的制冷能耗需求极高,与现实中的体验相吻合,茅草土屋采光与通风效果都不好,空间舒适度较差,经模拟测试分析,茅草房较陡的坡屋顶形式,也不太适宜东林村气候环境与地形特点,只能作为农民在预算有限情况下的过渡住房。另外,在建筑材料与形式类似的前提下,若建筑高度远比相邻建筑高,其制冷能耗需求迅速提升。

五、量化模拟分析总结

通过对不同发展模式和发展阶段的村落分析,解释了为何粤西地区传统聚落及城中村建筑往往是整齐密集的布局方式。这种方式不仅承载着来自乡村聚落空间形式的集体记忆,也具有适应气候环境的思考(表4-3-3)。

从整体布局来说,密集的平面组合形成并联系整体空间,可以使整个聚落的下垫面避免阳光的直接暴晒,产生规模效应,聚落平面空间几乎被屋顶填满,除了狭隘的街道和星星点点的小天井外,在各个方向上的屋顶都做了对阳光的遮挡,这样使建筑的外墙都淹没在屋顶的庇护之下,即使在炎热的夏季仍然可以保持较低的温度,形成壁面的凉辐射,结合通风系统,给人以清凉的感受,遮阳降温的效果优于松散的组合方式。

建筑单体采用外封闭、内开敞的形式,使得民居具有较少的外墙面积,热辐射影响较小,有利于保持室内相对稳定的小气候。外墙很少开窗或不开窗,即便开窗,窗户也设得很小、很高,虽然室内的采光较差,但隔热效果比较好。

量化模拟分析总结聚落整体气候适应情况与聚落空间形态之间的关系　　表4-3-3

村名	建村年代	旧村形态	旧村聚落组成模式的气候适应性情况	新村形态	新村聚落组成模式的气候适应性情况
石头冲村	明中叶	规整的梳式布局	好	平面肌理顺延旧村，建筑高度与形式无序，道路拓宽	破坏了村落整体气候适应性，新村部分没有旧村好
外布前村	约为清末	非常规整，完美的梳式布局	非常好	平面肌理顺延旧村，高度与形式无序	破坏了村落整体气候适应性，新村部分没有旧村好
西坝村（包含兰寨村与长乐村）	明万历年间在瑶寨旧址上建设	聚落形态较为自由，以家族为单位建设的建筑单体为密集式布局	较好	建筑之间的间距扩大，高度与形式无序，新村肌理松散	失去密集的平面组合形成的优势，能耗增加
东林村	南宋	较松散的梳式布局	需通过周边水系及绿化降温	更加规整，朝向更优，建筑高度与古村类似，许多建筑保留了庭院或天井	气候适应性较好
潮溪村	明末	较松散的梳式布局，村落东侧由严密家族组织营建的豪宅较为规整，西侧空间肌理由于人口流失和家族组织始终比较松散而显得杂乱	东侧紧凑严密的豪宅气候适应性最佳	平面肌理、建筑高度基本顺延旧村	整体与旧村类似

　　街巷空间尺度的变化对村落内部热环境分布和变化状况的影响较为明显。巷道高宽比越大，民居排列越紧密，高度越一致，村落内部热舒适环境越好，热环境更稳定，而并非人们印象中的狭窄、拥挤、杂乱和潮湿。

　　聚落中出现的肌理断裂，包括空地和高矮不一的建筑高度，会对周边建筑的能耗需求产生不利影响，在未来的改造过程中，不一定要加建建筑或将这些空地用硬质铺地材料铺满，以种植绿化改善的方式是一种比较好的选择。

　　从传统聚落历史发展脉络来看，作为使用主体的村民，其个体诉求与价值观深深影响了乡村聚落空间形态。明清时期，宗族组织的民众化是粤西地区社会的突出特征，为了能在农田水利建设中合作共赢、在中央集权难以深入的边缘地区聚族自保、在地方利益争夺中获得先机，宗族作为一种自治共同体的作用和地位不断强化，在强大的宗族经济实力和族权的支持下，聚落形态趋于规整，规整的聚落形态表现为严谨的梳式布局或密集式布局，整体遮阳降温效果非常好，这种宗族结构对聚落空间形成的突出影响作为一个结果体现在石头冲村、外布前村、西坝村的聚落形态及其气候适应性的模拟上。而潮溪村的聚落空间形态则反映了宗族结构形成过程中随着时间的变化逐步影响村落格局的过程。对于建设年代较早的东林村，明清时期宗族作用和影响体现在后期水系和村落周围绿化的完善上，在强大宗族经济实力和族权支持下完成的质量上乘的公共环境建设。测试结果显示出建造者随着历史进程的演进自主自发不断寻求更适宜环境做法的情况。这种居民具有高度的参与权,通过自治共同体自主改善人居环境的做法在村委会主导处理村落事务的时代得以延续,体现在东林村水系及绿化在当代的维护,以及新村的规划和建设在资源有限、人地矛盾严重的情况下,尽管新村建设仍有许多需要完善之处,仍然以较低廉的成本取得了较好的气候适应性。但大多数村落旧有自治共同体逐渐瓦解,这是村落空间逐渐衰败、空心化和趋于无序的深层次原因,因此若保证乡村振兴和乡村聚落空间环境的有效提升,需要逐渐建立新的乡村共同体。

第四节

聚落空间组织形式与优化策略

一、传统自组织动态过程转向他组织规划模式

乡村聚落空间演化过程根据演化动力来源的不同可分为"自组织"和"他组织"。"自组织"的演化动力依靠的是聚落内部各相关要素之间的碰撞反应,通过内部的碰撞反应,并且与系统外部交换物质、能量和信息,从而支配系统从无序走向有序,在"自组织"演化动力的支配下,聚落空间构成和资源分配是由族群内个体之间的共识达成的,"皇权不下县"的时代,外部力量基本无能为力。自组织主导下的聚落空间形态是每个个体创造积累而成,其发展是动态变化的,这种因要素变化而产生的动态生长机制是传统乡村聚落的特征之一。

当聚落的外部要素直接作用于聚落系统的内部组织结构时,演化动力便转变为"他组织模式",在粤西地区具体表现在由政府及企业牵头的规划建设,在这样的情形下,村民个体价值往往被挤压。在粤西目前由政府或企业牵头的规划建设是一次性完成的,规划建设能大幅度提升管理效率和使秩序得到保障,但很难吸取传统村落发展的可变性、多样性和灵活性的优势,一旦村落外部条件与环境出现未知变化,规划建设的调整就成为一件耗时耗力的事情,或者在规划得以纠正前,已经对乡村既有空间环境造成无法挽回的破坏。目前的规划建设缺乏低成本、高效率的村庄规划公众参与技术平台,这是造成乡村建设与真实乡村生活之间矛盾的根本原因(表4-4-1)。

自组织与他组织的比较　　　　　　　　表4-4-1

项目	传统自组织动态过程	当代他组织规划模式
解释	依靠的是聚落内部各相关要素之间的碰撞反应，并且与系统外部交换物质、能量和信息，从而支配系统从无序走向有序。可根据环境变化做出调整与自我修复	由政府及企业牵头，专业人员设计规划的一次性完成的规划建设
特征	小型、自主、合作、过程性	专业化、程式化、规模化、标准化、批量快速建造、注重结果
优点	气候适应性好，文化内涵丰富，具有灵活、多样、可变的优势，当环境发生变化时可迅速调整；更容易被村民接受使用	较快实施建设；公平性更高
缺点	达到平衡状态耗时较长，需要不断试错积累经验；容易造成村落无序扩张；容易加剧贫富差距	公众参与度不够，对环境适应性较差，村落空间肌理单调，与真实乡村生活需求有一定的距离

由政府及企业牵头的规划模式并未对村落传统空间肌理价值给予充分的肯定，虽然承认其文化价值，但认为传统建筑在日照、交通、消防等方面存在诸多问题，并没有传承的价值，由于缺乏对传统建筑空间所隐含的价值的正确认识，往往造成物理性能良好的传统建筑被废弃。粤西地区到目前为止，新村建设仍然是村庄规划建设的主要类型，造成了目前诸多村落空间形态割裂的现象。相对应聚落既有空间环境提升的研究文献较少，因此也缺乏相对成熟的方法体系，在这种情况下，做出的乡村规划成果往往出现内容泛化，或不知所云的状况。

二、聚落空间组织逻辑：逐渐失去对传统格局的遵循

对于传统聚落的规划设计和乡村建设，首先应当发掘村落现状空间组织模式并追寻背后的演进机制，规划建设应尊重村落发展的自组织逻辑，兼顾土地承载力、人口发展趋势和村落经济发展水平的现实。通过不同类型聚落的比较，在聚落空间发展方式上，可以得出当代村落现状一些具有共性的结论：

（一）传统聚落的整体"空调效应"削弱

"梳式布局"的组织形式是岭南传统聚落的脉络，反映出传统社会组织构成，在新的时代里往往得以延续。事实证明，这种街巷组织在新的时代依然可以有效发挥空间组织功能。在梳式布局中，天井与巷道是粤西乡村聚落适应本地气候环境的两大关键因素，并通过坡屋顶以及山墙等建筑细节优化来提升梳式布局的整体品质。从生态策略来说，传统聚落通过山水、巷道、建筑中庭，形成了一套微妙而复杂的季节性通风、日夜间通风被动式系统，充分地利用或规避了季候风在不同季节、不同时段的优缺点，在没有任何辅助设施的状况下，用季候风及自然或人工的热惰性材料，营造了大尺度范围内的"空调系统"。遗憾的是，随着聚落空间形态普遍出现了扩张趋势以及空心化现象越

来越严重，传统聚落格局日渐被破坏，空间效应逐渐消失，即使村落大格局上与传统格局总体协调，但建筑单体形式与尺度与巷道的配合失去深入考虑后，导致传统聚落的整体"空调效应"也被削弱。

（二）聚落空间形态由统一丰富转向机械单调

传统民居的形式不但追求建筑单体的被动式设计，而且巷道、聚落大风水格局的整体被动式设计是有机的整体。通过简单地传统建造工艺，就地取材，形成灵活多变的院落空间、天际线丰富的巷道空间。每一栋建筑及空间都存在着差异性和可识别性，但整体形态和谐统一。传统民居在传统的审美意识影响下，在满足建筑坚固实用的前提下，通过平坡屋顶的纵横组合，形成空间层次丰富、韵律感强的、丰富的建筑空间界面。

传统聚落和建筑虽然具有简单、质朴的美感和良好的气候适应性，但其结构和材料受传统技术水平的制约而落后于时代，其空间结构和功能也仅仅能够满足小农户生产生活需要，而不能够满足当代已经改变了的生活需要。因为缺乏必要的改造手段，旧村的历史建筑往往被废弃。

在当代村落建设中，传统大家庭逐渐解体，核心家庭逐渐兴起，反映在空间上是新建民居较传统民居的房址变小，一般为100~200平方米；天井作为传统建筑的中心空间逐渐消失，导致建筑内部的采光更加不足；建筑高度及层数失去了与村落整体格局的配合；新住宅普遍采用了框架结构或砖混结构，外观造型与传统建筑精致的风格大不相同，出于防水的需要采用水泥抹面或瓷砖贴面，局部涂料做表面装饰。这些同一类型空间的单调重复，形成了建筑单体的趋同化，显得千村一面，同时由于缺乏高度与形式方面的控制，显得与周边环境不够协调。

（三）居住景观由乡村性趋向于城市化

居住景观环境方面由自然趋向于人工；在舒适度及能耗方面由通过自然调解转向依靠人工能源，能耗趋于增加。

传统乡村聚落空间环境为当地村民提供了稳定感与安全感[①]，主要体现在以下方面：第一，聚落周边环境往往是具有辽阔感与宁静感的典型农业景观；第二，聚落周边环境是由丰富水系和植被及各种生物构成的，是以植被与土地为主、柔和且使人联想到食物、既有美感也有使用功能的景观和场所；第三，根据人性化尺度营造的乡土建筑，主要利用的是本土材料，融合周边环境形成协调的村落景观；第四，拥有特殊的建筑及构筑物形成当地具有象征性的风景，比如雷州的碉楼等。

传统聚落空间环境在建筑材料、构造、空间、光线等建筑学基本问题上完美反映了

---

① 李树华. 都市农业城市化进程中乡土景观与生态文明的最后守护神[J]. 风景园林，2013（3）：149-150.

本土地理气候和文化[①]。基于这些建筑学基本问题的具体技法体现出工匠对材料、空间和气候环境的敏感性，这在现代乡村建设中普遍缺乏。因为工业化生产过分强调建设效率，所使用的现代材料又足够便宜，当代乡村建设往往忽视了本土材料和本土设计的优越之处，地域文脉不能得到有效活用，对历史、传统、地形、气候、文化多样性等考虑不充分，感受不到地区特性，生硬地照搬城市地区的建筑及景观设计手法，这些设计感受不到地域特性。同时，其风格杂糅，与周边环境割裂，不符合人性化空间尺度的设计，也缺少对自然的考虑。

（四）缺乏交往性活动场所导致村落公共空间功能及界面单一化

传统聚落的丰富性也在于不同功能在空间上的重合、叠加，例如祠堂前的禾坪除了聚集人流外，也兼具晒谷功能；田间地头的各色庙宇承担了满足人们心灵寄托的功能，再比如村落中街道转角、村口、桥头等空间还承担了临时商业交易的功能。街巷空间也是重要的交往场所。虽然粤西的村落在建村之初往往就有大致的规划，但是顺应地形、族群的不同及每个家庭人口及经济情况的变化，每栋建筑的细节都有所差别，村落巷道的界面空间在总体统一的同时也各有不同。整体来说，传统聚落空间具有大大小小的交往性活动场所（图4-4-1）。

目前的乡村建设中，各功能空间的复合程度降低，比如祠堂前的禾坪由于被换成了石板拼花铺地而失去了晒谷的功能。此外，不同的功能空间之间界限划分变得严格，例如居住空间与生产空间完全分离，新建的公共建筑往往沿道路及村落外围建设，距离较远，形态与居住建筑差距较大，而新建的广场、健身设施以及篮球场等，与乡村生活需求差距较大，场所性较弱。

新村建设往往采用了功能单一的、紧凑的居住区规划方式，宅基地布置紧凑，住宅无一例外表现出均质的特征，表现在从外表来看，村落农宅大都是体量相仿的多层平顶楼房，并表现出强烈的时代特

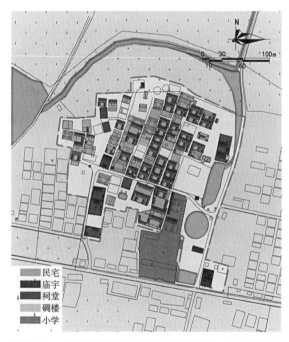

图4-4-1 东林古村具有各式交往性活动场所、不同功能空间重合叠加
（来源：《传统聚落东林村地域性空间研究及其发展策略》）

[①] 高峰. 我们需要什么样的城市？[J]. 价格与市场，2014（3）：14-17.

（a）东林村　　　　　　　　　　　　（b）石头冲村

图4-4-2　粤西各地普遍存在的住宅悬挑侵占公共空间现象

征，风格杂糅。缺乏细节或者细节粗陋的状态导致新村界面单调且丑陋，丧失了地域特征，与周围环境割裂。宅基地是统一规划的，建筑不能超过规定的红线范围，为了增加自家可用面积，各家各户向公共巷道空间做出尽可能多的悬挑，增加了露台面积。但对公共空间产生了严重影响，原本开敞的巷道空间被悬挑遮挡，进一步造成了街巷空间的压抑感，不符合人性化空间尺度，进一步造成了巷道场所性的丧失（图4-4-2）。

三、聚落空间优化策略

建筑学者C.亚历山大等人在《城市设计新理论》中指出，与简单的风格模仿相比，通过对设计和建造过程的改良再现聚落有机发展过程和重现地域建筑风格的尝试具有更加本质的意义[①]。本书接下来对这种尝试做更进一步的探讨。

（一）传统营造智慧中表现出的整体气候适应性策略应当得以继承

小型聚落或者具有聚落化倾向的群体建筑应进行更加量化和系统地考察和研究，例如聚落整体如何巧妙地实现大尺度内的建筑彼此遮阳，对于村落人居环境在形态控制及建筑技术方面具有比较直接的启示。

而对于单体建筑来说，每栋建筑都是聚落整体中的一个局部，以相对中观的聚落整体层面的视角来理解与审视，有助于使其与周围建筑之间获得更为良好的秩序关系，尽

---

① C.亚历山大. 城市设计新理论［M］. 北京：专利文献出版社，2002.

量利用低成本做法，因势利导，顺应环境，局部和整体协调一致。

乡村聚落往往存在着空间利用率不高以及空心化的问题。因此，整体建设不宜提倡大规模的新建，而应侧重于综合利用和优化聚落既有的基础资源，在避免重复建设的同时使村落整体成为具有优越微气候环境的生态聚落，走上真正的美丽宜居乡村之路。

（二）全民参与、集体实践

在自组织演化的村落中，村民们曾深入参与村庄的规划建设。在这个过程中，村民可以根据自己的偏好、经济状况和生活需求，建立自己的基本居住单元。这种方式的聚落，即便是在整体最均质的传统聚落，每个家庭在建筑材质和细节上都有所区别，形成聚落空间的可识别性，且局部与整体是互相协调的。对于独立于居住基本单元之外的公共空间，例如祠堂、村围、碉楼、人工水系等，人们采取共同建造的方式，当然这个过程中充满了合作与博弈。

在当代其他组织的规划中对于方案中呈现出来的规划和设计语言，村民一般难以理解，也几乎没有话语权。在项目实施落地的时候，规划方、设计方与村民互相不理解，未能取得村民的信任，往往导致项目无法正常落地，或落地效果不佳，致使各方均不满意。

因此，需打开全民参与、集体实践的路径，降低沟通的技术成本。可通过社区教育重构村民主体性，强调对地方历史文化和自然资源的开发利用，彰显自身的资源特色和地域特色。加强村落与外界互相交流的渠道，提供新的就业途径，创造社会效益。培养村民自己的营造人才，让当地村民参与重塑和提升乡村聚落环境是最为关键的。

另外，通过村集体或村委股份公司保护和保障村民的利益落到实处是保证村落全民参与的有效途径。

（三）旧村重在保护更新、基础设施的完善和新功能的植入

首先，要尽量保持旧村部分的聚落尺度和传统建筑形式，对历史风貌不协调的建筑和区域进行修正或者拆除，恢复部分被破坏的风道和水系，必要的重建与新建应与旧村整体考虑，并进一步提高旧村空间格局、尺度与建筑形式的配合。

其次，传统聚落往往因为交通条件较差、供水供电等基础设施尚未完善等问题导致村落空心化严重。因此，改善基本生活条件是旧村环境提升的重要目标，可结合村庄实际先重点开展村庄供水供电保障、通信设施建设、道路交通设施完善等方面的内容，进而开展生活垃圾治理、生活污水处理、公共空间整治、公共服务设施完善等方面的内容。

最后，传统聚落空间的一个重要特征在于功能混合形成的丰富性，然而这种丰富性是基于传统的小农经济方式，当代生活方式转变，村落构成也逐渐由单一的农业转换为多种产业融合，因此旧村部分空置的房屋外观不必改变，同时内部不必拘泥于单纯的居住功能，可以通过适当植入文创、商业、民宿、会议、小型图书馆等新功能，重新激活

聚落空间的丰富性与邻里交往。但同时也应注意，要谨慎整村以旅游开发为主业，这样会陷入聚落空间功能单一的另外一个陷阱。

（四）新村重在重要节点环境改善、街巷界面控制、建筑风貌控制和公共空间营造

第一，应当通过节点空间环境重点开展村庄风貌整治，以点带面促进整个新村的环境提升。

第二，在街巷界面控制方面，对已侵占巷道空间的建筑应予以改造，减小建筑单体对巷道界面的压迫感；未建建筑在对应建筑单体在占地、占地范围方面做出指引和控制，确保巷道空间通风采光。

第三，建筑风貌的控制与建筑体量及立面设计有关，建筑层数需控制在三层以下，要重视与旧村的协调，强调新建筑中传统风格和营建技术的应用和发展。已经建成的建筑可在立面上进行改造，在贴面材料上和建筑装饰上寻找与旧村建筑风格的联系；此外，为了赢得更多的阳光和满足更多的居住面积需求，加建部分不应全部占满宅基地面积，应确保建筑南侧足够开敞，可以利用建筑的东侧或西侧加建住房。

第四，新村公共空间的营造可考虑利用荒废的宅基地，清理积水和杂草，种植树木并加建休憩、游戏设施，增加邻里交往的可能性，被占用的宅基地可另寻土地进行补偿。

第五节

聚落空间环境提升模式

一、聚落改建模式

聚落改建模式是指在不对村落既有空间格局进行大面积调整的前提下，只整治局部关键要素，利用土地潜在力量改善村落空间环境的优化模式，充分发挥土地利用优势[①]。

改建模式可以使聚落用地分布趋于合理。拆除价值较低的建筑，激活和重复利用闲置空地可增加村落公共空间和绿地，完善配套设施。这些空间分散布置在农村居民点内部意味着改造后的公共配套设施以宅前屋后的小型交流空间为主。以西坝村为例（图4-5-1），近年来通过对道路的硬化、空间节点的改造、基础设施的建设等方式，使

---

① 王静，徐峰. 村庄聚落空间形态发展模式研究[J]. 北京农学院学报，2012，27（2）：57-62.

图4-5-1　西坝村空间节点改造
(来源:《广东省郁南县省级新农村示范片概念规划设计》)

村容村貌得到了一定的改善。

针对聚落新村部分,依靠整体效应维持低成本居住模式并提升居住品质可借鉴的案例是深圳福田水围柠盟人才公寓。改造设计化腐朽为神奇,特意保持了城中村特色的空间肌理和既有建筑结构基本不变,尊重空间演变的结果(图4-5-2);而将设计的主要精力放在增加和完善消防和公共配套设施方面,公共配套设施的完善使得该村建筑密度极高的住宅群成为符合现代宜居标准的空间[①]。该村平面为规整的网格,整齐的楼宇为多层平顶建筑,建筑之间的巷道宽2.5～4米,这种空间形式与粤西地区很多新村的空间形式类似。社区内35栋建筑经过村委股份公司统一规划,宅基地面积基本相同,但建筑具有复杂的产权结构,这也符合很多乡村的现实,有零星的原住居民家庭夹在公寓内未参与改造,这种情况下,设计应考虑使用对原住居民家庭干扰较小的方式。本设计解决问题的策略是将立体交通系统植入楼缝中(图4-5-3),在不影响产权的基础上将所有建筑联系形成三维社区,立体交通使用架设的电梯和钢结构连廊连接了楼栋、屋顶花园和电梯庭院,创造了四通八达的网络空间。同时,这个网络空间成为所有人共同使用的公共空间,创造了一个立体的生活街区,这种只整治局部关键要素的改建设计思路也适宜于粤西地区未来乡村聚落建筑品质的提升。

---

① 网络:水围柠盟人才公寓——深圳首个城中村人才保障房的诞生。

图4-5-2 深圳福田水围柠盟人才公寓鸟瞰
（来源：王晓勇 摄）

图4-5-3 水围柠盟人才公寓在楼缝中植入立体交通系统
（来源：DOFFICE创始点咨询（深圳）有限公司）

二、聚落扩展模式

由于村落人口增加或村落空间无法满足新经济发展需要等现实原因，聚落空间环境可结合向村落外围有计划扩张的优化模式进行提升。扩张部分理论上应当尽量靠近村口，并且与传统村落之间可以利用地形或绿化景观隔开，减少相互之间的视线干扰（图4-5-4），而新的住宅形式在考虑到现代乡村生活的同时也要考虑到保存传统乡村特色（图4-5-5），街巷空间尺度在面积允许的情况下应考虑车行可能，并且可通过"门楼—院落—住宅"形成街巷空间层次并解决现代生活需求（图4-5-6）。

聚落扩建初期，老年人可能更具有乡土情结，同时乡村家庭结构逐渐由主干家庭转变为核心家庭，聚落扩建模式的结果往往造成村落原有部分以老年人居住为主，而村落新规划的部分则以满足中年人及年轻人居住需求为主。因此，原聚落内部仍然需要类似聚落改建的模式进行空间改造，但在具体手法

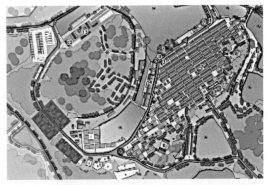

图4-5-4　槎塘村新建住宅区选址
（来源：《肇庆高要市回龙镇槎塘村风貌整治设计》项目组）

上应当更加重视对于老年人交流活动空间的塑造，例如采用见缝插绿的方式营造更多的绿地空间和公共空间。由于聚落扩建部分往往经过统一规划，因此聚落的公共建筑可充分利用统一规划的道路、水、电、网络等基础设施在村落扩建部分或村落新旧结合处进行建设，更加强调村落与外界沟通的公共建筑，例如镇政府、村委会、网络中心等可选择在聚落扩建部分中重新建设；而主要满足村落居民需求的公共建筑，例如卫生所、文化馆、体育场、图书馆等可在聚落新旧部分之间进行建设，以满足所有村民共同使用。

图4-5-5　槎塘村新建住宅意向
（来源：《肇庆高要市回龙镇槎塘村风貌整治设计》项目组）

图4-5-6　槎塘村新建住宅区街巷空间意向
（来源：《肇庆高要市回龙镇槎塘村风貌整治设计》项目组）

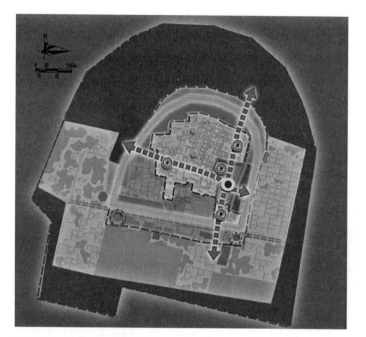

图4-5-7　东林旧村景观规划图
（来源：《传统聚落东林村地域性空间研究及其发展策略》）

异址新旧村独立并行模式的东林村已经部分采用了扩展模式的概念，但主要解决的仅仅是村民对于居住功能的需求，而对村落公共空间营造的考虑尚不完善，在建设过程中也依然遗留了一些问题，未来可进一步采用扩展模式的概念对其聚落空间环境进行进一步提升，具体措施包含并不局限于以下方面（图4-5-7）：可对旧村外围边界的景观进行修复与建设，特别是旧村与新村之间的入口空间，使其成为村落内部的景观核心区；通过各种设施配合景观建设使村民生活更加丰富，这些配套设施与村内绿地、水塘、防护林相结合，为村内住区的营造互动空间，新旧村内部也进行公共空间配置，例如利用村内荒地改造的小型绿地可为村民日常生活提供活动。

三、聚落重建模式

聚落重建模式主要是指在聚落原址或异址重建新的乡村聚落的空间形态优化模式，村民全部搬迁至新的聚落空间。重建模式包括单个乡村聚落整体重建和多个乡村聚落整合重建两种方式，这些方法通常用于地质灾害非常普遍或农村居民点分散过度的贫困区。整体重建可继续沿用原有的空间肌理，也可根据用地功能、建筑格局、配套设施、景观特色等实际需求彻底改变聚落空间格局，全面更新，具有很大的发挥余地。整合重建的方法逻辑与整体重建相似，区别在于整合重建是将多个聚落整合成一个规模更大的新聚落。采用这种方式重建聚落空间对于公共基础设施及公共服务设施的考虑应当更加细致，以满足更大规模人口的需求。这两种方法都是现阶段聚落空间形态优化的重要途径，有利于整合村落优势资源、改善基础设施、有效利用公共空间、调整并推动乡村经济结构。

例如，清远英德树山村，其原有村落住宅多为土坯砖房，价值一般，当地多发生山体滑坡及泥石流险情，土坯砖房极易摧毁，因此由碧桂园集团牵头进行了聚落整合与重建，采取的办法是整合若干分散的自然村，集体搬迁至地势相对平坦且更为宜居的区域，仅将建筑质量较好的祠堂和碉楼予以保留（图4-5-8），农民住宅统一建设为钢筋混凝土结构的别墅型住宅（图4-5-9），每栋别墅的造价约10万元，资金来源是由省、市配套1.5万元，村民自筹3.5万元，而其余不足部分则由碧桂园公司负责。整个村落整合重建工程分三期，共建设新房385户，目前所有的村民都已经搬进了新房子。由于该村曾经极度贫困，因此该村的整合重建是以村民脱贫致富为主要价值取向。与新建农民住宅的风格相比，碧桂园集团更重视的问题实际是村民的收入来源，他们认为只有保证了村民的收入来源，才能保证村落的持续发展。解决村民收入问题主要采用"公司+合作社+农户"的模式，采用以绿色产业发展为龙头带动房、路、水、电、网的整村改造方式来扶贫，合理的企业组织结构是村民收入的有效保障。绿色产业主要是指苗圃生产，同时也发展该区域传统的麻竹及相关农产品生产，碧桂园也为当地农产品产销提供了方便。由于该项目很好地解决了当地居民的生计问题，建成后几年内该村出现了人口回流的现象。

树山村新社区规划排列整齐，居住条件良好，但建筑形式单调，失去了对村落原有肌理的继承，岭南特色的建筑内布置庭院、天井，与巷道空间结合调解微气候的做法没有得到继承。因此，从建筑学角度，其新建社区的重建理念，仍然有提升的余地。

聚落重建也可以采用吸收当地既有聚落处理环境方式和聚落空间组合方式的社区重建，则可以同为客家村落的增城大埔村重建为例（图4-5-10）。该村社区原址在水灾后被完全摧毁，村民希望以较高的抗灾标准重新建筑倒塌的房屋，并且希望房屋能够满足多种功能的混合使用，如下面商铺、上面居住的需求，以增加经济收入[①]。

图4-5-8 清远英德树山村

图4-5-9 清远英德树山村由碧桂园公司牵头统一建设的钢筋混凝土结构的别墅型新农宅

---

① 唐晓珊. 新乡土营造的大埔村重建研究[D]. 广州：华南理工大学，2016.

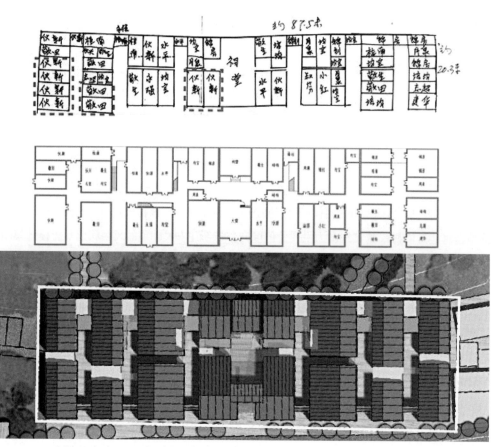

图4-5-10 大埔村产权、房间划分和建筑体量的拓扑关系
(来源：《新乡土营造的大埔村重建研究》)

另外，包括村民、村领导、游客在内的各方诉求还有：改善生活环境、增加生活配套设施、改善道路交通条件、实现公平分配、挖掘村内潜在资源价值、实现自身可持续、突出大埔村历史文化特征、增强村落地域感和归属感等。根据广府和客家村落布局以及大埔村重点区域村民所提供的产权图所展现出的邻里空间组合，重建方案做到与原来村落肌理相协调，延续当地乡土记忆，保留了丰富多样的庭院、天井组合，联系几个不同户型共用一个庭院，在解决用地紧张问题的同时，还创造了新的共享公共空间。在重建方案中，新建房屋不可避免地选择了2~3层建筑，这样满足了大部分村民的经济条件和使用要求，能被村民所接受。同时，在紧张的用地条件和产权划分下，传统聚落的庭院、天井、巷道从平面组合向垂直方向展开，变化出新型的空间组合（图4-5-11）。

四川广元金台村遭遇了2008年汶川

图4-5-11 顶层的组合公共庭院
(来源：《新乡土营造的大埔村重建研究》)

图4-5-12 由于当前乡村地区广泛存在村落共同利益需要向个人利益让路的情况,广东省欠发达乡村地区往往形成常见的建筑密度极高的新村空间格局
(来源:城村架构 Rural.Urban.Framework)

大地震,震后刚刚修复好的房屋又在大暴雨引发的山体滑坡中被摧毁。该村遭受两次严重的自然灾害之后在当地政府和公益组织的帮助和支持下又一次进行重建。设计团队城市架构曾有多年在包括粤西地区在内的泛珠江三角洲地区的调研和实践活动,设计者认为,传统的村子是一个集体生活模型,村民们一起来讨论决定一个村子的布局。但在今天,每个人都想尽可能地扩大自己家的房子,演变成了当前聚落普遍存在的密集居住模式(图4-5-12)。通过这些在泛珠江三角洲乡村地区获得的经验,设计者试图通过和村民一起合作设计的方式,在金台村实现不同利益的平衡,同时满足村民的传统需求和现代需求(图4-5-13)。

(a)重建村落采取常见的整齐排布的方式

(b)通过屋顶形式的变化使村落整体产生了丰富性

(c)地面层的开放空间混合了生产与生活功能

(d)通过贯通村落的连廊营造敞开式的活动场所

图4-5-13 金台村重建项目
(来源:城村架构 Rural.Urban.Framework)

从平面上看，多山的环境意味着金台村适合住宅建设的土地是极其有限的，因此设计师利用面积有限的安全地块，根据既有经验将岭南地区城乡常见的密集居住模式融入到四川的乡村环境中，巧妙地解决了问题。重建村落采取常见的整齐排布方式，设计者表示，"房子之间的间距只有3米，所以房子最终的形态源自对采光和通风的最大化利用"[①]。这种方式节约用地，但建筑之间有着轻微的错动，结合地形进行营建，并通过屋顶形式的变化使村落整体产生了丰富性。从远处看，22座住宅错落分布在群山之中，这种空间组织的手法应当也适用于粤西地区遭受自然灾害的乡村重建中。

村落生态可持续是这个设计最重要的特征，这个项目一方面照顾到了居住、生计和日常交往生活，另一方面也通过村落整体生态循环的思路尽可能地降低了该村的能源消耗，其具体做法包括：

第一，在村落街巷空间环境方面，村落街巷精心设计的尺度和形式给各住宅底层预留了足够的空间，使村民在自己家门口便可以出售自己种植的农产品或者自己制作的手工业产品，这是一种将农业经济与新商业经济结合的方式。

第二，公共空间方面，以一个贯通村落且可以满足多功能交往需要的敞开式连廊作为简单的社区中心加强村民之间的沟通，造价低廉且很好地联系了室内外空间，村民可以利用这些空间举办酒席或集体协商各项公共事务。

第三，住宅功能方面，也尽量融合了村民生活生产的各种需求形成循环系统，屋顶提供了可以种花种菜的微型农场；设计也通过建筑内部垂直的内庭院解决了密集居住模式常常出现的室内采光和通风问题，并为雨水收集提供通道；底层开放空间使村民可以根据自己的需要发展简易家庭作坊。

第四，其他功能方面，使用了芦苇湿地净化废水和村民合作社饲养家畜等低能耗低技术的结合乡村生产生活不同环节的做法。

第六节

街巷空间环境提升

一、传统街巷空间结构及功能

传统聚落道路分为对外交通道路、村内主要道路和巷道三个层级（图4-6-1）：第

---

① 林君翰：这些城镇化造成的脆弱的碎片，我们要怎样用设计去缝合。

图4-6-1 潮溪村三级道路体系

一个层级是对外交通道路，包括通往更高层级聚落的乡道，以及连接村落入口空间的入村道路；第二个层级是村内的主要道路，往往联系各个重要的公共空间，如村口空间、祠庙等公共建筑的前广场，村内主要道路与次一级巷道的交叉口，往往成为村民晒谷和喂养牲畜的场所；第三个层级是联系建筑单体的巷道，在粤西地区，往往采用梳式布局，集中紧凑，村落骨架清晰，交通组织有序。

这种组织方式并不显得单调，而是具有一种宁静感，其原因如下：

第一，村落中的道路空间是以步行与非机动车出行为导向进行组织，决定了道路空间小尺度的特征。

第二，村落中的道路往往是顺应地形自下而上自然生长出来的，形成了道路细微的高差与偏角，同时道路的曲折能够降低交通的速度。

第三，街巷的三级体系保证了过境交通主要由第一层级的道路解决，人们停留交往

（a）一级道路：对外交通道路　　（b）二级道路：村内主要道路　　（c）三级道路：巷道

图4-6-2　传统乡村聚落通过道路分级形成丰富而具有宁静感的空间效果

或者发生较大型的活动在第二层级的交通，而第三层级的巷道，由于密度较高，可以较好地疏散交通流量，因为保证了建筑周边环境的宁静和安全（图4-6-2）。

第四，重要公共建筑前广场、村口、村落主要道路交叉口等空间节点往往与人的行为有密切关系，因此需要重点经营。

第五，巷道两边通常是高耸曲折的山墙面，形成了良好的遮阴效果，在炎热的夏季，这些巷道起到了通风遮阳的作用。

第六，一级道路及空间节点往往与树木及绿化结合，起到柔化空间界面的作用。在湿热地区，树木可以调节微气候，人们往往喜欢聚集在有树的地方。

二、当代街巷空间环境提升面临的问题

粤西地区的新村建设，在空间形态上往往与传统聚落保持了很多延续性，但在内部空间秩序和景观建设方面没有传统聚落丰富。主要面临的问题有：

（一）当代乡村规划的村落道路空间尺度以机动车为导向

以石头冲村为例，其传统聚落采用了紧凑的棋盘式布局，左右各设置一座碉楼，旧村每条巷子都能互相通达，笔直规整，尺度一致，当地称之为"耙尺巷"，最宽的主巷有两米宽，次巷道有1.5米或1米，山墙之间的窄巷仅有0.5米，这些窄巷仅能通行一人。当地居民在旧屋南侧兴建了新房，依然遵循古村紧凑的棋盘式布局，古巷道延伸到了新的片区，原先的棋盘式格局得以保留，但巷子被建成了5米左右的宽度。根据调研的实际情况，作为当初温氏的发家地，石头冲村温氏参股人数较多，村民富裕，虽然村子新建了很多别墅，很多人不可能在此处长期居住，参与建设更多的是对家乡的热爱，因而

图4-6-3　石头冲村新旧村巷道宽度对比

巷道加宽是为了方便小车进出（图4-6-3）。部分住宅隔离出院落，大门考虑摩托车或小汽车的进出停放。

这种因机动车为导向组织的道路尺度大，村落空间趋于松散，并且机动车通行对道路交通干扰较大，交通性功能增强，丧失了街道原有的生活氛围。

（二）当代路网规划缺乏与地形之间的互相调适

传统聚落的路网往往是顺应自然界地形过渡关系的，然而近期修建的道路为方格路网，基本不考虑顺应地形过渡关系以及村落原有肌理，而靠近道路的位置，往往具有良好的区位条件，造成村落新建建筑无序向道路扩张（图4-6-4）。村内路网过于规

图4-6-4　西坝村缺乏对地形考虑的入村路网造成了村落新建建筑无序扩张

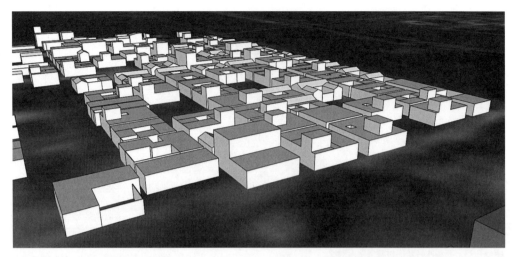

图4-6-5　东林新村建筑排布过于整齐

整,以居住建筑为主的单一功能性和建筑排布的过于整齐使其缺乏公共空间营造的可能（图4-6-5）。

（三）空间功能的单一造成了具有压迫感的巷道空间

新村往往空间功能单一,巷道两侧只有住宅空间,祭祀等公共活动仅仅存在于旧村,因此造成了建筑密布现象。新村建设往往对巷道宽度进行了拓宽,但各家农户为了增加自家平屋顶的晒谷面积,村民无节制地挑出屋顶层平台,造成对巷道空间的压迫,加之单调的水泥墙面和路面,巷道空间十分压抑。而尚未建设的宅基地往往布满积水杂草,成为避之不及的消极空间。此外,因为巷道空间规整,缺少放大的节点空间,新村的巷道空间呈现出单一性,缺少邻里交往空间（图4-6-6）。

图4-6-6　东林新村压抑的街巷空间
（来源：《传统聚落东林村地域性空间研究及其发展策略》赖亦堆 摄）

图4-6-7 盲目硬底化造成的排水不畅

（四）盲目硬底化造成了排水不畅

传统聚落每一条巷道都附属了排水系统，通过系列互相连通的明渠，利用地形高差，自然雨水和生活污水都汇集在一起，最后流入村口的池塘用作灌溉。材料选择上，多使用青砖、青石板、白沙等具有良好透水性的本地材料，禾坪往往使用三合土。由于材料透水性好，并且采用了系统规划的排水系统，村落巷道可以常年无积水且保持清凉。

当前粤西地区道路硬底化速度很快，极大地改善了当地的交通条件，但连乡村公路也完全硬底化的做法，有破坏地下水蓄存及原本走向的潜在不利影响。同时，村内道路的硬底化往往缺乏对排水系统的考虑，暴雨来临时，雨水溢出要很长时间，村落大量的硬底化地面，下雨时很容易积水（图4-6-7）。

三、街巷空间环境提升方法

街巷空间往往体现了村落的历史并保存有重要的历史信息（图4-6-8），因此应当尽量利用村落已经存在的旧路，不轻易改变村落重要空间节点的形态，不轻易设置新路，不应当仅仅考虑满足机动车通行而轻易打通断头路等。道路的过分整治往往会浪费大笔资金并破坏村落的历史价值和乡村风貌，对村内老街尽量采用清理、打扫和维护的方式，只需要保证不危险、能通行即可。同时，传统村落的道路整治与建设必须根据具体情况分步骤实施，不应当只采用一种方法一次性造成无法挽回的破坏性建设。

对于已经破坏了历史信息的街道空间，街道空间环境的提升办法在策略上采取整体性思考的方式，可通过综合的考虑，系统化探讨和总结传统聚落街巷空间特点，挖掘并继承传统街巷的空间、材质、造型特色，并抽象运用到改造中，是较快速优化村落生活空间的一种有效方式，营造城镇传统与现代交融的生活环境。其最终目的是能够让地域文化自主传承下去。虽然历史文化氛围是需要积淀的，但即便没有历史积淀，或者历史积淀的深度与广度不足，通过街巷空间肌理的重新塑造，在一定程度上也能够重现历史

图4-6-8　槎塘村蕴含丰富历史信息的不同路段
（来源：《肇庆高要市回龙镇槎塘村风貌整治设计》项目组）

文化气息。这种重塑方式主要有两种方式：第一，巷道空间功能方面的提升，主要可以运用在较为狭窄的街巷；第二，沿街立面的风貌整治，这种方式可以运用在视野较开阔的街道。证明该方案交通流线的组织、公共空间的塑造和新功能的植入方式为粤西地区许多已形成的兵营式整齐排布的新村空间环境提升带来了启示。

针对当代自下而上的村落自组织方式形成的空间功能的单一性造成具有压迫感的巷道空间问题，可主要采取巷道空间功能提升的方式。聚落改造不推倒重来而基本维持原有空间格局，将关注点主要集中于交通体系的梳理、现代化设施的完善、公共空间的塑造和新功能的植入，是一种成本较低且有效的选择，特别是针对那些已形成的兵营式整齐排布的新村空间环境的提升。这种在整体空间格局上保留聚落空间肌理和居民的集体记忆，关注对已存在的聚落空间注入新活力和新价值，通过系统和平台整合旧建筑和新文化促进新旧社区居民自身的参与融合，激活老社区，并激发老社区原本就具有的继续发展的动力。例如，DOFFICE的"深圳福田水围柠盟人才公寓"改造是将原有的单一而乏味的平面巷道肌理转换为三维的交通流线（图4-6-9），三维交通流

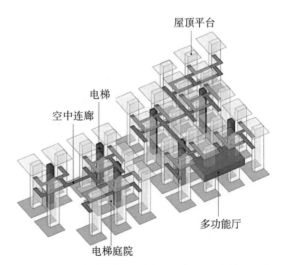

图4-6-9　在楼缝中植入立体交通系统连接所有楼栋形成立体社区
（来源：DOFFICE创始点咨询（深圳）有限公司）

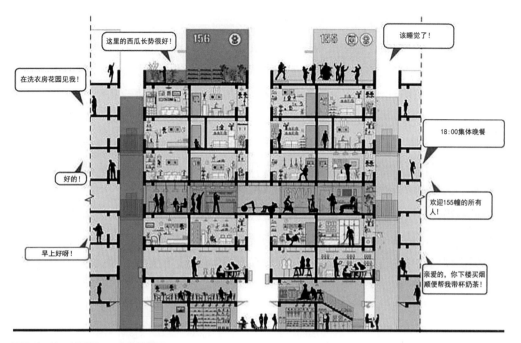

图4-6-10 剖面图——立体的街区
（来源：DOFFICE创始点咨询（深圳）有限公司）

线使整个聚落形成立体生活街区，从地面到屋顶，连接了所有的公共空间（图4-6-10）。通过钢结构连接两栋握手楼的第五层形成社区活动中心，成功地将公共空间从地面引向半空并解决了一些公共活动需要较大空间的问题，这种设计思路在局促的空间内成功解决了该社区部分交往和休闲的公共需求（图4-6-11）。

针对视野较开阔的街道可使用沿街立面风貌整治的方式解决街道空间环境所存在的问题。这些街道往往位于村落外围、村落交通要道或圩集的位置，较容易受到城镇化影响。其建筑往往使用的是现代的建筑形式和建构技术，比起施工复杂容易损坏的传统木结构体系，廉价钢筋混凝土框架体系确实更加具有优势，能够满足各类建筑复杂的功能布局要求，并且更加坚固耐用。同时，这类建筑外墙所采用的混凝土砌块具有较好的保温隔热性能，因此这些建筑具有存在的合理性。然而，这些新建建筑在现代化的快速建设大潮中趋于同质化，丧失了地域性和文化性。存在的问题主要有：

第一，街区主题不突出，沿街建筑风格杂乱，既无法体现街道统一的整体风貌，也无法较有美感，虽然说在建造过程

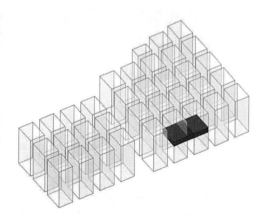

图4-6-11 青年之家位置与平面
（来源：网络）

中一些建造者有意识地保留了一些传统建筑的装饰特点，但对于当地的地域特征，仍然缺乏系统的归纳和总结，因此这些装饰和建筑整体形象并没有太大的关联，在村镇整体风貌上，也未能很好地体现出地域特色（图4-6-12）。

第二，部分建筑沿街立面过长，而且设计单调、枯燥，形体缺乏变化（图4-6-13）。

第三，缺乏开放公共空间，对自然景观利用不足。对自然景观未充分利用，并未形成景观较好的空间节点，而现有的公共空间形态呆板，缺乏人性化设计（图4-6-14）。

总而言之，当代乡村生活在物质层面上有了较大的提升，然而地域文化内在本质却没有跟上，是村镇风貌往往出现形象乏味的根本原因。

针对当代村镇建筑沿街立面存在的主要问题，可采用以点带面的方式，充分尊重本地特色并分析运用各种传统建筑元素，对街道的景观与建筑立面进行综合整治，为城镇居民提供现代文化生活场所的同时，以建筑和景观方面的辐射效应，带动整个村镇建设的地域文化传承与创新。

图4-6-12　村镇普遍存在的沿街建筑风格混乱现象

图4-6-13　建筑沿街立面过长

图4-6-14　村镇街巷公共空间未能有效利用

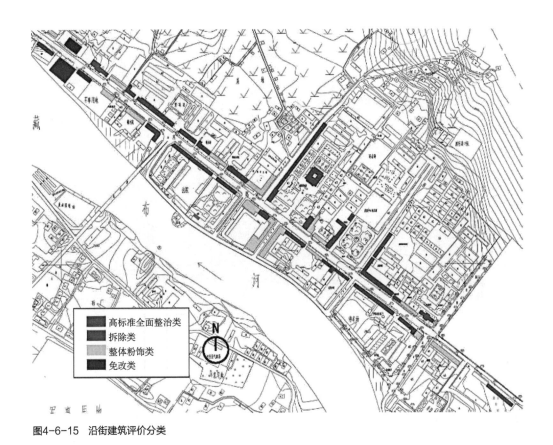

图4-6-15 沿街建筑评价分类

第一，对沿街建筑及景观，可进行详细的调查研究以确定建筑及景观原则性分类标准，并进行综合评价分类（图4-6-15）。

第二，在此基础上确定建筑外观取向和景观街景取向，对建筑提出综合整治方案。为了呈现街区系统性和整体性，设计目标可采取地域特色强、文化倾向性明显的整治策略，并在整治中兼顾沿街重点景观和整体街区的联系。

第三，根据道路及周边的环境现状分析及未来交通发展趋势，确定街道内需要着重考虑的景观节点，对重要景观节点提出综合整治方案。

第四，在具体整治进程中，可以使用当地常见的基本建筑符号作为背景，重点突出当地特有的建筑符号，将这些建筑元素进行穿插分配，使得原街道空间不仅获得空间秩序，还成为具有特定历史和现代意义的特色风貌街区，体现地域文化特色。

第五，在建筑设计中，立面装饰应该在尊重地方自然资源与人文资源的基础上进行设计，才能体现地域特色文化，使人们在情感上得到一种认同和归属。然而对于街道既有建筑，完全照搬传统地域建筑的形式和装饰，也显得并不现实。因此，景观与立面整治应尊重村镇当下所处的时间与空间局限，应对这些局限性，设计者应当用创造性的态度去发现。特别是出于对欠发达地区现实情况的了解，最好能以较小的预算大幅度提高街道的整体品质。针对建筑改造的难度、工程量大且时间和资金都比较有限的现实情况，改造的基本原则是尊重建筑现状，在不对建筑进行拆建并且不做大的结构调整的前

改造前　　　　　　　　　　　　　　　　改造意向

图4-6-16　肇庆槎塘村西街改造
（来源：《肇庆高要市回龙镇槎塘村风貌整治设计》项目组）

提下，运用当地材料并结合当地地域元素的提取，对建筑的立面表皮进行改造和加建（图4-6-16）。

第六，改造应基于对材料本质及建构逻辑的理解，材料自身的意志需要被尊重并且得以呈现。对于村镇当代建筑的立面改造，主要采取以下措施：在整体的设计上，可将建筑首层和其他楼层进行材质区分；根据建筑原有的造型作装饰性材质变化设计，力求在整体和谐的前提下，每座建筑都具有可识别性；依据建筑功能确定适宜的形象表达方式，对于重要的公共建筑，可参考当地祠庙建筑形象为原型确定装饰做法，而对于一般的商住民用建筑，则侧重参考当地传统民居的装饰做法；若建筑单体过于冗长，造型单调，则按照比例选取不同的开间数，进行不同材质和不同手法的立面整治。总而言之，改造在大的原则上强调街道整体形象，做到既丰富又统一，从而创造充满生机和活力的街道形象。如在笔者参与的西藏波密扎木镇扎木路景观与建筑立面整治实践过程中，就采取了基于本土材料及建构逻辑理解的地域文化传承创新尝试，这种策略和思路也适用于粤西地区村镇街道的改造与整治（图4-6-17）。

第七，装饰细节方面，设计应对屋顶、门窗、窗台、外廊、广告位、栏杆形式进行抽象总结，并制定设计导则：屋顶形式化整为零，局部平改坡，这样可以用较小的成本和较好的视觉效果让行人走在街道上就能够体会到当地传统民居坡屋顶形式的建筑特色；门窗可提供两种以上的形式供当地居民选择；改造也通过设计窗台出挑采用当地地域材料和形式来凸显特色，并且丰富了建筑立面的层次感；露台和阳台除了起点缀外还可以起到隐藏空调的作用；门檐、窗檐和檐墙的椽子装饰及外檐的柱头可进行简要的抽

图4-6-17 沿街建筑立面改造举例

象设计，在确保改造整体效果的前提下，也可以依照业主本身的意愿进行更为细致、华丽的装修；对于现有的破坏立面效果的防护网、遮阳棚、广告、招贴进行统一整治，并需要统一设计广告位的形式。图4-6-18是扎木路景观与建筑立面整治的建筑立面改造导则，归纳和总结了当地传统建筑的装饰细节特征并运用在设计创作中，而对当地居民继续完善空间环境也起到抛砖引玉的作用。

第八，在对村镇街道两侧建筑立面改造的同时，也要强化重要景观节点的景观设计，最终使整个街道形成特色分明、主次有序的有机空间序列，从而达到提升整体城镇空间品质的目的（图4-6-19）。

快速发展的村落外围、村落交通要道或圩集的街道空间，有别于传统乡村聚落内部街巷空间的，其空间更具有复杂性和多样性，并且大量的建筑以前所未有的速度被建造出来，建设速度已经超过了传统建筑的设计周期。因此，通过系统化探讨和总结当地地域建筑元素特点，挖掘并继承传统地域建筑的空间、材质、造型的特色，注重文化的传承与文脉的延续，是较快速优化这一类街巷空间的有效方式。其关键在于街道形象的树立不仅仅要满足建筑单体本身的实用、经济及美观，更应该从街道乃至城镇的整体发展考虑出发，通过综合的考虑，营造街巷传统与现代交融的生活环境。对传统建筑形式抽象总结形成的对各种建筑导则，意图是希望这些建筑设计元素能够被复制、再造和再利用，并且能够营造城镇空间丰富多彩的形象。在这个体系内，也希望后来的建设者参与

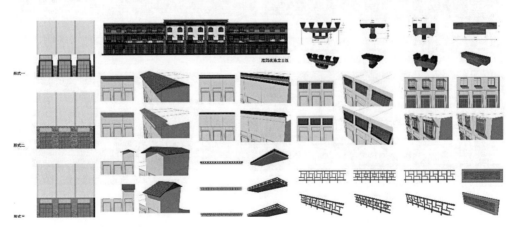

图4-6-18 建筑立面改造导则

图4-6-19 空间节点改造意向

到设计过程中，并在挖掘本身地域特色的基础上，能够让地域文化自主地传承下去。研究中参与的多数粤西本地案例也尚停留在设计阶段或建设过程中，有待实践反馈，但同样欠发达的西藏波密县扎木镇扎木路沿街建筑及景观改造实践可以证明，整治后的街巷较整治前能够更好地融合当地的场所氛围，即便在改造的细节方面仍然有改善余地，整个街道环境依然可以从整体上得到全面提升，当地居民也根据自身需求不断完善街道立面，从而带动了整个镇的经济繁荣（图4-6-20）。

改造前　　　　　　　　　　　　　改造后

图4-6-20 沿街建筑及景观改造前后对比
（来源：自摄及百度地图全景截图）

第七节

村域边界空间环境提升

一、村域边界结构及功能

在封建社会，缺乏流动的农耕生活促成了村民聚族而居的习惯，并高度依赖土地和水源，山水和植物资源的丰富性，让粤西地区具备了先天的优良自然环境，当地居民在长期的生活实践中形成了协调自然环境的适应性做法，形成"山水—田园—村落"的地域化生态格局。在这个生态格局中，由自然化逐渐转向人工化，传统聚落的最外围是自然山野，丘陵起伏，河道纵横，各类本土植物茂盛生长；然后是与灌溉体系结合的鱼塘、果林、农田等农业景观，在农业景观与井然有序的、密集而条理化排布的民居之间，是水塘、环村绿化，横阔的宗祠前广场，榕荫广场构成的村域边界，村域边界是自然环境向人工环境转化的过渡带，村域边界各要素是人们生产、生活的必要元素和保障，其中水系成为村域形成与布局的关键因素。在自然条件有缺损的情况下，可以通过人工措施来补益，传统聚落往往通过低成本、低能耗、低技术方式与社会及自然环境相协调，解决聚落生存的诸多问题。以东林村为例，在历次变革中，东林村逐步完善了聚落村域边界的架构，特别是人工水系的建设，甚至修复并改善了生态功能，同时具有较高的景观品质。而且难能可贵的是，东林村村域边界结构直到今天依然保持相对完整，可以以此分析村域边界完整性对维持村落生态功能及持续发展的重要意义。

（一）场地利用——以顺应自然的方式迁想妙得

从选址开始，东林村就注重对于外界生态环境与聚落空间形态之间的关系，充分考虑到选址对于生产、生活的重要意义，特别重视对天然水体的利用。东林村聚落的具体位置选在南渡河南岸300米距离的小丘之上，村落建筑布局沿地形基本是坐北朝南，可以获得充分的采光和通风。最重要的是，南渡河河水滋养了东林的千亩农田，而且还为东林村提供了渔港，丰富村民的收入来源。这样的自然地形具备有效避免洪水灾害的天然优势，是村落建设的基础，也是村域环境建设的前提和关键。东林古村利用天然的地势落差，通过一系列的人为疏导、修筑，建设了独立而完善的供水、排水系统，满足村民日常的用水需要，最后流向南渡河，使村落水系的水流始终保持活性。整个水系尊重自然，尽量减少对原始自然环境的扰动。按照自然条件的缺损，通过人工措施来补益，源自自然，最后又还给自然，起到了点石成金的效果。

（二）水系格局——以全局的视角组织和设计

水系格局设计要站在整个水域生态的全局角度来进行考虑，局部利益必须服从整体利益，这样才能有效地保证整个水系生态的系统性和连续性，保证设计中的各项功能顺利完成。东林村先人在村落建设时，根据东林村的现状情况，对整个水系的平面布局综合考虑，实现了多目标的统一。水体空间丰富、灵活而完整，并且在实际使用过程中，不断地更新和完善（图4-7-1）。

村落东西两侧有古井两口，是村民用水的主要来源，其中西侧水塘保存完好，被村民开掘成巨大的圆形水塘（图4-7-2）。排水系统主要采用明暗沟排水结合村落外围水体完成，村落巷道都挖掘了排水沟渠（图4-7-3），分为明渠道和暗沟，排水沟渠的尽端连接着水塘，功能上方便村民用水，起到了蓄洪、排涝、灌溉以及预防火灾的作用。外围有天然及人工挖掘的大小水塘9个，又称九龙塘，分布于村落四周，并由护村河（图4-7-4）连缀形成体系完整的蓄水、排水系统。环村水系至村庄西侧的村口形成巨大的半月形水塘（图4-7-5）。与南侧古井两相对峙，丰富了村落外围及入口处的景观。此外，护村河及水塘更有重要的防御作用，水系内侧种植了兼具装饰和防御功能的刺竹林，起到了很好的隐蔽效果。充分利用自然环境的特点来保障安全，构成村落第一层级的防御系统。护村河之水与村落北面的南渡河相通，可保证水量充足而不至于干枯。村落在南侧及东侧留了三个出入口，通过闸门控制，并在村口兴建了可登高瞭望的碉楼。这样的防御体系在遇到海盗入侵时可以延缓入侵者的进攻速度，同时为村民撤退提供了可行的路径。

在古村既有排水系统的基础之上，目前，东林村委会在村落的东北面修建了一个灌

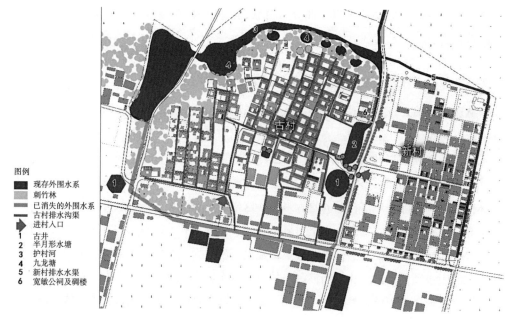

图4-7-1　东林村水系现状图

图4-7-2 圆形水塘

图4-7-3 排水沟

图4-7-4 护村河

图4-7-5 半月形水塘

溉用的储水库，水库通过水渠和北侧的南渡河相连，并有抽水及排水系统控制着水库水位的高低。新村的外围也修建了一圈排水水渠。古村和新村的环形水渠通过乡道南侧的水渠和东北面的水库相连，形成整体的给水排水体系。

（三）聚落健康——以完善的村域边界增强社区凝聚力

一个可持续的聚落应当是健康、安全、富有活力的社区，并且能让居住其中的人产生归属感。除此以外，无污染、无拥挤感、绿化良好、宁静、生活便利以及私密性与社区互动性的平衡也是一个可持续聚落应当具有的特征。环绕东林村有多个连缀的水塘和水沟，形成闭合的村落界线，给人以归属感；大面积的水面构成了村落的整体空间特色；井然有序的排水系统保证了聚落内部拥有干净宜人的居住环境；良好的防御设施提高了居民的安全感；水井、水池、榕树、庙宇、祠堂汇聚村口，形成村庄景观最重要的节点以及村民交往的场所。

东林村村域边界对于村落的生态、景观、环境等方面都起到了积极作用，既有利于生产、生活、灌溉及防御，整个村落因水而充满生机。水系周边的植被由于受到滋养而茂盛生长（图4-7-6），在周围地势平缓无遮挡物的情况下，植被改善了视觉环境并调节了场地的微气候。

图4-7-6　东林村周边茂密的环村绿化

测试了东林旧村有环村绿化与没有环村绿化的两种情况（图4-7-7），在周边拥有植被的情况下，旧村整个建筑组团年总制冷需求为1380755千瓦时/年，平均年制冷需求为100.41千瓦时/平方米/年；而在周边没有植被遮挡的情况下，建筑组团的年总制冷需求量为1464151.59千瓦时/年，平均年制冷需求量为106.5854928千瓦时/年。植被构成的村落边界对聚落内部的建筑物起到了一定程度的遮阴、降温作用。从平均年制冷需求分布情况来看，树荫对村落边缘的住宅建筑及空间节点的公共建筑有着更好的降温效果。从太阳辐射分布图中也可以看出，树荫显著减少了这些建筑屋顶和墙体的太阳辐射得热。除了遮阳功能，植物的光合作用减少了反射到环境中的热量，植物的蒸发过程利用蒸发吸热的原理同样能够冷却周围的空气，这可以进一步降低建筑对空调能耗的需求。

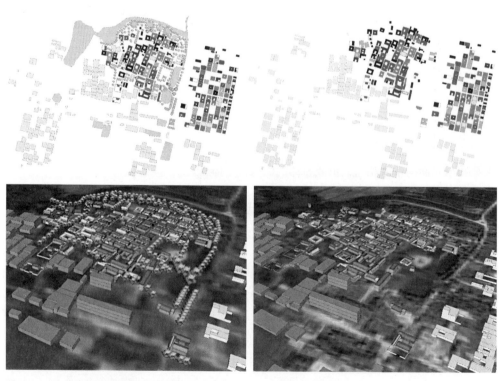

图4-7-7　东林古村聚落在有树木遮挡与无树木遮挡情况下太阳辐射得热情况对比

完整的外围水系和村内水系串联起来的景观节点在一定程度上避免了村落发展过程中出现的二元对立现象，即村落中心的衰退和村落边缘的丧失。如今在许多村落中往往出现的"空心村"现象以及村落边缘新住区超尺寸无序的发展模式，在东林村却没有出现。由水系、环村绿化和各个景观节点组成的向心形村域边界限制村落朝着集约式土地开发的方式发展，在地理环境容量限度内进行人类活动，良好的居住环境保证了社区的归属感。这种方式不仅提高了建设用地的使用强度，还避免了过度占用耕地。当人口容量到达饱和点时，过剩的人口以自然的方式在其他地方另辟新地，雷州半岛上百个林姓村落都是从东林村扩散出去的，而东林村聚落规模始终保持适应当时生产水平和周边环境的规模。

宜人的居住环境也增强了居民对于维护社区环境的责任感。20世纪70年代初，在生产水平提高、村落人口急剧增长的时代背景下，原有古村的规模已经容纳不了村民的居住需求，新居住村落的选址、整体空间的规划及宅基地划分等工作开始有组织地进行。旧村的历史建筑和村域边界得以被保留和改造，水系得以完善以适应新时代的需要。新村的选址靠近旧村东侧，整体布局沿用古村居民点集中布置的特点，与古村形成整体的空间格局，包括水系在内的已有基础资源得以综合利用，避免了重复建设。新村的边界和旧村边界在东林村的传统节点——村口汇合，这个空间由圆形水井和半月形水塘为主体，综合了各种景观元素，至今仍是村民活动的核心，新村居民们一如既往地在这里交谈、休憩、娱乐（图4-7-8），再度强调了这个空间在东林的公共生活中的地位。穿梭于新旧村之间，居民们分享着共同的归属感，对流动着鲜活历史的聚落环境充满了自豪。

图4-7-8　村口空间

（四）景观节点——以场所的特性促进社区公共活动

场所的特性十分重要，这些特征往往成为居民自我定位的依据，具有地域性的景观设计有助于场所特性的确立。东林古村的村口是村落的中心公共空间。东林村口是以圆形水井和半月形水塘为主体，并由这两块水域分割三个空间层次：村口空间、广场空间、双桂里居（图4-7-9）。

村口空间位于东林古村东南角，其空间结构秩序布局为左祖右社，标志着进入村子的起点（图4-7-10）。左侧为东林村落主祠堂空间，现仅存最后一进屋宇及祠堂南侧的水塘，右侧为保存完整的天后宫。广场空间是联系村内主巷道与入村道路的节点空间，由古井和月牙形水池形成两水夹一路的格局，景观效果非常好，视野开阔。广场上种植有几棵古榕树，树下放置可供人休息的石板凳。月牙形水池西南角是村民拜水神的九龙坊，象征村民祈求风调雨顺丰收的愿望。九龙坊西侧是原址复建的新祠堂。在月牙形水塘北侧，是宽敏公祠及碉楼，祠堂和一巷门相接，村民称其为"双桂里居"（图4-7-11）。高耸的碉楼构成了东林的天际线，借着月牙形水池，成为村落的标志性景观。

水井是村民洗漱用水并且进行交流的共享空间，月牙形水塘水面如镜，四周植物及各种景观要素环绕，天光云影，成为古村落水系景观的核心。在充分满足日常生活需求的同时，两块水域串联起天后宫、九龙坊、

1 宽敏公祠
2 巷门
3 月牙形水塘
4 祠堂
5 九龙坊
6 榕树
7 圆形水井
8 祠堂
9 天后宫

图4-7-9　村口空间结构分析

图4-7-10　左图为主祠堂，右图为天后宫
（来源：《传统聚落东林村地域性空间研究及其发展策略》）

图4-7-11　左图为宽敏公祠，右图为巷门

祠堂、碉楼、巷门、榕树等各个公共建筑和景观要素，形成富有变化、步移景异的滨水景观，给场所一种明确的空间形象，历久弥新、耐人寻味。通过合理的设计，东林村景观节点为居民创造步行友好型的生活环境和促进人们交往的社区空间。这些难得的社区感受随着时间和记忆的积累，根植于每位居民的心中。

（五）资源利用——以就地处理的方式提升资源的使用效率

基于水土的乡村聚落外围景观不仅具有美化环境的效果，而且具有很高的资源使用效率。东林村村域水循环方面，能够基本实现水资源自给自足，同时水系具有一定的自净能力，减少了排入河流中的污染物，这其中的关键是水系断面的处理，加强了雨水的滞留和利用。

水系断面的处理，关键是要设计一个能够保证常年有水的水道，并且能够应付因季节变化带来的不同水位。雷州半岛地区雨季和旱季的降雨量变化很大，气候和季节严重影响到村落用水。东林村采了一种低运行成本的方式解决了排涝及抗旱问题，其水系自然弯曲，断面有收有放，追求变化的自然美感，这种方式对于营造景观和生态都具有重大意义。从防洪角度出发，较宽的水系断面有利于蓄水，因而设置了九龙塘这种分散水体，类似于一种"囊状"结构，在兼具观赏性的同时在雨季起到了一定的收集雨水作用，而收集起来的雨水可以循环使用，其可以用于洗涤、防火、灌溉，同时起到抗旱的作用。较窄的水系断面有利于维持水体连续，因而设置了护村河这种"带状"水体，护村河联系着水塘，与水塘之间采用了一种复式的断面结构，而其本身河床较低，这保证了护村河在旱季也依然保持着连续的水体，起到了良好的防御效果（图4-7-12）。

东林村水系以软式河岸和河床为主，仿效自然，仅在村口公共空间采用了石砌驳岸，这种方式能够有效维护河岸的生态功能，同时降低造价，模仿自然的河床和河岸是良好的物理过滤层，而土壤中生活的微生物能够分解水中的有机物，从而对雨水和生活污水进行生物净化。水系周边选择富有当地特色的乡土植物种类，增加植被覆盖率，植被能够有效地影响地表反射率、地表温度和土壤—植被—大气连续体间的水分交换，阻

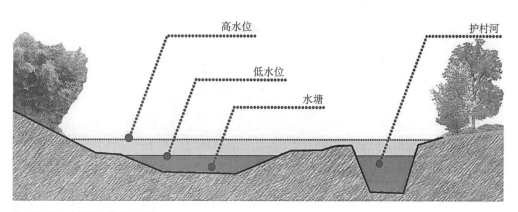

图4-7-12　水体断面结构示意图

挡水塘的水过分直接蒸发进入大气，同时加强水塘的渗透作用。东林村利用就地处理的水系清洁、排水、循环再利用雨水和生活污水，避免了污染的水质进入南渡河，同时减少运输和处理废水的能源消耗，通过自然渗透促进补充地下水源，也维持了聚落良好的生态景观。

水系维系着东林村的生存和发展，但现代交通方式的改变和集中给水排水的建成，使村落给水排水不再依赖环绕村落的水系，村落水系的防御功能、生活功能已基本丧失。但其景观功能、自净功能仍然发挥着举足轻重的作用，经由简单改造，目前部分生活污水依然通过村落水系得以净化。

二、当代村域边界空间环境面临的问题

（一）景观节点过分精巧，失去了乡土文化特征

景观设计采用城市景观设计的手法，并没有充分考虑到村民的真实需求，且没有反映地域特征，因此有疏离感，在文化上是一种割裂。过分精巧的景观设计，小而规整，阻碍了和周边环境的联系。引用过分讲究设计感的铺装或图案重复的铺装，过度炫耀技法，给乡村注入了异质元素（图4-7-13），形成了混乱的空间。过分注重"图案"的形式，随处可见的单一规整的植物景观，缺乏环境的多样性、连续性和协调性（图4-7-14）。

（二）景观要素无地域特色或滥用非本地历史特征

新增加的景观要素往往没有任何地域特征，例如各地的文化楼和车站，仅仅满足了功能需求，外观上则采用随处可见的瓷砖贴面（图4-7-15）。

另一种常见的方式是人为在某些公共空间增加非本地历史特征的景观要素来表达对于村落历史文化特征的理解，然而这些要素只是更广阔地域的共性历史要素，如

图4-7-13　缺乏地域特征的村落外围景观

图4-7-14 过分规整的绿化

图4-7-15 毫无地域特征的景观要素

图4-7-16所示，西坝村在停车场和景观节点增加的历史性景观要素，不能代表该村的历史文化和地域特色，镬耳山墙元素来自典型的广府地区，与南江特色的山墙形式不符，而戏台元素则来自于江南地区，西坝村本地未见此种类型的公共建筑原型，且戏台尺度过大，其高度超过了旁边民居防御性围墙，给空间注入了异质化因素，是一种非本土文化的嫁接。

（三）聚落既有的基础资源未能得到有效利用并逐渐被破坏

对于乡村聚落而言，水及水边空间的基本功能是满足生产生活需要。目前乡村建设中，对水系建设存在的最大问题是忽视了其生产生活基本功能而引起的。乡村水系的循环性、水边空间的连续性和水量的动态平衡被破坏。

在粤西地区，人工水系的形成在封建时代是由于中央集权形成的统一景观营造，改革

图4-7-16　非本地历史特征的景观要素

图4-7-17　居住建筑及道路的无序蔓延造成的水环境的破坏

开放后,由于村民个人意志的随意发挥造成了一定程度的景观混乱,如图4-7-17所示,住宅及道路的无序蔓延切断了原有的人工水系,成为死水。

由政府及村集体主导的环境改造往往向人工化、单一化迈进,丧失了粤西地区特有的地域性和自然性;大规模、集约化的方式,造成了缺少对自然考虑、没有亲切感的设计。例如很多河川和池塘,太过于重视储水和泄洪功能而采取了缺乏亲水性且给人以压迫感的混凝土护岸等施工方法(图4-7-18),采用城市园林景观的做法忽视了水系生产

图4-7-18　给人以压迫感的混凝土护岸

图4-7-19　忽视水系生产功能的城市园林景观中的水塘

图4-7-20　单一格式形成的单调设计

功能，未能理解村落水系的自净和水循环功能，导致水塘变成死水（图4-7-19）。或者虽然尝试了自然的处理手法，但是由于是单一格式形成的单调设计，全部是重复同样的工程，一眼望之便是人工构造物，砌石的方法还有待改变（图4-7-20）。

三、村域边界空间环境提升方法

村域边界及其优美的景观，是村落与外界自然环境进行物质交换的缓冲区，使各因素之间产生良性互动。通过缓冲区，人们有节制地取用自然资源，使聚落与自然环境和谐共存并保持着可持续发展的活力。过去的村域边界景观不但没有让自然环境产生大的变化，而且还使自然素材和自然地形得到活用，在遵循人性化空间尺度的基础上具有实用性和耐久性，而且还具有亲切感。对于当代村域边界空间环境提升方法而言，我们可以从这些营造智慧中借鉴的是：

（一）村域边界空间环境提升应尽量做到自循环

比如水系规划与地形改造，尽量顺应自然，做到土方平衡；水系的形状要有利于水体的循环，避免出现死水；水体用水来源可充分利用当地可利用的水资源和相对充沛的季节性降水，因此除了来自地表及地下的自然水体供水外，雨水可成为水系规划供水的重要来源，可以缓解旱季对于水资源需求的压力；水系应引入自然水体，也可用水库及水泵等设施加以辅助，使整个水系得以循环。

（二）村域边界空间环境提升意味着采用必要的最小限度的设计

采用必要的最小限度的设计是一种经济且节约能源的设计理念，并且能够与自然相协调，富有朴素性和亲切感。例如，水系设计仅仅在人口密集的村口用采用了石砌驳岸，此外以软式河岸和河床为主；田间土埂的承重处，仅仅在容易坍塌的地方用石材进行加固，除此以外的部分用土和草形成斜面，环村道路，仅仅对车辙部分进行铺装等。

（三）村域边界环境提升应以质朴的乡土特色为基础

村域边界景观应当强调具有水、植被与土地的质朴和温和感的景观，在宁静中创造自然环境所具有的柔和美、年代美[①]。例如，传统村口与当代村口具有特别大的差异：当代村口往往是笔直宽阔的水泥大道配合粗陋的混凝土牌楼，气派雄伟但苍白无趣，与周边的山水田园乡土景观格格不入。而传统上，只有小而美的路亭、郁郁葱葱的风水林、具有历史沧桑感的村门，才是能够真正感受到乡土特色的风景（图4-7-21）。

（a）当代村口景观

（b）传统村口景观

图4-7-21　村域边界环境提升应以质朴的乡土特色为基础

---

① 李树华. 都市农业城市化进程中乡土景观与生态文明的最后守护神[J]. 风景园林，2013（3）：149-150.

图4-7-22 村民充分利用祠堂前的空地，开辟出菜园

图4-7-23 规划实施后，菜园被取消，取而代之的是城市园林景观植物和铺地，视觉效果并未提升，却少了提供食物的功能

（四）村域边界环境提升应满足多种功能

应将实用性与文化传承结合，使整个村域边界环境不但具有造景功能，也具有其他综合利用，例如水系养殖鱼虾、蓄洪、排涝、自净、灌溉以及预防火灾等。环村绿化不仅形成了遮阴、防风效果，树木成材后还可以用作建筑材料、制作农具，落叶可以当肥料和燃料，粤西常见的荔枝、黄皮、菠萝蜜等树木也提供了一部分食物来源。村域边缘的空地，其功能不仅是聚集人流、儿童玩耍、老人休憩、妇女交流，也起到了晒谷、晒笋的作用，甚至可以是菜地（图4-7-22），总之，一个多功能的复合场和生活密切相关，给人以亲切感。不应当用城镇化的景观要素去破坏原有的乡土风貌（图4-7-23），而所有新增加的功能都应当考虑与原有风貌的融合。

（五）村域边界环境提升应考虑通过设计减少资源的消耗和浪费

设计有利于收集、保存雨水的水体形状，并将这些收集的雨水作为水体周边景观灌溉的主要用水和部分村落日常盥洗功能，景观维护成本和清洁水需求的减少，能够有效降低环境影响；利用低成本的原地废水处理系统，能够减轻废水对于自然水体的压力；

在远离市政排污的位置，可以考虑使用改良旱厕的做法，所收集的粪便还可作为有机种植的农家肥使用。另外，在粤西地区很多近河近海村落，采用柳树、芦苇和菱草等植物营造防护林并以根系加固堤岸的办法，是一种可维持机能高、耐久性高的设计。

村域边界空间环境的综合提升以外布前村村口改造为例。近年来，外布前村逐渐向道路发展，村落整体空间有无序化的倾向，外布前村入口范围包括村口商业街及河岸两旁的建筑与环境，该区域是进出村落的必经之处，但目前区域内建筑风格杂糅，环境档次较低，亟待完善；人车混行，街道脏乱。因此，展示村落形象的重要节点，是外布前村整治建设的重点区域。目前，区域内建筑风貌不齐，有必要对建筑的立面与外部环境进行必要的整治，以改善整个村口的空间质量（图4-7-24～图4-7-26）。

节点位于村口，整治目标主要为两旁的沿街商业片区。

现状问题：
- 建筑风格杂糅；
- 道路破损不整，亟待完善；
- 各个单位的窗户样式不统一；
- 人车混行，街道脏乱。

整治前照片

应对策略：
- 清理建筑墙面，统一用白灰粉刷；
- 整治窝棚屋顶，统一屋顶材质；
- 结合原有建筑，根据需要用混凝土柱和披檐对沿街建筑进行加建，连接成骑楼，改善步行空间；
- 增加沿街商铺门窗面积，建筑构件（阳台栏杆、门、窗等）刷木色漆，统一店铺招牌形式；
- 在人行和机动车道间高差部位增加绿化隔离带，统一铺装人行道及骑楼下的地面。

整治意向

图4-7-24　外布前村村域边界空间节点整治1

节点位于河西岸处，在村入口桥边附近，整治目标主要包括河道及沿河建筑。

现状问题：
- 乱搭建现象严重，风貌混杂；
- 立面破损残缺；
- 现状环境杂乱。

整治前照片

应对策略：
- 修缮窝棚建筑的屋顶，用材与其他完好屋顶协调；
- 清理杂乱的墙面，统一用白灰粉刷；
- 增大门窗面积，门、窗框刷木色漆，阳台及其他构件统一形式；
- 清理建筑周边填堵杂物；
- 整理河基，在建筑沿河的部位增加台阶和亲水平台。

整治意向

图4-7-25　外布前村村域边界空间节点整治2

节点位于村内入口附近的桥，整治目标主要包括河东沿岸景观以及对岸的建筑整治

现状问题：
- 河岸空间封闭，沿河景观档次较低；
- 对岸建筑立面破损残缺，窝棚屋顶残破，整体风貌与环境不协调；
- 道路人车混行，空间层次混乱；
- 河道环境脏乱，有杂物乱堆放于河基。

应对策略：
- 清理对岸建筑墙面，均用白灰粉刷；
- 整治修缮窝棚屋顶；
- 增加门窗面积，门、窗框刷木色漆，阳台及其他构件统一形式；
- 除桥及附近河岸原有护栏实墙，桥两侧改为石栏杆；
- 整理河岸环境，扩大临水硬质地面，增设绿化及景观小品，营造开敞舒适的亲水空间；
- 在沿道路建筑墙基处增加绿化隔离；
- 清理建筑周边填堵杂物，整理河基，在建筑沿河的部位增加台阶和亲水平台。

整治前照片　　　　　　　　　　　　整治意向

图4-7-26　外布前村村域边界空间节点整治3

第五章

当代粤西乡村聚落建筑空间环境提升

对建筑空间环境提升策略与方法的思考开始于对粤西当地建筑类型、组合方式、居住建筑外围护结构气候适应性、建筑材料和装饰细节的观察与总结。进而从传统建筑修缮及更新改造、村镇公共新建和当代住宅改造三个方面提出了空间提升的方法和具体实践：

（1）针对传统建筑的利用与保护，考虑到粤西地区资金有限、经验欠缺，提出应采取逐步推进的方式，先对一些文化价值较低、空置、废弃的传统建筑进行改造尝试，然后逐渐尝试对局部传统聚落肌理破坏的位置进行恢复，对于文化价值较高的文物建筑和历史建筑采取保守和谨慎的态度，分别对这几种修缮和更新改造的情况，举出了具体案例并加以说明。

（2）针对目前乡村公共建筑缺乏、配置不合理的现状，提出合理配置的公共建筑新建十分有必要，公共建筑新建过程中应当强调规模紧凑、功能尽可能齐全、合理配置、服务更广泛的人群；从当地地域元素中获得灵感；在传统形式与当代公共建筑功能发生冲突时，需要进行合理的取舍；需根据场地、地形、造价和具体的功能灵活应变。

（3）在当代住宅建筑改造方面，本书从住宅建筑的内部功能改造、与当代住宅建筑外立面及外环境改造两个方面进行了分析和实践，综合提升了住宅建筑内外空间的品质。

第一节

居住建筑的原型、现型与转型

一、宅院的基本原型——三间两廊

三间两廊是一种广府地区常见的小型"三合天井型"民居（图5-1-1），"这是本区（粤中）最主要的平面形式，'间'指的是三开间的主座建筑。平面内，厅堂居中，房在两侧。厅堂前为天井，天井两旁称为廊的分别为厨房和杂物房，天井内通常打一水井，供饮用"[1]。对于人多地少的珠江三角洲地区而言，乡村聚落往往采用严谨的梳式布局，给单体建筑扩展的余地不大，因此村落中一般不会形成大型的组合式民居，而更加强调村落形态意义上的聚族而居。在长期的文化传播中，粤西地区的人民也选择了三间两廊这一住宅的基本形态，体现出了广府文化对于粤西地区的广泛影响。天井空间是粤西地

---

[1] 陆元鼎，魏彦钧. 广东民居[M]. 北京：中国建筑工业出版社，1990.

区传统聚落建筑中最重要的开敞空间，传统的聚落生活都围绕着天井展开。这种对称性强的三面或四面围合空间类型，在粤西各地民居中比较广泛存在。在宅基地面宽相近的情况下，三合院式民居的内庭院或天井空间具有凝聚力，居民围绕着庭院与天井进行比较多的生产活动。

这种用建筑包围一块空地的做法，也解决了采光、通风、换气和排水的问题，是一种非常重要的组成要素和一项很有成效的手段。院落的价值和作用超过了任何单体建筑，功能上相当于中央露天大厅的作用，具有多重生活功能和生活内涵，在整个建筑组群中占据精神统领和核心作用。天井空间通过将室外环境引入室内，增进了建筑与环境之间的热量交换，形成庭院特有的微气候环境。天井的高宽比会影响太阳得热与通风，从而调整微气候环境。对于研究的案例村落而言，西江和南江流域传统民居建筑高宽比较大，更有利于减少太阳得热，利用热压通风实现降温。雷州半岛地区的传统院落往往采用大面宽，显得开敞、明朗（图5-1-2）。

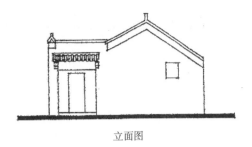

立面图

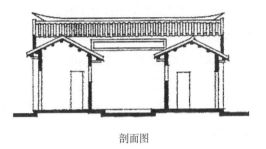

剖面图

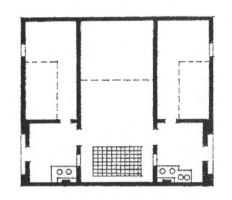

平面图

图5-1-1　典型广府三间两廊——高明县某宅
（来源：《广东民居》）

（a）西江流域典型院落　（b）南江流域典型院落　　（c）雷州半岛地区典型院落

图5-1-2　不同地域院落空间形态比较

二、传统民居模块组合平面拓展模式

建筑形态是农家庭人口和生产生活方式的直接反映。一个基本的农宅往往是包含祖堂、厨房和卧室的三间两廊格局。在此基础上,根据地域的不同特征,发展出不同的空间形态。传统民居的营建是建立在主干家庭或扩大家庭基础之上的,以家族为基本集合,对土地的利用形式也是以家庭和家族的生活行为方式为根据的。平面形式上采用模块组合的方式,在形式外观上则根据各地材料和营造手段的差异显示出地方特色(图5-1-3)。

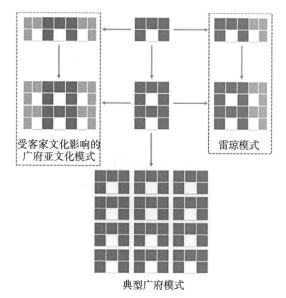

图5-1-3 传统民居基于主干家庭或扩大家庭的模块组合平面拓展模式分析

传统乡村聚落是以家庭为基本单元,在农耕经济社会中,经济个体对其享有资源的范围是要有明确界定的,家庭和家族的兴衰与否是以拥有房屋和田地的多寡为衡量标准的。这种观念在营造其居住形态时也清晰地显现出来,无论是单个房间还是家族聚居的建筑群都有其明确的边界,并且对外的边界相对封闭,以此表明对所占有土地的独享权利。建筑空间组合表现为由宗族等级观念与长幼尊卑秩序所决定的建筑形体组合关系。建筑风格与地区自然环境性格相呼应,表现为强烈内在的统一性与外在的差异性。传统民居以合院为典型建筑形态,外封闭,内开敞,以家族成员群居合一同心协力的理想为目标;民居内部以"中"为贵,以中轴线为基准组织起左右基本对称、主次分明的利益秩序。

分家是父母将财产转移到下一代最重要的途径之一,分家意味着聚落人口、财产再组织的同时,也意味着聚落居住空间再组织,房屋的重新划分直接影响聚落形态的延续,是传统聚落不断变化扩张的主要动力。粤西民居多以三间两廊为基本原型,根据各个家庭自身的社会经济条件、家庭成员,增减模块空间来营建居住空间,并顺应地形环境。

(一)典型广府模式——"单元式"扩展模式

典型的广府村落多采用方格网街巷(即梳式布局)系统,因此,一般不会形成大型的单体建筑,聚落整体则是以"单元式"房屋组成聚落,强调村落形态意义上的聚族而居。其村落整体为一个大的空间,通过水系、环村绿化和村围的隔离,聚落对于外界具有一定的封闭性。与此同时,巷道、天井将整个村落分隔成众多小空间,通过空间形体

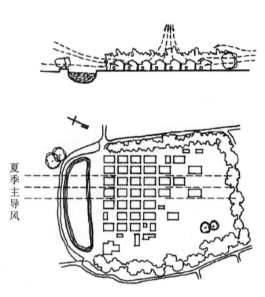
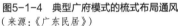
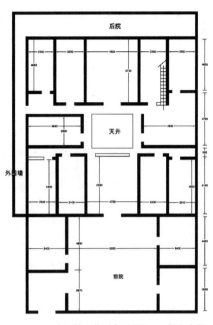

图5-1-4 典型广府模式的梳式布局通风
（来源：《广东民居》）

图5-1-5 南江地区典型中型民居——福和大屋

之间的互相遮阳、空间尺寸差异造成空气差而形成的通风条件，梳式布局系统实现了聚落整体层面的气候适应性，并具有良好的社区凝聚力（图5-1-4）。

（二）广府亚文化模式——强调中路合院的扩展模式

由于三间两廊单元具有很强的模块性，在匪患严重或不同族群之间经常发生冲突的地区，同族人必须团结起来，因而往往采用模块拼接的方式形成大中型民居和聚落。南江流域属于广府次文化区，村落中多数的传统建筑多为广府地区的三间两廊同构基本原型延续而来。在此基础上，可以通过拼接形成大中型民居，而大中型民居的平面扩展组合则综合了客家与广府两系民居的特征（图5-1-5），尤其受到客家民居中堂横屋这种形式的影响：聚落空间通常为一个主干家庭或扩大家庭一体营建而成，中路的合院经常作为堂屋使用，因而具有强烈的序列感；两侧的生活空间可横向拼联更多加以附属功能的院落或排屋，满足家庭内更多人的生活需求；整体空间呈现出较为封闭的特征，防御性强。

在此类大中型民居中，往往在两侧侧院留出一条半室外的廊道，类似于梳式布局的冷巷，这是一种很重要的处理手法，不仅解决了住宅内部的交通问题和防火问题，也促进了建筑整体通风，狭窄的巷道受到的太阳辐射较少而温度较低，相对宽敞的天井院落受到的太阳辐射多而温度较高，当院落热空气上升的时候，巷道和室内冷空气就补充进入，形成自然通风（图5-1-6）。

此外，模块组合平面建筑的生态适应性还体现在精妙的建筑排水系统以及因地制宜选择的防水材料。这类大屋有完整的排水系统，建筑内部排水主要由天井、明渠、暗渠

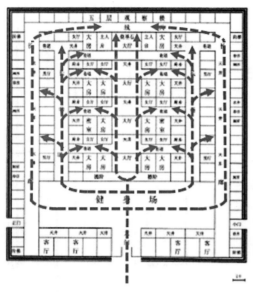

图5-1-6 光二大屋及其通风组织
(来源：郁南博物馆提供图片的基础上 改绘)

结合使用而成，其中天井和暗渠用于室内排水，禾坪区域的排水主要通过明渠，通过这些排水设施的整体布置与配合，大屋排出的雨水和生活用水流入村内河流或池塘，最终排入南江，每年洪水来临之际，精妙的排水设施只需补充少量的人力便可以有效地抵御洪水，以光二大屋为例："其大门有闸槽三道，可以拒洪水于墙外。大屋所在地势较低，每年洪水均可能淹至1～2米高。这时下木闸，闸间塞以泥等，可以防水渗透。更令人称奇的是其中一座房内设一水池，当天降暴雨，外边又有洪水袭来时，屋内雨水流向此池，池中设水车，用人力将水车至二楼池中，用管子排出屋外"[①]。

（三）雷州模式——三间两廊加护厝的扩展模式

雷州民居的空间基本原型融合闽海和广府两系的民居特点，结合自身地域条件和使用环境进行的空间变异发展是其真正的价值所在。建筑单体的规模增长以横向扩展为主，这点十分类似于闽海系的府第式大宅，以增加两侧偏院护厝的形式来扩展宅院空间。因此，就形成了三间两廊加护厝的典型形式（图5-1-7）。在聚落整体层面，则又模仿广府民居的梳式布局朝纵向发展的形式（图5-1-8）。三间两廊加护厝式民居是雷州传统居住建筑单体最典型的空

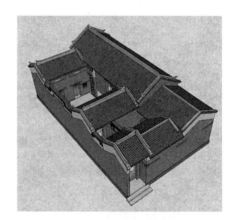

图5-1-7 东林村三间两廊加护厝式民居
(来源：赖亦堆 绘)

---

① 吴庆洲. 防洪防匪的大宅——光仪大屋[J]. 小城镇建设，2001（6）：72-73.

图5-1-8 雷州聚落的梳式布局空间形态

间模式,具有功能分区明确,空间层次丰富的特征。

基于横向拓展模式,雷州民居建筑面宽远远大于岭南其他地区的民居建筑面宽。这体现在两个方面:一方面,住宅每一个开间的尺度都比较大;另一方面,院落与院落之间以横向联系为主,很少有纵向联系,造成住宅总体面宽比较大,显得开敞、明朗。虽然大面宽建筑不利于节地,但其偏院天井的充分利用和护厝的自由布置,在一定程度上提高了空间利用率。

雷州模块组合平面拓展的方式空间较为复杂:主院的基本格局相对而言是比较固定的三合院或四合院,结构严谨,主次分明。但侧院的空间格局却没有比较固定的模式,而是根据需要进行组合,可以一侧或两侧加单跨院,也可以加双跨院。院落的分隔也没有统一的模式,这样就形成了复杂多变的空间。

此类建筑的代表作潮溪村分州第始建于清代同治年间,其主体功能区是一个三间两廊围合而成的主院,东西两侧各加以附属功能的院落,西侧院南北狭长,避免烈日暴晒,尤其是西晒,南面加一条狭窄的过道,进行空间的围合,各个院落由廊和过道互相连接。从这种关系中,可以看出整个住宅的主从关系及布局逻辑(图5-1-9、图5-1-10)。

以主院为核心,所有的空间流线都汇集于此,进入门楼后,在经过明暗变换的空间铺垫后进入豁然开朗的主院,强调了空间和天际线的变化和层次,打破了住宅内部高墙所形成的压抑感,多重空间具备分明的流动性和进深感(图5-1-11)。

西侧院具有多重连续屋顶(图5-1-12)。防御性比较强的住宅,出于防御角度考虑,增加了过道和具有瓮城性质的院落空间,加之跑马廊、碉楼等防御设施,使整体空间更具有迷惑性[①]。

在雷州梳式布局的聚落中,前后两个"三间两廊"单元大多共墙拼接,即后面一户

---

① 林琳. 潮溪村历史聚落空间特征与可持续发展研究[D]. 广州:华南理工大学,2012.

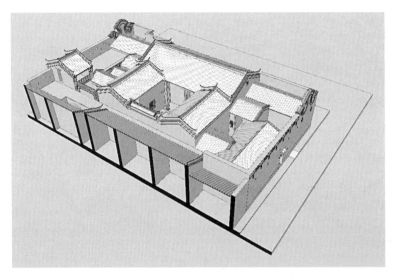

图5-1-9 潮溪村分州第空间格局采取主侧院结合的方式

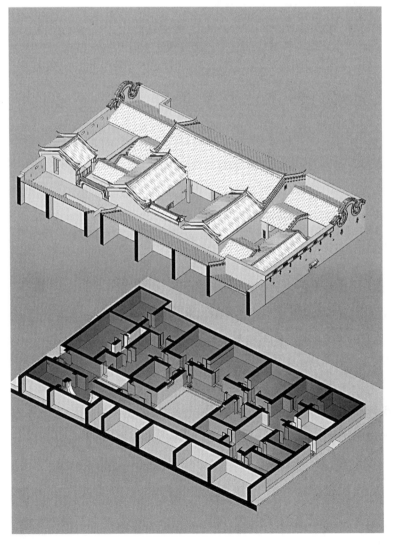

图5-1-10 分州第平面格局

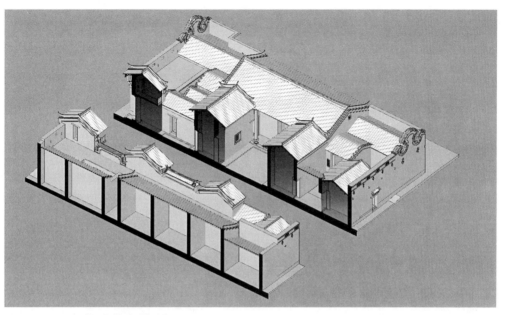

图5-1-11 分州第室内外光线变化关系

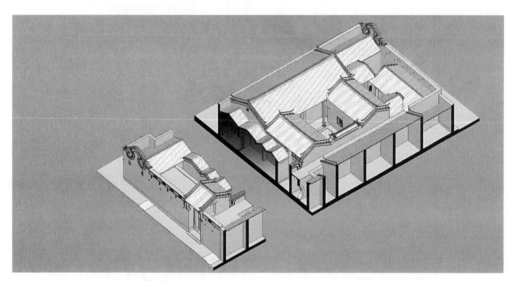

图5-1-12 分州第西侧院多重连续屋顶空间结构示意图

直接利用前面一户正房的后界面为照壁。其代表建筑是湛江市遂溪县苏二村的"拦河大屋"（图5-1-13），以"三间两廊加护厝"院落为基本构成单位，结合附属建筑及院落形成两组两进三合院的空间组合，大屋防御体系严密，墙体上部保存有完好的射击口，屋顶两侧靠山墙处设置有连续的步道。此外，山墙多段连续的水行山墙蜿蜒盘曲，气势宏大，整体民居占地面积足有一条街，该建筑具有严谨的布局、精巧的结构、丰富的装饰。

除了上述提到的空间模式，有的大型住宅占地面积特别大，空间也异常复杂，同时杂糅了多种布局方式。如由三合院与四合院及包廉侧院组合而成大宅司马第（图5-1-14、

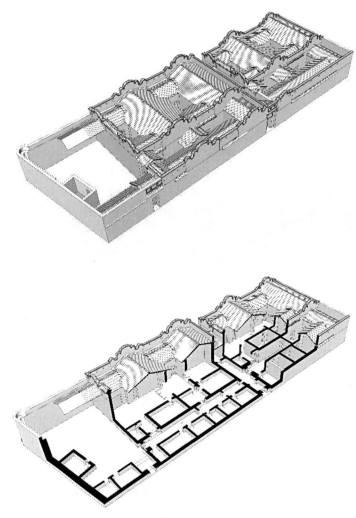

图5-1-13 苏二村拦河大屋空间格局由两组两进三合院加侧院构成

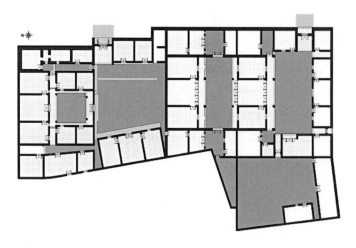

图5-1-14 东林村"司马第"平面示意图

图5-1-15 东林村"司马第"全貌

图5-1-15）位于东林村中部，始建于清代，坐北向南，面阔33.75米，进深22.1米，面积746平方米，房屋6栋，经过多种形式的空间拼接组合而成。该宅整体布局合理，朴素大方，清代建筑风格突出，雕刻工艺精湛。

三、当代民居增殖与异化模式

与传统的家族聚居形式不同，新民居的建设基础是现代核心家庭，农村家庭核心化趋势以及宅基地无偿分配制度刺激了农村户数的增长，普遍情况是按照男丁的人数分配宅基地，这种情况下，一个村子即便是人口增长缓慢，也会造成农宅建设需求的增加。随着时代的进展，新民居较传统民居最大的变革在于核心空间的变化，这种变化深受城市居住建筑的影响，客厅取代天井成为新民居建筑的核心空间来组织整个建筑的空间格局和功能分布。在雷州的案例村落可以看出天井由开敞趋于封闭，由室外空间变为半室内或室内空间，甚至逐渐消失。在郁南的案例村落中，天井则由围合逐渐变为半开敞院落或仅留下三开间的主座建筑。

雷州地区的村民往往无意识地保留了院落或天井空间（图5-1-16），体现了建筑内部传统空间记忆在新时代的延续。人民公社时期为解决村落人口数量剧增而引发的人居空间紧张问题，在大量新民居建筑集中建成的情况下，继续维持了三间两廊的空间形式。正房保持了中间为厅堂空间、两侧为卧室的布局，庭院位于厅堂前，然而建筑内部

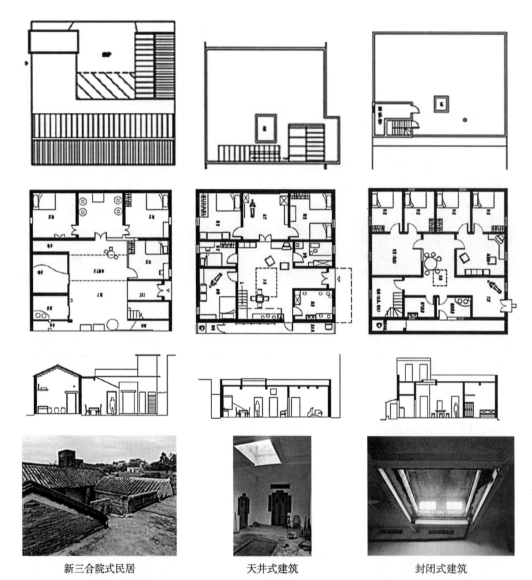

| 新三合院式民居 | 天井式建筑 | 封闭式建筑 |

图5-1-16　雷州地区住宅屋顶平面图、立面图与天井空间实例
（来源：赖亦堆 绘，作者自摄）

设置了上楼顶的楼梯，屋顶为晾晒谷物衣物的空间，厢房缩短或取消，屋顶形式也平坡皆有，反映了人们逐渐关注个人需求和功能需求的现实，但庭院仍然承载着家族成员吃饭、洗衣、交流、纳凉等日常和休闲活动。同时也反映出，受时代与地域的局限性，人们在区域范围内只能通过"法古"来解决当前面临的问题[1]。

郁南地区改革开放后随着外资的流入，乡村与世界有了更广泛的联系。在原有的历史建筑旁，由于宅基地面积有限，出于改善生活的需要，农民开始兴建楼房，楼房多为

---

[1] 梁林. 基于可持续发展观的雷州半岛乡村传统聚落人居环境研究[D]. 广州：华南理工大学，2015.

三开间，立面整体上形成横三段和纵三段的分割方式，这种方式能够看到对三间两廊中三开间主座建筑形式延续的自组织关联[①]（图5-1-17、图5-1-18）。在平面布局上往往也延续着客厅居中、卧房在两侧的方式，后期修建的住宅由于人地关系进一步紧张，往往将住宅缩减至两开间，平面上取消一侧卧

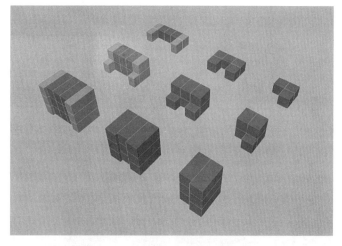

图5-1-17　新民居基于核心家庭的竖向拓展模式分析

室，只强调厅堂和一侧房，采用增加层数的方式增加使用面积。由于尚未接通自来水，以及地下排污管线的缺乏，村落农宅大多延续着厨厕单独布置在户外的方式。有些农宅由主楼和一侧副楼组成，副楼一般情况下比主楼低一层，规模较小，一般将厨房、卫生间功能安排在副楼，这种格局也可以视为继承三间两廊格局的一种形式。此外，村里较晚出现的住宅，也有些直接模仿城市住宅的别墅。

四、两种模式的对比分析

（一）传统居住建筑地域性的获得是不断积累的过程

从以上对比可以发现，与当代建设从设计到一次性建设过程所不同的是，传统民居空间格局的形成是由众多微小累积逐渐形成的。最初三间两廊宅院基本原型的确立和基于三间两廊的梳式布局的确立是为了抵御自然气候灾害以及获得良好的气候适应性所达到的一种平衡状态。这种平衡状态是兼顾当地气候、本土材料、乡土构造技术、文化习俗等要求作用与反馈到建筑形式与空间格局中，需要进行不断的同化和调节，逐渐改变之前的建筑形式与空间格局。在同化与调解作用下达到平衡状态时，"三间两廊"这种空间格局本身也在对使用者的文化习俗产生微妙影响，并随着交通和贸易的改善，成为一种文化输出。

对于粤西地区来说来讲，当地的本土文化都曾经属于一种外来文化，粤西广泛存在的三间两廊形式是一种外来营建方式的影响。当受到外来文化影响时，当地聚落将这种外来的建造元素融入原有的格局之内并进行同化，以应对新的当地气候、本土材料、乡

[①] 韩瑛. 村镇形态发展的自组织规律及其对规划设计启示［A］//国际人类学与民族学联合会，中国民族建筑研究会.族群·聚落·民族建筑——国际人类学与民族学联合会第十六届世界大会专题会议论文集［C］. 国际人类学与民族学联合会，中国民族建筑研究会，2009：5.

三开间以上的住宅　　　　"三开间"的住宅　　　只强调厅堂和一侧房的非对称住宅

图5-1-18　郁南地区新农宅基于传统三间两廊形式在新时代竖向拓展的传承关系

土构造技术、生存方式、文化习俗方面的外界环境条件。经过实践中漫长的同化与调节的改良过程，与上述各种新外界环境条件产生互动，原有建筑形式和空间格局逐渐产生变化，最终达到与当地环境更加契合的状态，实现相对平衡，形成适应当地的、更成熟完善的建筑形式和空间格局。这是一个通过建筑和环境的相互作用而不断从较低水平平衡状态过渡到较高水平平衡状态的动态过程。

这种不断"吸纳—同化—调试—平衡"的过程受到文化及当地气候两方面因素的影响，不可否认，三间两廊这种建筑原型及梳式布局拥有"被动式节能"的优越性，但同时，在第五章的模拟结果中可以看到，雷州对于广府式的梳式布局和三间两廊的继承，更多的是一种文化层面的平衡，对于当地气候适应性尚且没有达到最佳状态，而呈现出不断调适的过渡状态。这种状态体现在东林新村继承旧村格局基础上从聚落整体层面完善气候适应的做法上。类似这种的过程也发生在南江流域，相比较而言，南江流域居住建筑的转型更多地继承了原型的气候适应性优点，并根据当地对于防洪及防御功能的需求有所提升。

也需要认识到，在传统的演变过程中，平衡状态的取得有时是通过权衡利弊之后对建筑形式和空间格局特征做出必要取舍为代价的，如粤西传统聚落及民居在应对湿热环境条件，为了取得更好的遮阳通风效果而普遍牺牲了采光，而村落防御需求对于单个家庭成员而言则牺牲了隐私。

（二）当代居住建筑的转型缺乏足够的调试和演化时间

传统居住建筑的地域性是通过连续而缓慢的渐进演化过程获得的。在当代粤西乡村，新的居住建筑更容易受到周边强势文化和城市建筑形式、空间格局的影响，而当代从外界的建筑形态和空间格局与本地居住建筑几乎毫无关联，并且其本身的建筑形态与空间格局极其不稳定，这造成模仿外来形态与空间的新居住建筑形式更新过快，大多数新居住建筑尚未适应粤西的地域环境条件即已经过时，淘汰率极高，这是乡村新住宅建筑自组织过程中缺乏足够的调试和演化时间而造成其结果相对简陋的主要原因[①]。

比较传统居住建筑形式、空间格局的演化过程与当代建筑的设计过程会发现，自上而下的他组织方式主导的当代新居住建筑设计中不存在"吸纳—同化—调试—平衡"演变过程。由政府企业主导的设计和建造过程的高度专业化，缺乏与使用者——村民的互动，村民往往被彻底排除在设计和建造过程之外，而他组织力量和设计师往往只在图纸设计阶段与村民的沟通，甚至在设计阶段连这个过程都没有；而农宅建成后往往会发生小规模的改善和维修，这些过程是为了微调建筑形态和空间格局与使用者需求之间的关系，但由于专业人士在规划、设计以及后期施工和实施阶段无法驻地跟进，这种小幅修

---

① 刘涤宇. 宅形确立过程中各要素作用方式探讨——《宅形与文化》读书笔记[J]. 建筑学报，2008（4）：100-101.

改和维修的行为往往被忽视。这种情况下,各方外界力量没有真正了解村民作为使用者主体的真实需求,根据规划或设计图纸一次性建造完成的方式往往造成"不够人性"的结果。这也就很容易理解,为什么专业人士提供的新农村建筑设计方案在当地很难落地。

第二节

乡村聚落其他功能类型建筑

一、公共建筑

传统的公共建筑类型包括祠堂、客厅和庙宇。公共建筑与传统居住建筑在形态上会有所区别,但其整体空间格局具有较强的相似性,其构成要素比较统一,均是以三间两廊合院为空间原型,进行多元素空间组合形成丰富的民居形式,这种构成方式在新村建筑的空间布局上也得以体现。同时,由于粤西地区匪患及族群冲突严重,位于村口的公共建筑也往往带有防御功能。

(一)祠堂

祠堂包括宗祠和家祠。宗祠直到现在也是村落组织公共活动与交往的中心,有祭祀、教育、议事与文化娱乐等功能。祠堂空间前一般都设有比较开阔的广场和相对完整的公共设施。由于其祭祀作用,是维系村落血缘、亲缘关系的纽带。村内祠堂是村民共同的精神中心,是把整个村落维系起来的纽带。

例如,东林村"宽敏公祠"的平面形制是四合院加侧院(图5-2-1),该建筑始建于清代,坐北向南,面阔24.25米,进深29.3米,硬山顶,为砖木结构。该建筑主体部分三开间,正门开在南侧,主体部分的东侧有前后并置的两个侧院,其中东南院连接一座方形碉楼,高耸的碉楼非常醒目,是村落标志性景观。碉楼外立面使用了26个字母石,均匀分布在各面,而射击孔巧妙地隐藏在字母石的笔划之中。公祠周围民宅往往没有强有力的防御设施,所以可以推断出该公祠是强盗匪徒袭击村落时村民临时避难的场所(图5-2-2)。

在近代和现代,宗祠往往延续其教育功能并改建为学校,例如潮溪村六成宗祠建筑面积约800平方米,砖木结构,占地面积约2000平方米,据说建筑形制为三进三厅面阔五开间,高大宽敞,前面有开阔的场地,方便举行大型活动。随着时代变迁,中华人民

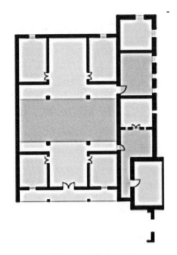

图5-2-1 "宽敏公祠"平面图
（来源：赖亦堆 绘）

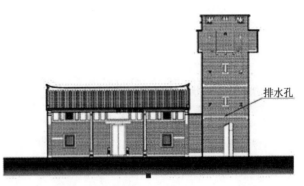

图5-2-2 "宽敏公祠"南立面
（来源：赖亦堆 绘）

共和国成立后，祠堂改为潮溪村小学，为了方便使用，建起两层教学楼，多数原有单体建筑已经荡然无存，仅留下最后一进厅堂，但宗祠的院落格局仍然存在（图5-2-3）。

（二）客厅

雷州半岛地区有一种较为特殊的公共建筑——客厅，是一种具有接待功能的家祠，其功能以接待来客为主，功能流线简单，因此在空间布局上相对简单，通常是一进或两进院落，基本没有侧院空间，但一般建筑规模较大，平面形式灵活，包括不固定的入口位置，或并不一定强调中轴对称。客厅作为村落或主人展示其地位和财力的地方，在外墙、建筑造型及装饰上极尽奢侈，往往是聚落中最隆重、富丽的建筑，以达到炫耀财富的作用。

朝议第是雷州潮溪村第二富豪家族陈钟祺的会客厅，建于清代光绪年间，建筑面积

图5-2-3 改建成小学的六成宗祠

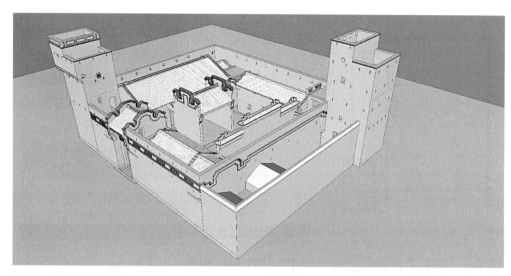

图5-2-4 朝议第空间格局

700平方米,是建筑功能细化而形成的建筑。它延续了一般住宅中堂屋的功能——对外交往的空间,因此格外强调了正房的主要地位,正房高大宽敞,居中的堂屋前面延伸至庭院加一座拜亭,正面未设置墙体及门窗,使其内部一览无余,与堂屋联成一体成为一种半户外空间,具有良好的通风和遮阴效果,且扩大了空间,可以容纳较多的人举办仪式和活动。建筑在平面空间上呈现出"凹"字形,庭院尺度较大,但由于周围建筑单体布置合理,并不显得空旷。西侧包廉[①]靠近门楼的一侧夹有一间密室,照壁后连着两个院落,类似于瓮城的性质,结合着环绕外墙跑马廊系统和西北东南两碉楼的设计,还有水井厨房厕所等配套,形成一个完整的防御体系(图5-2-4)。

(三)庙宇

庙宇是村落民间信仰的世俗化场所,是乡村聚落不可或缺的精神空间,粤西地区传统信仰颇多,依据祭祀对象主要有天后宫、冼夫人庙、雷祖庙、康关班庙、龙母庙等(图5-2-5)。遵循庙前祠后不建房的禁忌,这些庙宇往往设置在村口、主路、水边以及田间地头,并结合其他景观要素给场所一种明确的空间形象。与祠堂相比,乡村中的庙宇建筑往往规模不大,等级不高,建筑平面较为自由。这也反映出粤西地区民间信仰的实用主义倾向。庙宇周边的环境往往得到了精心的营造,种植了树木花池。甚至与自然景观融为一体,如潮溪村天后宫建于明朝崇祯年间,后来榕树将整个天后宫几乎全部包裹起来,只留下祭拜空间。随着大量的树根向外繁衍,独木成林,天后宫外的空地形成一个小广场,加上其他几十棵榕树,覆盖面积达到了约2.33公顷(35亩),在村落东门

---

① 包廉当地对于护厝的称呼。

图5-2-5　粤西地区的庙宇建筑

形成一处重要的景观节点[①]。

庙宇建筑使用频繁，因此重修的现象非常普遍。一方面是传统的地方信仰能够留存至今的一个原因；另一方面是当代对于庙宇建筑的重修带来了强烈的时代烙印，很多外来的建筑元素被用在了庙宇建筑上，往往可以看到庙宇的墙体覆盖了瓷砖，屋顶形式经过多次更换等，这些修缮也带来了一些困扰，比如对建筑历史信息的破坏及修缮材料与周围环境不协调等，这些问题都是在具体的空间节点环境提升中应当考虑的问题。

（四）拜亭

在粤西地区乡村聚落的公共建筑中，无论是祠堂、客厅还是庙宇，普遍出现了具有地域特色的连接空间——拜亭，装饰华美、仪式性较强（图5-2-6）。这种空间具有防止太阳辐射和增加室内活动热舒适程度的作用。

从空间组合上来看，拜亭主要有两种形式，"凸"字形与"工"字形。"凸"字形往往置于规模较大的三开间公共建筑后堂心间前，强调了主院落空间形态中轴对称，比如雷州潮溪村朝议第的拜亭就采用了"凸"字形的空间构成。规模较小的公共建筑，往往

---

① 林琳. 潮溪村历史聚落空间特征与可持续发展研究［D］. 广州：华南理工大学，2012.

(a) 雷州市青桐洋村刚栗公祠拜亭　　　　　　（b) 雷州市禄切村诚斋公祠拜亭

（c）高州市石鼓镇甘竹村三圣宫拜亭　　　　（d）高州市镇隆镇俊昌村梁挦山公祠拜亭
（来源:《广府鉴江流域祠庙平面及梁架研究》）　（来源:《广府鉴江流域祠庙平面及梁架研究》）

图5-2-6　广泛存在于粤西传统公共建筑中的拜亭
（来源：自摄及《广府鉴江流域祠庙平面及梁架研究》）

采用"工"字形的组合方式，比如雷州东林村天后宫，建筑强调祭拜功能，因此扩大了拜亭的规模，拜亭将山门和主殿联系起来，使整个建筑主体呈现出独特的"工"字形布局，而信众可以风雨无阻地进行祭拜活动，也避免了雷州地区过于炫目的光照。主院被拜亭分割为两个小天井，通过月洞门进行连接，光线明暗交替变化，丰富了空间感受，而拜亭和山门之间的隔断强调了空间的变化和层次，在解决功能问题的同时也打破了面积限制所造成的单调感（图5-2-7）。

（五）公共建筑与村落环境提升

祠堂、庙宇和学校等公共建筑是影响村落内部空地和村落边界形态的一个关键因素，也维持着村民的心理安全距离。通过对西坝村公共建筑分布与村落空间关系的分析（图5-2-8）可以发现，随着村庄不断向外扩张，村落肌理、村域边界不断被破坏，农村居民点逐渐蚕食耕地，村落外围的水塘逐渐消失。但或许是出于对祖先和神灵的敬畏，村落公共建筑周围往往形成开阔的广场或空地，以祠庙附属空间的形式出现，起到公共聚集的作用，在村落整体的发展演变中，成为村落环境的重要空间节点和有机构成，在空间结构中有突出意义。由于公共建筑使用率高，因此对于村落景观环境的塑造及改善

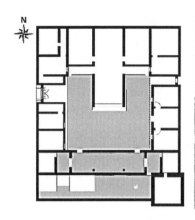 

(a)"凸"字形拜亭

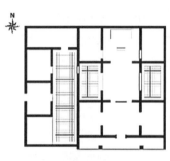 

(b)"工"字形拜亭

图5-2-7 拜亭的两种空间组合形式

图5-2-8 西坝村公共建筑与村落边界关系示意图,深色斑块为公共建筑

乡村居民生活品质有着特殊意义。可以从整治公共建筑及周边环境入手，作为提升整个村落环境的切入点。在当代，基于公共建筑的村落节点空间主要存在三方面问题：

第一，怎样通过空间节点有效组织交通；

第二，怎样使景观风貌更具乡土性，并使得与公共建筑相关的优秀文化传承下去；

第三，怎样协调村民的利益。

处理好这些问题后，会使得村落具有充满活力的活动空间，人文气氛会更好。

二、防御建筑

由于粤西地区曾经匪患严重，村落周边生存环境恶劣，因此粤西地区的人民有强烈的忧患意识和防御意识。这些意识也影响了村落的聚落形态和空间布局，防御建筑及其附属构筑物，以及形成的防御空间有其存在的必然性。防御空间意味着安全、有效。村落组织良好的氛围，是村民潜在自我保护意识的空间表现。村落的防御空间主要有两种，村落整体防御和建筑单体防御。

（一）村落整体防御

围绕村域边界的村围、闸门楼及其附属设施构成村落第一级防御体系。村围属于村落整体的防御设施，这种防御设施往往采用夯土结构，为了提高防御性能，一些村落采用夯土墙外加种刺篱竹的方式进行加固以增强其防御性，也有一些村落也在围墙外设置沟渠。村围设置的出入口，即为村门（图5-2-9），村门上方可以用

图5-2-9　雷州邦塘村村围与村门

于观察敌情，必要时刻进行射击。村门所在位置把守了通向村落的通道，形成了村落重要的空间节点，也达到了良好的防御目的，聚落空间的安全感和血缘村落的归属感由此得以加强[①]。

（二）建筑单体防御——碉楼

粤西地区有一种较为特殊的建筑形式——碉楼，这些因求安全而产生的建筑往往融合了公共建筑及居住建筑功能，根据建筑的体量不同，碉楼也大小参差地耸立在村落之间，并且对村落景观特色的构成也起到了重要作用，往往成为视觉焦点，丰富了村落的

---

① 林琳. 潮溪村历史聚落空间特征与可持续发展研究［D］. 广州：华南理工大学，2012.

图5-2-10 新兴县石头冲村碉楼

图5-2-11 雷州潮溪村富德碉楼
（来源：雷州市城乡规划设计室蔡健主任 摄）

天际线（图5-2-10）。

碉楼往往设于主体建筑的对角，墙体厚实，以砖石、杉木、糖石灰结构砌筑，非常坚固，墙上开有外窄内宽的梯形枪口。此外，一些豪宅在沿外墙屋顶处设有跑马廊，结合女儿墙的枪眼方便观察外面的情况（图5-2-11），与碉楼一起形成贯通的屋面防御体系。

雷州昌竹园村碉楼是保存较为完整的清代建筑古寨堡式碉楼。建筑规模非常雄伟，呈东西长、南北短的矩形，整座碉楼长67米，宽47米，高约8米，二层结构，建筑总面积6298平方米。该碉楼防御布局合理，建筑工艺精巧。虽饱经沧桑，如今仍巍然屹立在村前（图5-2-12）。碉楼由青石和红砖构成，合院形式，整个建筑的外墙厚达1.2米，坚固异常。整个碉楼只有一个出入口，且以厚重石材与铁门防护，内部空间分上下两层，通道畅行。进门便正对祠堂，东西两侧对称各有一处客厅，四周上下环廊，主院一层环廊均以拱券为主题，柱头、柱脚均做欧式线脚，屋顶、屋脊等均用雷州当地的灰塑工艺装饰，这种西洋构造手法与中国传统建筑艺术结合完美和谐。东西两侧各有偏院。为全方位防御外敌侵犯，建筑的四角各有一个碉楼，其中南北两个为从底部砌筑起来，高度

图5-2-12 昌竹园碉楼外观

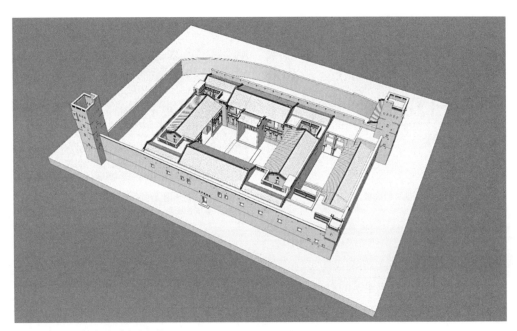

图5-2-13 昌竹园碉楼鸟瞰示意图

达十几米,其余碉楼为二层以上部分的悬挑砌筑,一方面节约碉楼造价,另一方面增加瞭望与射击范围,提供防御性。外墙面布满了枪眼和观察眼,做好了全方位的防范设施。碉楼内生活设施一应俱全,厅房众多,水井、库房等可以满足居者长时间的守卫,甚至还有宽阔的戏场和园林,以丰富堡内的生活(图5-2-13)。

三、生产建筑

生产建筑是从事各类生产活动的地方,包括农业、工业和服务业的生产活动。根据其生产特点,乡村的生产建筑主要分为两类:一种类型的生产建筑主要是指那些为了发展农、林、牧、渔业等第一产业的生产而建立的生产建筑,包含温室、粮库、禽畜养殖建筑、塑料蔬菜大棚、果蔬贮藏仓库、农副产品加工厂、木材木料加工厂、农业机械工具修配厂等;另一种类型的生产建筑主要包括乡镇企业、村集体或村民个人开办的手工业工厂、机械工具修配厂,或城市产业为追求更低生产成本而转移至乡村聚落空间的某些加工厂、工业工厂以及建筑材料厂等,这一类生产建筑主要为城市工业、商业、外贸等行业进行服务。

传统的生产建筑由于产量较小,具有分散性,例如早期的牛圈鸡舍散布在农村居民点中,甚至在农户宅院中,人畜混居。随着村落土地利用方式的多元化发展,传统的庭院养殖趋于没落,反映在空间形态方面则是牛圈鸡舍等养殖建筑正在逐渐消失,除了石头冲村将早期的鸡舍作为博物馆展示(图5-2-14),一般情况下,存在的少量养殖建筑也处于空置状态(图5-2-15)。

图5-2-15 废弃的养殖建筑

图5-2-14 石头冲村早期鸡舍目前用于博物馆展示

图5-2-16 石头冲村安排至山谷的鸡舍

新建的生产建筑如果缺乏合理规划，往往会抢占村落外围或沿路的位置，破坏了当地的传统自然景观，也有造成污染的隐忧。石头冲村近期专门设置的禽畜圈养区，则使用科学分区充分考虑到村民生产生活的需要，实现了"人畜分离"，现代化鸡舍安排在山谷，处于下风向位置，很大程度上避免了异味，通过无害化处理养殖废料，保持了村落整体干净卫生（图5-2-16）。

第三节

各类建筑的存续

本书按照建筑功能对乡村的各类建筑进行了分析，然而实际上各类功能建筑的区别并不严格，其空间构成也有相似之处。例如，住宅与各种公共建筑往往具有类似的原型并均是以庭院为中心组织功能流线，客厅这种建筑是具有接待功能的家祠，碉楼与拜亭往往存在于各类建筑之中等。这些现象也给各类建筑在当代的存续提供了思路。

一、居住建筑

　　粤西地区的传统民居空间结构出于实用的考虑具有丰富性，为了适应湿热的气候环境具有流畅性，聚族而居的生活方式也意味着居住建筑具有一定的公共性，特别是表现在由半开敞空间围合的庭院，在当代乡村的公共生活也往往延续到每家的庭院。但传统建筑的个人空间通风与采光效果不好，以及由于现代基础设施的缺乏，存在用电、排水、缺乏现代卫生空间等一系列现实问题，不适宜现代生活。在这种情况下，对于建筑单体内部空间的更新改造，提高空间舒适度与使用率是非常必要的，也有利于维持村落的社会进步与可持续发展。但在资金有限的情况下，通过功能转换，将一些文化价值较高的居住建筑改为其他内部改造要求较低的功能，也不失为一种有效的方法。通过功能转换，减少内部空间更新改造成本，也能将建筑继续融入乡村生活。

二、公共建筑

　　大多数传统公共建筑依然部分保持其原有功能，成为乡村公共生活的一部分，在未来应继续维护其使用功能，增强乡村社区凝聚力。然而，传统公共建筑合院式布局不能够满足所有的现代公共生活。随着村落的发展，新功能的公共建筑是必要的建设，这类建筑无法直接从传统建筑原型中提取经验，公共建筑的选址以及如何使这类建筑更好地融合聚落空间环境，并有效提高村民的物质生活、精神文明生活水平，是这类建筑建设时应当考虑的问题。

三、防御建筑

　　随着时代的变迁，防御建筑逐渐失去了其主要功能——防御功能，然而"住防合一"的防御意识作为一种心理积淀，依然以"潜意识"的方式影响当代聚落形态与空间布局，如新建住宅区也往往采用了紧凑的布局方式。而作为一种文化遗存和乡村景观的防御建筑，应当通过功能置换，解决其通风采光问题，在新时代找到合理利用并继续延续的途径。

四、生产建筑

　　当代的生产建筑应当考虑做到无污染、节能省地、低能耗、多用途、融入被动式太阳能系统、节省建筑造价等方面的问题，努力使建筑及其产品融入本地经济自循环。

　　而居民区存在的少量废弃的传统生产建筑，不一定都要拆除，慎重清理。基于传统农业的鸡舍、猪圈、牛棚、谷仓等生产建筑，也是唤起乡村聚落历史记忆和延续聚落文化特色的重要部分。可以结合周边场地进行改造设计,创造宜人的、有文化内涵的、优美的、可持续的公众空间。

第四节

乡村建筑风貌特征

一、建造材料特征

在建筑材料选择方面,粤西各地村民往往就地取材,利用本地资源作为营造材料,尤其是生物材料、生土材料等自然材料,其就地取材方便、数量丰富,这些材料废弃后还可以回归生态环境,是一种天然的环保材料,而且一些地方材料具有辅助调节气候的效能。这些材料只需要低技术和极少的能源消耗,充分发挥与表现材料本身的潜力,达到良好的建筑效果。因此,村民选择本地资源作为建筑材料的主要来源是经济合理的,同时可以有效发挥材料的物理性能。通过对建筑材料、构造、空间、采光等方面合理的低碳低技术组织和安排,可以达到建筑单体与聚落整体的协调统一,保持人、建筑、环境三方面之间相对均衡的关系。

(一)土材

生土建筑是以原状土作为主体结构的建筑,是生态建筑重要形式之一,在粤西地区得以广泛运用。生土建筑具有良好的热工性能,可通过改变墙体厚度调解室内温度,达到冬暖夏凉的居住环境要求;除此以外,生土材料可以通过吸收潮湿空气的方式来保持室内干爽;并且土料可以吸收空气中的氮气,日久年深之后,拆除的土料因富含氮元素可以作为肥料回归大地。雷州地区特有的茅草房往往采用土坯砖或者夯土墙(图5-4-1),立面为土坯本色或抹白灰,这样的建筑材料极为简单且廉价易得,周围环境完美协调。南江流域使用土材较早,早期瑶族居民就开始使用三合土砌筑村围,当地建筑勒脚、禾坪及前院地面也多用三合土,其原料来自本地,是以当地生产的上等石灰、黏度极高的黄泥作为胶凝材料,以当地特有的一种三角砂为填料的混凝土(图5-4-2),这种材料施工简单、速度快,夯实后的三合土具有较高的强度和较好的防水性,平整无缝的三合土禾坪往往用于晒谷。

图5-4-1 夯土墙

图5-4-2 三合土墙

图5-4-3 雷州东林村茅草屋

图5-4-4 英国卡迪夫茅草房

（二）草材

作为屋顶覆盖材料的草材在雷州地区广泛使用（图5-4-3），茅草屋在雷州历史悠久，其历史比雷州地区的红砖房更为久远，据传说源于半岛"俚僚文化"时期，但这类房屋保存时间不长，较易损毁，即便采取了加厚的防风措施，依然抵挡不住当地强台风的肆虐，因此一直以来是当地扶贫工作重点改造的对象，目前正不断消亡中。但茅草材料也有轻巧美观、保温隔热、经济实用、便于获取、施工要求相对较低、容易更换的优点。茅草房带有粗犷原始的野趣，也具有浓厚的人文气息。在日本、英国等岛国，一些茅草房是挂牌保护的重要历史建筑（图5-4-4）。雷州半岛的茅草房是否有可能与现代工艺相结合，将茅草这种乡土材料特性进行重新挖掘，提炼与更新，将这种富有文化内涵的乡土建造材料保存下来，是一个值得思考的问题。

（三）烧结砖

烧结砖是一种广泛使用的材料，这种材料可以实现就地取材。烧结砖外墙及硬山顶的建筑形式结合，仿石砖柱砌筑工艺等，体现了粤西地区建筑在雨量丰富的气候特征下对于防水需求的适应性，部分墙体采用夯土墙外包青砖这种较为经济实用的做法，被称之为"金包银"。"金包银"的方法可节约建筑用砖，而且墙体内的空腔可加强室内隔热和防潮性

（a）云浮云城区腰古镇水东村　　　（b）云浮郁南石脚村　　　（c）湛江雷州东林村

图5-4-5　具有地方特色的烧结砖砖墙

能。烧结砖往往由当地黏土烧制而成，由于各地土质不同、烧制温度不同、烧制技术不同而展现出不同的颜色、质地和尺寸，这些细微的差异也体现了不同的地方特色（图5-4-5）。广府地区及其亚文化区的传统建筑大量使用青砖，但南江地区的青砖质地较硬、较脆，与粤西其他广府亚文化地区相比，尺寸更大，颜色偏灰、偏黄；雷州民居建筑的墙体采用当地土壤烧制的红砖，这种土壤是由火山岩风化转化而成的，是雷州半岛的主要土壤类型[①]。由这种土壤烧制的红砖，其色调可以很好地与周围环境相协调。

（四）石材

石材由于其极高的抗压强度和防水性能，在粤西地区被广泛采用。从加工程度和形状来说，可分为毛石、料石与卵石。粤西地区潮湿多雨，为了抵御雨水的侵蚀，民居墙体的下部常用条石或者卵石砌筑，是因为石材坚固、耐腐蚀。门框、窗框、檐挑、柱常用石材建造。墙角处用石材加固，起到圈梁的作用，而最坚固的碉楼往往全部用石材垒砌。特别是云浮地区为岭南著名的石材产地，因此乡土建筑除了花岗岩作为批荡或勒脚的情况较为普遍外，还有部分室内柱础采用云石（即云浮出产的大理石）的情况。

二、装饰细节特征

建筑装饰往往与建筑的结构体系相结合，具有实用价值。装饰的重点多在山墙顶部、屋檐下方、屋脊、门楼、漏窗等处。装饰内容丰富多彩，有几何图案、历史故事、

---

① 王静，叶佩妮. 谈雷州古村落建筑文化的当代转化［J］. 美术大观，2011（5）.

花鸟鱼虫、树石山川等，技术娴熟、别具一格，艺术水平很高。粤西地区建筑装饰细节结合平面布局及勒脚的处理，往往在立面整体上形成横三段和纵三段的分割方式。在建筑装饰手法上，传统做法主要有木雕、砖雕、灰塑、陶塑等。粤西地区传统民居基于本土材料的装饰运用，可以与当地环境完美融合。对这种本土建构逻辑的理解，有利于在当代继承和发扬传统建筑的地域性，提升建筑空间品质。

（一）大门

对于广府建筑来说，大门处在显著位置，是建筑外观的中心，大门一般用条石门框用来防水，以简洁线脚装饰，有些大门以趟栊门作防盗措施，所谓趟栊门是可以滑行着拉开、合上的通风木门，在闷热多雨的气候条件下，趟栊门可以做到防盗和通风同时实现。雷琼民居的大门开在住宅侧面，面向巷道，大门彰显主人身份，因此各家在大门设计上下足了工夫，雷州民居的大门往往是凹门斗形式，起到遮风避雨的作用，为了突出入口，往往采用门楼的形式，用彩绘或者灰塑装饰，也有少量用木雕作装饰（图5-4-6）。

（a）广府建筑大门

（b）雷琼建筑大门

图5-4-6　大门装饰细节特征

（二）山墙

出于防雨考虑，粤西地区的屋顶多为硬山式，这种屋顶抗风、防火性能好，往往配合山墙形成形态丰富的屋顶轮廓线形态。广府民居的山墙形式主要有人字山墙；方耳山墙，为三级平台形式；镬耳山墙，山墙顶部像锅的两个耳朵，即半圆形，为广府地区最具代表性的山墙形式。广府形式的山墙在粤西地区结合当地文化形成了一些富有地方特色的变形，可以看到基于人字山墙、方耳山墙及镬耳山墙的特殊做法。另外，雷州地区受闽潮文化和广府文化的共同影响，山墙形式更加丰富且变化多端。除了广府地区常见的镬耳山墙，匠人们根据业主的要求对山墙进行了大量的变形设计，例如邦塘村等村有大量造型规整的山墙；潮溪村等村多见如意形复合线条的山墙。这些山墙厚实且高大，墙檐复合层叠，以彩画、灰塑作装饰，工艺精细考究，用团寿、如意楚花、垂带用花、鸟等图案作装饰，灰批技法娴熟（图5-4-7）。

（a）广府民居山墙形式

（b）粤西广府亚文化区民居山墙形式

（c）雷琼民居山墙形式

图5-4-7 山墙装饰细节特征

（三）屋脊

屋脊是装饰比较讲究的部位，其装饰形式有平脊、龙船脊、龙凤脊、燕尾脊、卷草脊、漏花脊、博古脊等，按用材来区分，有瓦砌、灰塑、陶塑、嵌瓷等。

（四）墙面

粤西地区炎热多雨，木制材料容易被白蚁侵蚀，因此木制门窗隔断较为稀少，常见的是陶制、琉璃制、砖砌的预制通花构件做成的漏窗，近代也有使用铁枝的情况。漏窗一般开在面向院落天井和院落的墙面，在民居中起到了通风、散热和采光的作用。这种漏窗多开在墙体的上部，经久耐用，窗的形式多样，有方形、长方形、圆形、扇形等。预制通花构件（图5-4-8）普遍是吉祥图案，设计生动，构图优美。

图5-4-8　预制通花构件

第五节

建筑外围护结构气候适应性量化分析

每栋建筑都是聚落中的一个单体，以相对中观的聚落整体层面的视角来理解与审视，有助于使其与周围建筑之间获得更为良好的秩序关系。岭南地区建筑的外围护结构往往长时间处于太阳暴晒的状态之下。因此，解决好建筑遮阳是降低建筑能耗最有效的办法。本次模拟着重对岭南地区普遍的屋顶遮阳和外墙遮阳进行了分析。

一、屋顶日照强度模拟

岭南传统民居往往大量采用坡屋顶的形式，可起到有效保护木构架及墙体的作用。同时，坡屋顶的丰富组合形式可形成舒展优美的天际线，具有良好的视觉效果。而现代乡村住宅的屋顶往往是现浇钢筋混凝土屋面板的平屋顶形式。从建筑的隔热和保温方面来看，与现代平屋顶形式相比，传统坡屋顶更具有优势：

第一，在白天，坡屋顶只是局部受晒，对于坡屋顶的每个部分来说受晒持续时间有限，并不像平屋顶那样全部面积同时受到暴晒。

第二，对于夏季湿热时段而言，一天之中太阳辐射最强的时段是在正午。这一时刻，太阳光线在岭南地区几乎垂直于地面，此时的光线对平屋顶而言几乎是正入射，但与坡屋顶反而可以形成一定的夹角，是斜入射，因此坡屋顶利用了不同时段不同太阳高度角的变化，有着更好的夏季隔热效果。

岭南地区夏季漫长，在同一聚落相同朝向的前提下，坡度越大，全年综合隔热和保温效果越好。以潮溪村的日照强度分析为例，现代平屋顶建筑多呈现出较深的红色，太阳年总辐射量约为1100～1200千瓦时/平方米，南向坡度较缓的传统瓦面屋顶多呈现橙色，太阳年总辐射量约为1000千瓦时/平方米，而相同朝向坡度最大的茅草屋顶多呈现为黄色，太阳年总辐射量约为900千瓦时/平方米（图5-5-1）。

另以云浮市新兴县外布前村为例，该村村落传统格局基本完整，新建部分的肌理也沿袭村落的整体格局，传统的建筑形式为坡屋顶的三间两廊，而现代的乡村住宅为岭南地区目前比较常见的多层平屋顶形式。因此，对旧村部分的建筑进行了建筑形式的对比，分别假设基底面积相同的情况下，旧村部分全为平屋顶形式及旧村部分全为传统三间两廊坡屋顶两种情况。当建筑为平屋顶形式时，屋顶表面积为110.32平方米；当建筑为三间两廊坡屋顶形式时，院落空间尺度设定为2米×6米，屋顶表面积为109.74平方米（图5-5-2）。

（a）现代平屋顶　　　　　（b）传统瓦面屋顶　　　　　（c）茅草屋顶

图5-5-1　雷州市潮溪村三种不同坡度屋顶日照强度比较

图5-5-2　外布前旧村平屋顶形式与传统三间两廊坡屋顶形式太阳辐射得热对比

对该村平屋顶形式与传统坡屋顶的模拟结果表明，在基底面积相同的情况下，居住建筑若采用平顶形式会获得更多的太阳辐射量。通过屋顶各面的遮阳罩分析可以看出，坡屋顶形式可以给周边的外围护结构及自身带来更多的遮挡。而从日照强度来说，同一坡度下，南向屋顶所得到的平均

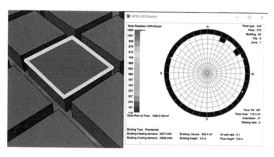

图5-5-3 平顶建筑屋顶遮阳罩

太阳年总辐射量最大，东西向屋顶次之，北向屋顶最小。若测试区域建筑均为平顶建筑的屋顶，则屋顶平均太阳年总辐射量为1030.97千瓦时/平方米·年（图5-5-3），坡顶建筑中太阳辐射得热最多的南侧屋顶平均太阳年总辐射量为1044.31千瓦时/平方米·年，若考虑所有朝向的屋顶，则坡屋顶平均太阳年总辐射量为930.89千瓦时/平方米·年。因此，平屋顶住宅平均一栋建筑通过屋顶获得的太阳辐射量一年约为113744千瓦时，而通过三间两廊坡屋顶平均一栋建筑获得的太阳辐射量为102156千瓦时，同等条件下，为平屋顶形式的89.8%（图5-5-4）。

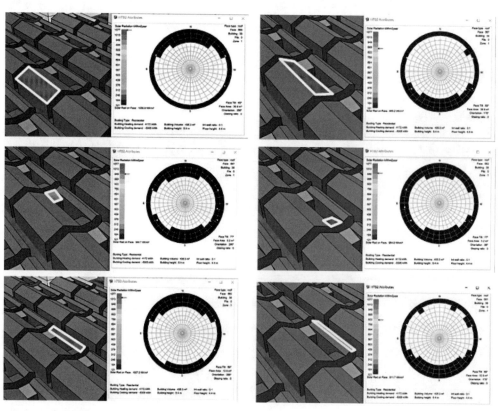

图5-5-4 三间两廊坡顶建筑屋顶各面遮阳罩

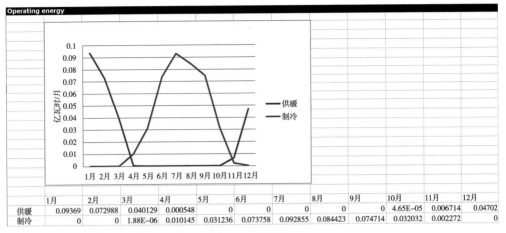

图5-5-5　测试区域为平屋顶形式时，逐月供暖及制冷所需的能量

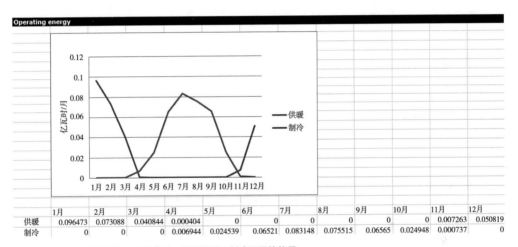

图5-5-6　测试区域为坡屋顶形式时，逐月供暖及制冷所需的能量

接下来进一步通过对测试区域逐月供暖及制冷需求的对比，从聚落整体角度来看，三间两廊形式的住宅表现更优，由于案例所在的区域为夏热冬暖地区，因此在实地体验中，制暖需求相对不太重要，而主要考虑制冷需求，三间两廊形式的住宅制冷需求时间更短，制冷所需能量更少。年度数据也体现出这样的结果，平屋顶形式的情况下，测试区域年度制冷需求总量为401436千瓦时/年，平均每平方米需要56.0千瓦时/年；三间两廊形式的情况下，测试区域年度制冷需求总量为346692千瓦时/年，平均每平方米需要48.3千瓦时/年（包含天井面积）（图5-5-5、图5-5-6）。

二、外墙遮阳效果模拟

粤西传统民居建筑外墙伸出屋面部分往往称为建筑装饰的重点部分，其形态优美，花样繁多，然而这种建筑形式不仅仅是为了美观，而具有实际功能，伸出屋面部分比较高的外墙被称为封火山墙，起到失火时阻隔火焰蔓延的作用，矮的则可视为垂脊，也可起到一定的保护作用。封火山墙除了防火之外，也可以产生自身阴影从而减少屋面得热，而山墙之间的互相遮阳，也可以起到减少墙面得热的效果。从7月31日8:00-17:00整点太阳光影的模拟结果来看，封火山墙对屋顶的遮阳在早10:00之前与16:00之后效果显著，这个规律与农耕时代人们的作息规律相吻合。10:00-16:00之间是人们耕作的农业户外活动时间，室内较少人员滞留，因此室内的温度上升对人体舒适度影响不大。同时，正午的太阳暴晒可以在短时间内通过导热与辐射传热，将热量由热惰性较小的传统建筑屋瓦传递到室内，在室内湿源稳定的情况下，房间温度升高而相对湿度降低，为傍晚人们回到室内创造相对干爽的环境，在一定程度上可以缓解岭南地区气候的湿热。而在早10:00以前及16:00以后是人们筹备早餐及晚饭的时间，此时段遮阳效果达到最佳，可以有效地对室内温度上升起到缓解作用（图5-5-7、图5-5-8），同时屋瓦经过正午的太阳暴晒变得干燥，成了室内湿空气的干燥剂，可以吸收人们傍晚至早晨在室内活动时段所产生的水蒸气，平衡室内微环境。

无论是封火山墙还是垂脊，均可对其相邻的巷道形成互遮阳，即所谓的"冷巷效应"（图5-5-9）。其遮阳可达的距离与巷道尺寸有着精妙的配合，在8:00-10:00和

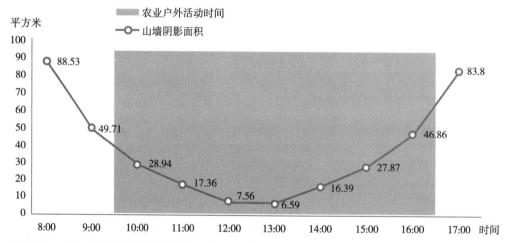

图5-5-7　8:00-17:00屋顶山墙阴影面积与农户户外活动时间关系图
（来源：《基于可持续发展观的雷州半岛乡村传统聚落人居环境研究》）

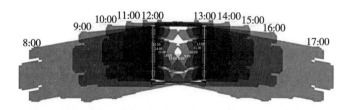 

图5-5-8　7月31日8:00-17:00整点屋顶太阳光影图
（来源：《基于可持续发展观的雷州半岛乡村传统聚落人居环境研究》及作者自绘）

15:00-17:00之间可大面积投影到对面山墙，有效减少了居民在室内活动时段墙体的得热，而在10:00-15:00间山墙仍几乎可以遮蔽整个巷道，从而使得巷道在夏季始终保持阴凉，并且与得到日照的内庭和聚落周边通过热压差形成宜人的巷道风。

传统民居封闭的外墙除了起到一定的防御作用外，也起

图5-5-9　雷州市东林村山墙遮阳的冷巷
（来源：陆琦 摄）

到了降低能耗的作用。粤西地区属于湿热地区，湿热地区常年温度高，月平均气温变化小，日夜温差较小，但湿度很大，降雨量大。必须充分满足夏季防热要求，一般可不考虑冬季保温。由于空气湿度较高，利用气流帮助人体散热的办法效果不够显著，因此建筑的主要防热方法是遮阴，使用大面积的实墙面，并在天井周围设置开敞的灰空间。在夏季白天，持久的通风可以不断进行建筑内部的降温和除湿；到了夜晚，开敞的天井又可以很好地将内部的热量向外界散发，良好的热湿环境为民居提供了舒适的居住空间。室内通风散热使用花窗，这些通风的花窗位于墙顶较高位置，根据风向布置，天井及外墙廊道上的小窗，形成一个个风道，空气流动使房子内的热量也能够被很快地带走，炎热的夏季也不觉得特别热。

模拟对外布前村一座面积约为97平方米的传统三间两廊建筑进行了进一步制冷和供暖的能源需求测试分析（图5-5-10）。在其他条件相同的情况下，若要将室内空间调节到简单设定的舒适温度，能源需求量与外墙窗墙比呈正相关的关系；当外墙窗墙比为0时，年制冷需求和年供暖需求均为最低，分别是窗墙比为0.5时的71%和77%。这些数据可以从侧面证明，在没有制冷及供暖系统的情况下，外墙不开窗或少开窗，是一种相对

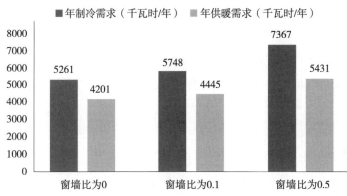

图5-5-10　云浮市外布前村传统建筑年制冷及供暖需求比较

优化的策略。但与此同时，传统民居室内存在日间采光不足的问题，这是岭南传统民居被动式设计在时代局限、技术有限的情况下，权衡利弊呈现出的结果。由于农耕时代人类在室内的时间集中于晨昏，岭南传统民居因而牺牲了室内采光，这种缺陷已不适宜当前村民的生活需要，若无法合理解决这一问题，会导致传统民居日益破败消亡。

第六节

建筑空间环境提升方法

一、主要原则

（一）建筑内外空间提升并重

对于粤西欠发达地区而言，由于其外部条件较差造成了经济落后，表现为村落基础设施落后，村民生活质量低下、传统建筑质量较差等。因此，在节约成本的前提下，提升居住品质是提升建筑空间环境并实现村落可持续发展的重要任务，建筑内部空间提升的关键在于建筑功能的转换、优化房间布局、完善现代化住宅生活设施等，建筑外观形式上则要尽可能体现自然、本土的特色，并保持聚落整体的风貌协调。

（二）保护与发展并重

文化价值较高的建筑，如各级文物保护单位和重要历史建筑，主要应当遵守保护原则，同时借助政策、资金与技术宣传推广，从而更好地保护文化遗产；而对于其他价值并不高的历史建筑则应当以发展的眼光看待，关键是采取技术措施，通过功能转换合理利用、提升建筑使用品质，使其更好地融入当代乡村生活，原则上可以采用新的形态和建造模式更新建筑，保护和延续其内核，将其看作一种不断演进的"传统"；当代建筑注重风貌协调，可以推行新的材料、结构和建造方式；同时保留某些传统建造技艺和材料。

根据建筑的不同性质，确定保护与发展的定位与原则，错位发展，因地制宜，功能改造先抓重点，再根据经济能力逐步提升，也是对传统营造智慧中的强调功能、整体统筹观念的有效继承。

（三）与村民充分沟通

乡村聚落空间环境的提升从根本上来说是应当是提升本地的居住品质，而不仅仅是发展旅游，若不尊重村民意愿，则很多问题难以解决。另外，建筑师与居民在提升人居环境的认知上存在偏差，建筑师往往基于传统风貌的保护而忽略了村民真实的居住需求，而村民一旦经济状况好转，就会仿照城市或者周围村民的套路去建设，往往导致了传统乡村聚落的千篇一律。因此，需要与村民进行充分沟通，要根据居住者的实际情况、经济情况、家庭结构、人口数量和个人意愿选择合理的优化策略和方法，并在沟通中不断完善。公共建筑及住宅建筑空间环境的提升均可以自然村为单位统筹整治，但住宅建筑具体到每一户的改造也可由住户自行决定，可以先寻找愿意合作的住户进行示范性改造和提升，以促进其他村民在经济情况允许的状态下，向示范性改造学习，这样的方式省时省力，也能够促进村民参与到人居环境提升中来。

（四）从设计之初就考虑促进多功能使用的可能

与一般的建筑设计不同，对于乡村建筑来说，比建筑空间环境提升的设计和建设更难的是完成后的可持续使用。在乡村建筑设计中，只看到了建筑显性的部分是不够的，后续的使用问题从设计之初就应当有所考虑，对于多功能使用的考虑将最终影响设计成果，促进乡村聚落的生产与生活往更丰富和更多层面的方向走。比如，住宅的设计不仅需要考虑家庭人口数量的增减，也需要考虑小作坊、农产品售卖、小型菜圃的设置；小型的公共建筑例如博物馆，不仅有常规的展览展示功能，也可以加入研究和商业的功能，或给予村民游憩的小型园林场所；中小学校翻新结合农业技术培训和展示，除了起到教育青少年的作用，也给当地人普及生态农业等方面的相关知识，这些策略的实施，都离不开与当地居民的充分沟通。

（五）采用"低端"技术路线

具体来说是把握"低碳""低成本"和"低技术"路线，即考虑经济因素，选择符合农村现状的方法，用较低的成本进行建设维护改造，使用本土材料、本土技术以及当地人力的方式。

例如，怀集木兰小学重新利用当地村落拆除的旧房子中回收的旧屋瓦，并结合现代的新技术、新材料（图5-6-1），通过选择最符合各方面条件的适宜技术，获得较好的建筑空间环境提升效果。建筑外立面有意使用附近村民自建的红砖水泥房所采用大面积裸露的红砖和水泥，说明即便看似低端的建筑材料和砌筑手法，通过合理的设计也能取得良好的效果。

不应当因为现代技术和设备的进步而盲目舍弃优秀的设计经验，吸收一切传统乡村聚落中优秀的处理环境的方式，但也不能盲目、不加分析地采用传统做法，陷入"泥古"的困境。例如，通过被动式的方式实现室内热舒适的途径是传统建筑的气候适应方式的根本，因此在建筑空间环境提升的过程中，应当参考学习岭南特色的微气候调解做法。其被动式方式的实现需要通过建筑物本身的布局形态等要素，以及对各种气候因素的考虑，建筑本身是实现热舒适的主体，而非各种辅助系统。但正如前文所述，某些布

图5-6-1 怀集木兰小学从当地拆除的旧房子中回收利用旧屋瓦重新利用
（来源：城村架构 Rural Urban Framework）

 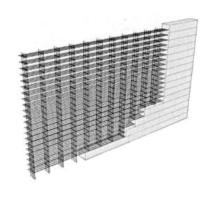

图5-6-2 泥砖房技术改进方案
（来源：《新乡土营造的大埔村重建研究》）

局形态要素并非基于气候因素的考虑，而主要是基于文化的传播与传承，因此布局形态要素是否真正符合当地气候，其调节室内热环境的效果可以通过计算机的模拟以及实验给予预测和验证，同时采取传统技术对建筑物能耗及碳排放所产生的影响也要评估，在此基础上进行科学合理的改良。

在建筑材料方面，乡土材料能更方便地与地域自然环境结合。粤西地区代表广府文化特色的青砖、代表雷琼文化特色的红砖，虽然具有文化内涵、但因为其制作过程破坏黏土而不宜提倡大范围使用。泥砖因取材制作方便、可循环利用而具有可持续发展意义，但不利于防洪，也不适合大型建筑。但无论是何种材料，都可以乡土技术与现代工艺相结合，发展出适宜技术，使传统建造工艺具有现代意义。例如，针对泥砖房的安全问题，可以考虑将泥砖房的材料和技术加以改进，如在原房屋基础上，加固地基，采用片石浆砌基础；在重点构造柱和墙面上使用机制压缩泥砖，配置竹筋，加大强度；修缮原木结构，在檩条铺设防水卷材，让泥砖房安全性能、防水性能得到提升（图5-6-2）[①]。

---

① 唐骁珊. 新乡土营造的大埔村重建研究［D］. 广州：华南理工大学，2016.

另外，乡土材料配合当代现代结构技术也是一种方法，如传统砌筑石墙与钢筋混凝土混合结构、轻型钢木框架结构体系、石筐技术等[①]。

二、传统建筑修缮及更新改造实践

（一）总体思路：对传统建筑的利用与保护应采取逐步推进的方式

针对粤西地区传统建筑面临的种种令人担心的现状，急需处理如何使传统建筑更好地保留下来并在新时代持续焕发活力的问题。在粤西地区，很多传统建筑现状令人担忧，建筑普遍存在着年久失修的问题，由于其建筑功能不适应当代需求，大量传统建筑被废弃，不少民居因为长期无人居住而慢慢破败，甚至彻底消失。由于家庭结构的变迁及人口数量的增长，也有传统建筑内部被加建或改建，原有空间与界面风貌消失，新老建筑混杂。另外，对于文物建筑的修缮，尽管有专业的设计部门进行修缮设计，但由于沟通不畅，专业古建修缮工程施工团队的欠缺，当地居民的保护意识尚未达到相应的高度，缺乏完善的质量监理体系，资金有限，仅仅依靠修缮设计而没有质量把控地盲目修缮古迹，在与传统工艺和材料相差较大的情况下，对文物建筑造成了大量的保护性破坏。

对于粤西欠发达地区来说，应当充分认识到传统建筑所处社会环境的特殊性，对于文物建筑的修缮应当持谨慎态度。尤其是欠发达地区在交通、服务设施等方面存在劣势，传统建筑不具有集中的代表性，对外来消费吸引力有限的情况下，对传统建筑的保护与利用应当有一个初步的预计。对于文化价值较高的传统建筑而言，保护是利用的前提；而对于文化价值一般的传统建筑而言，如何活化利用并适应当下的生活需求更为重要。并且需要注意到，难点在于设计师面对的始终是对建筑领域并不是太专业的村民和施工团队。因此，从建筑的保护和利用角度，可以采用有计划、有步骤的方式，通过局部的改善逐步推进整个传统聚落空间的提升。

第一，先对一些文化价值较低、空置的、废弃的传统建筑进行改造尝试，作为乡村建筑空间环境提升的起点，改造充分考虑区域内居民的需求，可以采用功能置换的方式，并尝试融入现代材料及工艺，力求将这些废弃建筑重新纳入当地居民的生活，扭转空心化趋势。并且在改造过程中，逐渐积累建造工艺经验，总结经验教训。通过较为简单的、规模较小的、可操作的实践方式带动更广泛的传统建筑保护与利用实践，也提供了外来资金业态导入的方向。

第二，在对废弃建筑改造成功之后，根据需要，可逐渐尝试对局部传统聚落肌理破坏的位置进行恢复，采用的方式可以是转换功能的重建。

第三，对于文化价值较高的文物建筑和历史建筑，在资金有限的情况下，不宜过早

[①] 于端端. 乡土材料建筑营造技术研究［D］. 北京：北京建筑大学，2013.

对这类建筑进行盲目的修缮，很容易造成保护性破坏，从而对社区环境造成负面影响。针对粤西地区普遍存在的现实，对待此类建筑的保护与利用途径如下：

（1）首先应当做好日常维护，如果围护结构构造近期没有重大危险，保持低限度的干预，除日常维护以外不应该进行更多干预；

（2）在必须干预的情况下，只需在最必要的部分采取附加手段；

（3）任何保护措施都应为以后的保养、保护留有余地，可以将精力主要投入在周边环境的提升中，环境的干净、卫生、有细节、有追求也非常重要，这部分工作难度相对较低，花费较少，也能够产生一些经济效益（图5-6-3）；

（4）当在基础设施健全、资金充足、监管到位，找到该建筑持续利用的切入点，合理估计传统建筑修缮所能带来的经济效益，当地居民对传统建筑保护意识不断提升的前提下，可对这类建筑进行修缮，修缮严格遵守真实性原则、完整性原则、最低限度干预原则、保护文化传统原则、使用恰当保护技术原则和防灾减灾原则。

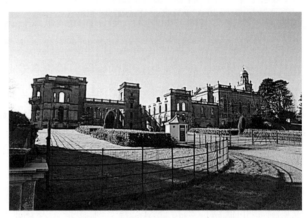

图5-6-3　英国维特利庄园在经历火灾后尚未修缮，作为一处文化遗产仅做建筑日常维护与周边景观维护

（二）传统建筑改造

以西坝村一组废弃建筑的改造为例，原建筑墙体围护结构质量和保存度较好，仅门窗和屋顶破损较为严重（图5-6-4），尽可能保存建筑外立面及院落围墙，重新布置建筑内部空间，将功能置换为满足两个家庭住宿的民居以及一间咖啡馆。从前面章节对于建筑空间形态的模拟分析可以得出结论，传统建筑格局与形式呼应了对当地气候条件与室内外环境的互动关系，因此传统建筑的格局与形态在当代仍然有其存在的价值。对于传统建筑改造而言，应尽量保持原有的空间格局与形式，在此基础上必须对传统格局与形式进行合理调整和完善，满足新功能引入的要求。

本案例的矛盾主要有两点，一是建筑的层高不能够满足新功能的需求，二是需要考虑如何均衡自然采光与建筑运行能耗之间的矛盾。本案例在尊重建筑基础布局与形体的基础之上，主要采取抬高局部屋顶、调整建筑内部空间、重新布置立面门窗开洞的形式。同时，也借助于模拟软件的辅助做了进一步分析，证明改造可以有效提升建筑内部空间的舒适性，同时解决采光与能耗之间的矛盾（图5-6-5）。

浙江桐庐莪山畲族乡先锋云夕图书馆（图5-6-6）是此类项目已完成的成功案例。改造同样是基于村庄一处闲置院落，包括两栋黄泥土坯房和一个突出于坡地的平台。由

图5-6-4 西坝村废弃建筑现状

图5-6-5 西坝村废弃建筑改造屋顶局部抬高及开窗形式意向

图5-6-6 桐庐莪山畲族乡先锋云夕图书馆
（图片来源：张雷联合建筑事务所）

于图书馆这一现代功能的注入，建筑改造同样面临采光问题与原有层高不能满足新功能需求的问题，该设计巧妙利用当地工匠传统的榫卯技术向上增加了局部柱子的长度，实现了屋顶抬升，利用抬升之后的屋顶和原有外墙之间的距离做出高窗构造。通过高窗可将光线、气流以及周边优美的竹林景观引入图书馆室内，表现出一种封闭且开放、厚重且轻盈的戏剧化效果，形成村落温和的景观焦点[①]。

（三）原址重建的建筑设计

对于损毁极为严重、保护利用价值不高的建筑，可采取原址重建并注入新功能的方式恢复已破坏的空间肌理。

以广州雅乐黄公祠第二进院落内的正房为例，其现状几乎处于完全损毁的状态，因此拟拆除重建并注入会议室功能。由于会议室使用频率高，属于使用者长期逗留的空间，因此新建的会议室设定为空调区域需考虑到湿热季节空调的使用，并且也要考虑其在非湿热季节的自然通风。设计在初始阶段引入了建筑性能模拟的方法，用实时动态模拟的方式探索各种设计措施在建筑功能性和舒适性，以及环境友好方面的性能，以此为依据优化建筑设计。模拟对建筑围护结构及建筑形式进行了多方案比较（表5-6-1），证明建筑空间形态很大程度上影响了建筑使用后的运行能耗（图5-6-7）。因此，对于原址重建及新建类的建筑设计而言，在设计初始阶段的建筑性能模拟可确定建筑空间形态的合理性，经过对建筑场地和本地自然条件的分析，以及对建筑使用后的运行能耗情况的预测，研究建筑空间与功能之间的关系，设计师可以通过选择相对合理的建筑空间形态使建筑在使用后的运行能耗可以与本地环境之间达到最佳平衡。如果一开始设计的建筑空间形态距离最佳平衡点较远，那么在深化设计中无论是调整围护结构构造、调整窗墙比，还是采用部分遮阳措施，这些局部的优化方式所能起到的节能作用都特别有限[②]。

雅乐黄公祠会议厅改造各方案比较要点总结　　　　表5-6-1

独立空间无保温	形式一 高保温加Low-E玻璃	形式二 高保温加Low-E玻璃	改进方案一 高保温加Low-E玻璃	改进方案二 高保温加Low-E玻璃
独栋建筑，无院落围合，南向整面幕墙	保留院落，南向整面幕墙	在院落基础上增加厢房，缩减南立面幕墙，且内部添加隔断	在形式二的基础上进一步缩减南立面幕墙，并在北立面开高窄窗	在改进方案一基础上重新布置南向开窗位置，并在屋顶加设部分阁楼和自热光通道

---

① 王铠，张雷. 时间性　桐庐莪山畲族乡先锋云夕图书馆的实践思考[J]. 时代建筑，2016（1）：64-73.
② 梁林，张可男，陆琦，等. 论岭南传统民居改造方案优化过程中建筑性能模拟的辅助分析[J]. 四川建筑科学研究，2014（5）：246-250.

续表

独立空间无保温	形式一 高保温加Low-E玻璃	形式二 高保温加Low-E玻璃	改进方案一 高保温加Low-E玻璃	改进方案二 高保温加Low-E玻璃
投资最少但失去传统格局	投资增加，传统格局得以保留，有较明显节能效果，但院落太空旷，且没有达到最好的节能效果	节能效果较形式一有提高，且对会议空间的灵活分隔可带来更大的节能潜力，但室内光环境较差	在形式二的基础上提高了视觉舒适度，投资没有明显增加，但节能效果并不比形式二突出	更进一步提高了视觉舒适度，且能耗较形式二更低，但初投资和施工难度会进一步增加
比较基准	节能35.6%	节能36.3%	节能39.3%	节能41.5%

（来源：《基于可持续发展观的雷州半岛乡村传统聚落人居环境研究》）

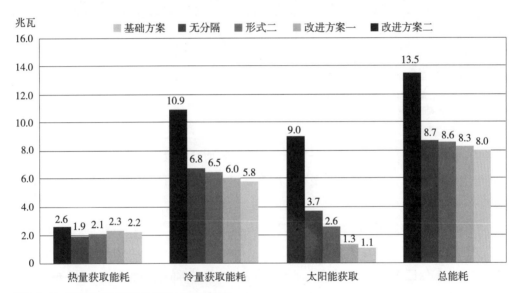

图5-6-7 雅乐黄公祠会议厅改造各方案能耗比较
（来源：《基于可持续发展观的雷州半岛乡村传统聚落人居环境研究》）

本案例的结果也说明，重建建筑延续传统建筑形式时，在注入新功能且使用时段发生改变的情况下，建筑所采用传统空间形式的气候适应性在当代依然可以发挥作用。传统格局与建筑设计形式不仅具有美学和历史意义，设计师也应当深刻理解形式背后的被动式设计智慧并合理运用在当代设计中。

（四）传统建筑修缮

作为一个客家文化和广府文化相融合的古村落，广州增城石屋古村的修缮对于多种文化融合的粤西历史建筑修缮有借鉴意义。

石屋古村位于增城市派潭镇邓村。村民以石姓为主，属客家语系。石屋布局具有典型的三横四纵客家围寨特征，具有组合扩展性、主次分明、均衡布局、注重防卫、室

图5-6-8 增城派潭镇邓村石屋古村修缮前状况
（来源：广东中煦建设工程设计咨询有限公司）

内外空间的渗透与交融的特征，屋顶以悬山为主。而石屋装饰又具有典型的广府建筑风格，如镬耳山墙、龙船脊、灰塑彩绘的主题画，深受广府地区传统建筑风格的影响（图5-6-8）。

石屋古村在历史演化中所体现出的客家文化特征与广府文化特征都应当予以尊重。因此，修缮应当注意维护其真实性和完整性（图5-6-9）。采用最低限度的干预（图5-6-10），保证文物古迹的安全，不增加没有历史性基础的更改和创作（图5-6-11）。理论上应当通过实践经验积累使用经过检验有利于文物建筑长期保存的成熟技术。正如前文所述，在粤西欠发达地区，由沟通不畅，专业古建修缮工程施工团队的欠缺，当地

图5-6-9 石屋古村修缮后实景
（来源：广东中煦建设工程设计咨询有限公司）

图5-6-10 石屋古村修缮细节，采用最低限度的干预，对富含历史信息的彩画，仅做清洗后保护处理
（来源：广东中煦建设工程设计咨询有限公司）

图5-6-11　不增加没有历史性基础的更改和创作，通过绿化及篱笆等软质改造提升环境
（来源：广东中煦建设工程设计咨询有限公司）

图5-6-12　石屋古村采取了与精品文化酒店相结合的方式，妥善处理保护与开发的关系

居民的保护意识尚未达到相应的高度，缺乏完善的质量监理体系，资金有限。因此，首先对文化价值一般的历史建筑的改造和修复，有利于积累技术经验和对当地工匠施工技术水平的提升，从而提高当地居民对乡土文化的自豪感和传统文化传承的觉悟。在经验积累的基础上，对文物建筑的修缮，是成本较低且可持续发展的路径。对原有的传统技术和地方材料进行保护的考虑应当纳入文物建筑的修缮中，特别是针对那些原本就有利于文物建筑长期保护的传统工艺更应当考虑在当代的传承与利用。而修缮过程中需要采用的所有新材料和工艺都需要采取谨慎的态度，必须事先进行反复试验，能够证明新的材料和工艺对于文物建筑长期保存是有效、无害和无碍的，然后才能够使用在修缮施工中。这些经验都是需要在实践中不断积累的，而不是为了追求形式上的完整，在经验不足的情况下，有可能会大面积破坏文物建筑原有丰富的历史信息。也要充分预测和评估台风、山体滑坡等各类灾害对文物古迹和人员可能造成的危害，制订应对突发灾害的应急预案并对相关人员进行应急预案培训。

　　修缮设计的目标，应当是有效保护与合理利用并重。有效保护应做到修缮、新建和拆除都要有充分依据，完整地保存现有的正确、可信的历史信息。同时，修缮设计中保留建筑的历史信息不是唯一目的，文物建筑的价值和生命还在于它如何被现代人所用。合适的功能与适宜的利用强度是保护传统建筑的有效途径，而其利用不应当对这类建筑的外观和结构产生不利影响。石屋古村修缮采取了与精品文化酒店相结合的方式，妥善处理保护与开发的关系（图5-6-12）。酒店客房部分位于修缮建筑的后面，是在围寨已经坍塌的部分进行的重建，遵循了场地的原有逻辑关系，也是对客家围寨特征的有效继承。考虑到对文物建筑尽可能小的干扰，修缮后的文物建筑主要用作酒店的公共活动空间，尽可能维持了外观的原真性，其内部则根据功能需要打通了部分隔墙，并使用钢梁维持建筑结构的稳定性（图5-6-13）。本方案对于新公共功能的植入也在持续探索和动态完善过程之中,目前该文物建筑群的碉楼部分,正在对其内部进行改造,并置入影院、酒吧和展览等体验功能,满足客人的休闲需要(图5-6-14)。对于围寨已经坍塌的部分,本方案并没有采取全部填满的方式,而是保留了一些空地,将原有建筑的遗迹作为重要的景观要素融入到整体环境中(图5-6-15)。这些方式对于游客来说增强了体验感,同时也给本村村民带来了新的经济收入,妥善处理了有效保护与合理利用的关系,较好地平衡了各方利益。

对一些利用价值较低的历史建筑可采取保守的内向型消化态度,通过功能的转换结合地域环境能使其成为区域生活的有机组成部分,使建筑遗产能够更好地为当地居民服务。如粤西的冼夫人庙及其墓

图5-6-13 建筑内部的新功能植入

地,在当地有关部门做好文物建筑修缮保养的同时,充分调动周边村民的积极性,促进了当地的文化传统和相关活动(图5-6-16),保护文物古迹的同时也保护了相关文化传统,也使建筑遗产成为村落物质功能有机组成部分,更好地为村民服务[①]。

图5-6-14 对碉楼进行新功能植入和内部空间改造

图5-6-15 原有围寨的遗迹作为重要的景观要素融入整体环境

---

① 靳志强,郑力鹏. 欠发达地区建筑遗产保护的思考[J]. 华中建筑,2008(4):133-136.

图5-6-16 粤西欠发达地区某县冼夫人庙、墓地及相关文化活动
（来源：《欠发达地区建筑遗产保护的思考》）

三、村镇公共建筑新建

（一）新建公共建筑要点

公共建筑对于促进村民的物质和精神文化生活起到积极作用，公共服务是改善乡村聚落空间环境和村镇民生的一个重要途径。一座多功能的小型公共建筑可以起到比较直接的激活村镇生活作用，将当下的体验和过去的传统联系在一起，丰富村镇的现代生活，也对培育文化氛围起到了重要作用。好的公共建筑可以起到聚集效应，以点带面提升村镇的空间环境。并希望随着时间的推移，以这些重要的公共空间为起点，可以促进村镇的可持续性，最终使传统的地域建筑特征延续到当代生活环境中来。

目前，粤西广大乡村地区的公共建筑及服务设施主要的配置往往缺乏合理的标准，对村镇的真实需求缺乏考虑，这种现象往往致使村镇公共资源的配置不协调且浪费，成为村镇发展的瓶颈。同时，必须认识到，这类具有公共和文化属性的建筑，不是仅靠当地传统建筑的建造方式就能够达到的。在这种情况下，如何将现代建筑功能与传统建筑文化相结合是这类新建建筑所面临的重要问题。在村镇新建的公共建筑中，应当注意以下要点：

第一，建筑规模紧凑、功能齐全、合理布点。以本地的建设规模、人口密度和自有资源的特点为依据决定乡村公共建筑是服务一个村还是几个相邻的农民居民点，注重建筑的多重功能实现。通过合理规划和布点使得规模较小的村可享有邻近中心村或镇的公共服务，在方便村民日常生活的同时避免重复建设、造成不必要的资源浪费。同时，应当在村民居住相对集中、人口密度较高的地方布置公共建筑，这种做法可以提高建筑的使用效率，也方便组织村民的集体活动。

第二，从当地地域元素中获得灵感，采取适宜的形式。如公共建筑往往采取合院形式，但是由于气候不同、地理不同，其合院组合形式也不同，因此应当抓住当地院落组合的精髓进行空间排布。

第三，在传统形式与当代公共建筑功能发生冲突时，需要进行取舍。例如，礼堂类建筑由于其大尺度的内部空间，并不适宜采用具有传统特征的坡屋顶形式，因此可以考虑通过强调立面分段布局、墙体材料、墙体色彩和装饰细节等体现建筑的地域性，达到功能和审美的统一。

第四，需根据场地、地形、造价和具体功能，针对特定的场所灵活应变。在当前的村镇中，公共建筑预算有限、用地局促不规则、功能复合是常态[①]。因此，需要根据具体情况对建筑布局进行调整，通过较少的钱和较为精细的设计，借助自然，形成鲜明的个性。

（二）解决传统形式与当代功能之间矛盾的案例分析

一座小型的文化综合体往往是满足村镇居民文化生活所必须的，这种类型的建筑往往融合了多种功能，例如礼堂、戏台、老年人活动中心、村委会办公室、村务办事大厅、村镇小型博物馆、文化展览等多种功能。但粤西村镇的文化综合体往往是将这些功能拼凑在一起，其形式与空间格局与当地地域特色毫无关联，常以较大的体量突兀地矗立在旷野或住宅之中，仅在屋顶处采用局部的坡顶形式来显示与传统的关联（图5-6-17），总体而言还是对当地整体景观风貌造成了一定程度的破坏。

文化综合体应当为村镇提供一个整体、和谐、高品质和充满活力的公共空间，集聚村民的活动与交流，通过传统与现代相结合的方式展现当地的地域魅力。作为村镇文化的载体，同时也是景观的一部分，文化综合体既要与环境和谐，也要为当地提供一个灵动的舞台，充分展现当地的文化底蕴、历史风貌和地域特色，形成感受当地文化、风俗生活的良好场所。

图5-6-17　粤西地区常见的文化综合体形式

---

① 侯俊慧. 村镇公共建筑形态研究［J］. 门窗，2014（10）：374-375.

图5-6-18 波密群众艺术馆总平面图
（来源：赖奕堆 绘）

图5-6-19 波密群众艺术馆效果图
（来源：赖奕堆 绘）

如参加西藏波密街区整治设计中，波密群众艺术馆就是采用了内部空间紧凑的布局和外立面地域化设计，满足了上述特征。最终的设计方案包括礼堂、老年人活动中心、小型博物馆、文化宣传中心四大功能组团，在用地比较紧张的情况下，将建筑功能组团紧凑地结合在一起，内部空间布局紧凑，而毗邻帕隆藏布江的一侧留出城市广场，该广场为当地居民活动提供了良好的亲水场所，是一个充满活力的开放空间（图5-6-18）。出于控制建造成本的考虑，设计在建筑立面的表达上力求简洁、现代。从波密传统民居形式中汲取灵感，同时也结合了西藏其他地区的建筑特色，采用底部石材、顶部木材的两段式布局，墙面做收分处理，底部两层的石材贴面主要取自当地生产的两种麻石，主要体现出本土材料的运用；结合上层木材墙面及格栅，厚重且粗放的砌筑和轻巧的木构形成强烈的色彩和体量对比；门窗形式简单而不失地方特色；建筑顶部主体部分及局部窗檐上方以黑色装饰线条收边，丰富了细节层次。建筑在整体上体现了藏式建筑的端庄稳重，也加入了对波密地区传统建筑的结构、材质、形态和色彩的理解。这些手法延续了当地的文脉并实现了现代的演进。（图5-6-19）。

（三）针对特定的场所灵活应变的案例分析

陈瑸[①]廉政史迹展览馆位于湛江雷州市附城镇南田村，是围绕陈瑸故居及清端园为中心扩建而成的。本项目设计之前，场地南侧已建有一系列包括故居、纪念馆、石雕像、诗廊、青莲池、思贤亭、名言警句石碑等以陈瑸为主题的纪念性质的建筑及园林景

---

① 陈瑸（1656—1718年），字文焕，雷州市附城南田村人，清康熙三十三年（1694年）举进士，翰林院编修，历任福建古田、台湾知县、湖南巡抚、福建巡抚、闽浙总督等职。一生清正廉洁，勤政爱民，康熙皇帝称之为"清廉中之卓绝者"，与于成龙、施世纶等同为当朝名臣，跟海瑞、丘浚合称岭南三大清官。

图5-6-20 本项目开始前场地既有纪念建筑及园林景观

观（图5-6-20）。而在项目场地与陈瑸纪念馆之间，是村民的住宅建筑，形成了视线遮挡。另外，整个场地较为局促，展览馆要求的建筑面积较大，功能较多，其功能包括电教影视厅（观潮阁）、历史风貌厅（回味馆）、成果展示厅（百家堂）三大部分：电教影视厅兼有会议、接待功能；历史风貌厅主要展示陈瑸泥塑组像并配文字说明；成果展示厅主要展示历代有关陈瑸的廉政事迹。

本项目需要解决三个难点：

第一，必须顺应崎岖且破碎的地形，合理安排功能。

第二，因为周围是民宅，不宜采取一般文化综合体那样规模宏大的体量，需要采取适当的形态设计和体量尺度才能够与周边建筑和谐。

第三，雷州是较为贫困的地区，尽管既有的纪念建筑、园林与村落固有的红砖民居有风格不统一的问题，但项目资金有限，造价对设计的约束非常大，需尽可能在少改动甚至不改动的情况下将这些既有建筑及景观与本设计融合成一个整体。

最终的方案采用了园林式布局，将建筑的三个主要功能打散，采用多建筑组合形态的空间组合方式，建筑组合从场地一直延伸到青莲池。在建筑造型方面，雷州传统空间组合形式灵活的优点为造型的创作从传统形式中汲取养分创造了有利条件。本设计在造型上汲取了雷州本土建筑的空间特征，模仿"三间两廊加护厝"的组合方式，建筑朝向顺应南田村坐北朝南的主要朝向，因此建筑主体呈现为一个整合同构的群体，然而内部空间依然是满足现代功能的大空间，采用这种方式将建筑的体量和尺度与周边建筑协

图5-6-21 陈瑸廉政史迹展览馆整体布局

图5-6-22 陈瑸廉政史迹展览馆借鉴雷州民居地域特色的立面造型

调（图5-6-21）。建筑主体采用坡屋顶形式、红色外墙、黑色压边、入口采用凹斗门形式，这些都是抽象的雷州传统建筑元素（图5-6-22）。在整体布局上，采用了空间渗透的方式解决了本设计与既有建筑景观融合的问题，围绕着青莲池，通过曲折的连廊形式，将陈瑸故居、陈瑸纪念馆、陈瑸诗廊与本项目联系起来，通过空间与庭院系统的穿插咬合，构成空间丰富、形体错落有致的整体。在立面的首层，本方案采用了竖向构件与连廊元素呼应的做法，尽管材料和色彩不同，但采用立面上异质同构的方式，取得了较好的视觉和谐效果（图5-6-23）。方案最终在思贤亭形成首尾呼应，这种空间处理的

图5-6-23 通过立面元素的异质同构取得和谐的视觉效果
（来源：网络）

方法，也借鉴了广泛应用于粤西沿海平原台地地区"拜亭"的连接空间组合方式，给参观者提供了丰富的空间参照与情境启发（图5-6-24），更加突出园区的廉政教育主题①。

据报道，正式开馆迎客以来，陈瑸廉政史迹展览馆每周都迎来周边广大群众和社会团体组织前来参观学习。通过这种重点建设公共建筑的方式，也进一步提升了南田村的知名度，促进了村落

图5-6-24 本方案与陈瑸诗廊、思贤亭的呼应，借鉴了当地广泛运用的拜亭的空间组合方式
（来源：网络）

发展。但由于交通不便和时间有限，设计后期及施工阶段无法驻地跟进，建筑及景观方面的细节无法把控，复杂而分散的细节问题导致本项目仍然留下了遗憾。

四、当代住宅建筑改造

（一）住宅内部功能改造

改善农居的内部功能状况也是农居居住模式可持续发展的关键之一。从可持续发展观点来看，能与环境共生的住宅才是好的住宅。对于在当代农村住宅建筑改造与优化中，总体把握低技术、低碳、低能耗的原则，具体需要注意以下细节问题：

第一，建筑平面功能优化的最大难点是改动原有结构，因此限制较多。比较合理的原则是在少动原有结构的基础上，对建筑平面布局进行合理推敲与合理改造，在仅有一层建筑的情况下，可考虑进行二层或三层建设，提高空间适用效率。

第二，当代住宅建筑往往有室内封闭、采光严重不足的问题，因此改造设计尽可能

---

① 网络：打造廉政基地，弘扬陈瑸精神。

采用简单廉价的技术，以解决和优化通风、采光、遮阳等问题以及调解室内微气候。在新建住宅对传统布局有所继承的前提下，一些当地传统民居既有建筑细节做法可以借鉴，比如在节约用地的前提下，尽可能保留天井；通过屋面开天窗（图5-6-25）、外墙面开小窗（图5-6-26）等改造方式，形成连通的进风口和出风口（图5-6-27），同时改善室内采光不足的问题。

图5-6-25 西坝村光二大屋屋顶天窗

图5-6-26 西坝村传统建筑立面开小窗做法，形成图案性孔洞

第三，处理好邻里建筑的空间关系，尽量共享资源，同时减少邻里干扰，寻求双赢的空间布局模式（图5-6-28）。因此，在地块已经确定的情况下，特别是已规划好的兵营式新村布局，建筑单体可以采用退台的方式，保持建筑南侧尽可能开敞以满足采光，在建筑东侧和西侧加建住房，模拟传统冷巷效应，通过这种方式，达到邻里和谐，同时提高空间使用效率。

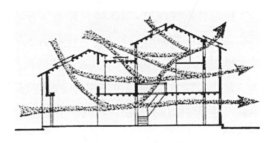

图5-6-27 民居不同楼层通风
（来源：《广东民居》）

第四，住宅生活设施考虑使用太阳能、风能、秸秆能源、沼气能源以及微型水力发电设施等可再生能源，缓解能源供应的紧张局面、有效处理禽畜粪便、秸秆等农村剩余

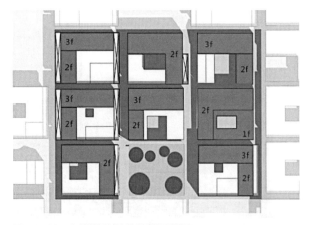 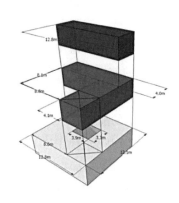

图5-6-28 东林村新村改造邻里关系适宜
（来源：梁林《基于可持续发展观的雷州半岛乡村传统聚落人居环境研究》）

物，改善农民生活环境质量，改善农村生态环境质量。

第五，厨房往往出现采光严重不足，使用秸秆做饭造成污染、缺乏排烟管道等问题，而卫生间缺乏、污水直接排往室外明渠都是经常存在的问题，因而当代住宅内部功能的改造应当重点解决厨房和厕所的优化问题。

以东林新村当代建筑内部功能改造为例，东林新村的建设始于20世纪70年代，正如上文所述，新村是以旧村传统民居建筑基本单元为原型来进行建设的，村内每户的宅基地形状近似为正方形，边长约为13米，这个长度正是东林村传统建筑正屋三开间的总长度。宅基地间距较小，南北向之间留1米，东西之间向为3～5米。新村部分目前还有部分宅基地处于闲置状态，已建成的民居以一层为主。从访谈调查的统计情况（2011年）来看，没有新宅的住户，在经济条件允许的情况下，都有建设新房的意愿，已经兴建一层新房的居民都想在原有基础上加盖二层或者三层。

1. 东林新村天井式住宅改造

在东林新村1980～2000年兴建的天井式住宅中，依然能看到传统三间两廊格局的延续，但庭院空间缩小为天井，围绕着天井则提供了开敞廊道空间，可供人们进行交流和檐下活动。以一座三户人家同住的天井式住宅为例（表5-6-2），该住宅容纳10口人，常住人口为3人，是由使用者设计并与工匠商量完成的。住宅现状存在着室内空间混乱、建筑层数仅有一层、空间使用率低、现代生活不够完善的问题，无法满足使用要求，特别是不能满足三户人家共同使用和保持各自的隐私权；庭院上方加建屋盖，使得天井开口缩小，其好处是增加了半室内使用空间，但同时也使得室内通风采光效果变差。

天井式住宅改造方案	表5-6-2
典型新民居改造一	

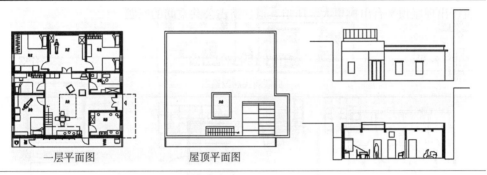

（a）改造前平面图、立面图、剖面图

（b）改造后平面图

（来源：赖亦堆《传统聚落东林村地域性空间研究及其发展策略》）

根据现状，考虑到未来更多人口常住的因素，对建筑平面空间流线进行了重新梳理，改善了室内居住功能布局，增加了室内面积的使用率；改造设计缩小屋盖，扩大了庭院开口，改善了室内采光通风条件；根据住宅现状条件，采用了退台方式加建二、三层空间，建筑南侧保持开敞以满足采光，在建筑东侧、西侧加建住房，模拟传统冷巷效应。通过这种方式提高了空间使用率，满足了三户人家相对独立的生活需要，并且基本可以保证每个人都有独立卧室的私密空间，并通过天井进行视线与声音的交流，在使用上既互相照应又互不干扰。

2. 东林新村封闭式住宅改造

东林新村建于2000年后的封闭式住宅的特征是住宅空间形态的封闭性进一步加强，天井收缩得非常小甚至被取消。原先的庭院空间作为客厅、餐厅，传统室外的公共活动空间由室内的公共活动空间取代。以一户建于2001年的10人居住的住宅为例（表5-6-3），该住宅容纳常住人口为10人，家庭结构包括有一对夫妻、四个女儿、两个儿子、两个孙子，是由自家设计并建造完成的。该住宅取消了天井，取而代之的是餐厅上面楼板开天窗，改善室内采光。该住宅出现两套以起居室连接卧房的多套间空间组织方式，仅有四间卧室，出现卧室数量与常住人口数量不匹配的问题，这种空间组织方式反映了居住者的真实观念，这种方式是基于儿子继承权的优先考虑，忽略了女儿继承房产或常住的可能，因此出现室内空间流线混乱的特征。起居室、餐厅、卫生间等现代功能空间出现在这一时期的住宅当中，这些明确的功能分区反映出村民对生活品质提高的需求。此外，建筑还出现屋顶平台出挑更大、压迫巷道、挤占公共空间的问题。

封闭式住宅改造方案　　　　表5-6-3

典型新民居改造二

（a）改造前平面图、剖面图

（一层平面图　二层平面图　三层平面图）

（b）改造后平面图

（来源：赖亦堆《传统聚落东林村地域性空间研究及其发展策略》）

改造通过对平面空间流线的重新梳理，改善了室内居住功能布局，改变了两个套房的开门位置，使得餐厅的空间相对完整，解决了流线交叉的问题；恢复了庭院空间，改善了室内采光通风条件。根据住宅的现状条件，优化了起居室、餐厅、卫生间等现代生活空间。采用退台式设计增加了二、三层，在满足通风采光的前提下，卧室增加到了九间，基本满足了夫妻及其六个子女和两个孙子女的生活需要。在家庭人口结构复杂的情况下，做到互不干扰，重塑庭院核心空间，找回容纳精神的场所。

（二）住宅外立面及外环境改造

乡村普遍存在的无天井多层平屋顶形式的建筑，与传统建筑格局差异较大，这类建筑质量较好，基本能够满足村民自住需要，但在风貌上缺乏特色，由于建筑结构改动较为困难且无必要，因此其优化的重点应当放在外立面改造上。对于重要节点及村落主要街巷风貌欠协调的多层平屋顶住宅的外立面改造，不是简单的穿衣戴帽工程，而是整体环境提升的关键。本书尝试对粤西地区若干村落的多层平屋顶建筑进行了外立面改造（表5-6-4）。

基于当地传统建筑地域特征的多层平屋顶建筑外立面改造　　表5-6-4

	改造前	当地立面元素	改造后意向
西坝村			
外布前村			
槎塘村			

其改造要点如下：

第一，设计立意应根植于当地土壤，不是孤立的历史主义，不能一味地仿古，更不能进行非本土文化的嫁接，而是应在对周边环境进行准确调研和信息挖掘的基础上，尊重当地文化。由于村落不可避免地一直处于演变过程中，演变过程中出现的任何风貌协调的较新创造"地域特征"和民间智慧，都可以运用到立面改造中，应将其视为一种"变化的传统"。例如，很多村落中存在的近现代新建或改建建筑，装饰和构建开始使用现代材料，带有西化的装饰元素，是村落演变过程中重要的样本，也是优秀的乡土建筑资源。其关键在于，设计者应当如何对这些元素进行筛选、提取和隐喻，发扬地域特征，因此，在这个过程中，新的理念、技术、材料可以引入进来。

第二，优先考虑适用传统工艺，从自然中获得建造材料，但传统工艺和本土材料在当代可能会出现成本高于现在的工艺制品的情况，同时传统工艺与本土材料在功能性和观赏性方面也许有一定的欠缺，不能够满足现代生活的需求。因此，对于传统乡土建筑材料和细节的继承，应当主要关注其所表现出来的纹理、质地和色彩，这些特征具有环境和谐性，应当予以继承，并可通过现代建造材料、结构和建造模式，采用适宜性装配技术，以仿自然化的方式延续这传统特征，这些举措具有易于建造、成本可控、对环境影响较小的优势。例如，在大量的外立面改造中，采用旧青砖贴面明显成本过高，而现代瓷砖的效果不好，可以考虑采用软瓷这种新型的建筑装饰材料，这种材料由改性泥土（MCM）为主要原料，运用特殊工艺处理而成的一种具有柔性的建筑装饰面材。这种材料在仿制烧结砖效果方面有较好的视觉效果，并且可以定制面材的色彩和拼接方式，能够较自然地模仿乡土材料的纹理、质地和色彩，从文化和生态两个角度均符合乡村建筑外立面改造回归自然的要求。同时，这种材料可回收再生新品，或通过物化机械处理还原泥土本质。

第三，在建筑造型特色方面，尽量用加法而不用减法，尽量依托建筑原有结构，不做大的修改。尽管坡屋顶形式有其遮阳、隔热及降低能耗方面的优势，考虑到改造成本、实用功能及粤西地区防台风需要，除了建筑局部，尽量少采用平改坡的方式，而主要考虑墙面材质比例、色彩、材质、细节方面增加细节呼应乡村地域风貌。

第四，由屋顶日照强度模拟分析可知，平屋顶总的太阳辐射量非常丰富，且遮挡较少，太阳能发电利用前景较大，因此针对乡村聚落大量存在的多层平屋顶建筑，可以考虑将此优势加以科学利用，甚至可通过进一步的模拟测试完善太阳能板布置方案。另外，也可以考虑屋顶绿化，是一种简单的利用场地的方式。

第五，在院落及建筑周边空地种植树木及绿化有结合生产、美化环境和降温的作用。绿化是一种软质的改造，所呈现的氛围感是对立面材料等硬质改造的重要补充，绿植的介入弱化了建筑的突兀感，是十分简单方便的改造形式，因此场地周边看似混乱的破碎空地应当善加利用，农宅出门即是鸡舍稻田的景观，具有浓郁的乡土气息，在保证卫生的前提下应当予以整理、保留和完善（图5-6-29），谨慎使用简单粗暴的硬底化方式。

第六，立面的改造应是在尊重村民和村民充分沟通的基础下展开的，在整体风格协调的前提下，满足自身实际需求和审美要求，并进行适当修改。在改造过程中，注重与当地工匠的沟通。在示范性立面改造完成后，可对屋顶、门窗、窗台、外廊、栏杆形式进行抽象总结，并制定设计导则，给予当地村民最直观的改造效果，正确引导村民进行改造[①]，这是促进欠发达地区乡村聚落发展的重要措施。

通过这些设计思路，使建筑外立面的色彩、形式、造型特色与传统聚落风貌和谐并起到示范作用，达到村落整体环境的提升，让地域文化得到延续发展。

---

① 贫困型传统村落保护发展对策——云南阿者科研讨会[J]. 新建筑，2016（4）：64-71.

图5-6-29 作为一种软质的环境改造，建筑周边破碎的空地应当善加利用，并保持鸡舍稻田等具有乡土特色的景观要素

第六章

可持续发展的乡村空间环境提升路径

前面各章分别从聚落的某一个方面或者某一个视角，对粤西欠发达地区乡村聚落这一特定对象进行了研究，解析了乡村聚落空间在当代转型期所面临的现象以及解决问题的具体方法和策略。本章则基于前面所分析的案例，对乡村聚落空间环境提升理论进行反思和总结，将环境提升的方法从个别案例提升至路径措施的总结。

本章首先分析了乡村地域性在当代特征逐渐消解的现实，指出乡村缺乏公共服务投入和多元化的工作机会，以及人居环境不佳是现阶段乡村发展停滞不前的主要原因。面对这种情况，不能仅仅依靠提高效率这种单一的方式，而是要努力发挥乡村多元化价值。

乡村的地域性价值包括了先天原生态价值中的绝对价值和在当代城镇体系中的交互性相对价值，乡村具有城市不可替代的良好生态环境，因此可以形成自循环系统；城市的健康发展同样也离不开乡村的可持续发展，应从城乡一体化的角度明确城市与乡村各自的合理定位，有助于促进两者各自获得自身发展的自由。乡村环境对城乡均有公共意义，这种公共意义既有生态层面的，也有文化层面的，目前还不能被市场经济的价格所衡量和有效发挥。

乡村地域价值当代传承的关键应当是传承场所回应现实的适应性机制，这与当代强调的生态文明和精神文明是兼容的。传统聚落在营建、使用甚至消亡的过程中，通过综合的安排组织，使之具备低能耗、宜居并且可持续发展的特性，是当前乡村聚落空间环境需要传承的生态适应性机制；从生活出发，了解核心需求、正视当代条件、挖掘市场动力，给多元文化的传承和发展创造宽容和公平的环境，给村民提供足够自由的选择，是当前乡村聚落空间环境需要传承的文化适应性机制。

本章接下来从宏观到微观提出了整合功能的乡村聚落空间环境提升策略，从"山水—田园—村落"构成的整体空间关系、村域边界、聚落建筑群体、建筑形制、建筑风貌特征等方面给出了与功能结合的具体策略。聚落空间整体和局部具有连续性的环境，依照当代需求，整合出高度灵活的功能适应体系，强调各种功能尽可能的混合与丰富。并且对于乡村聚落空间环境的任何因循创新和功能更迭，都应当嵌入和适应原有的乡村聚落空间环境体系。

在乡村聚落空间环境提升的保障措施方面，在当前经济社会背景已经开始从大规模物质建设逐渐转向综合社会治理的前提下，设计师更要关注设计的内在深层问题。在乡村人居环境提升的具体过程中，不仅要关注聚落物理空间本身，更要关注乡村在当代的经济社会发展机制。受当前互联网的影响，使得不同背景人群之间有机会得以广泛的沟通与协作，这是乡村聚落空间得以活化和复兴的起点。在乡村聚落内生动力不足的情况下，有必要引入乡村聚落之外的其他力量激活和促进当地村民的主动性和创造力。鼓励城乡各方主体开展多种形式的联合和合作，继承传统自组织动态过程分散与灵活的优点，并融合当代他组织规划模式的高效与规范，实现城乡经济要素的优势互补，平衡各方实施主体利益，形成以要素促进产业融合、以产业融合带动要素流动的互动机制。聚落空间环境的持续有效利用，最终是要靠村民来进行并强化内生动力的。社区参与的根本动力在于村民自身，这是乡村聚落空间得以活化和复兴的关键。聚落空间的优化采取分阶段实施的措施，有重点、有先后地科学推进。通过以点带面的方式来促进聚落空间的整体提升，其意义主要是通过导向和示范引导带动。目前，对于大部分乡村来说，工作的重点一是优化主要的公共环境，二是建设示范性住宅和示范性公建。另外，针对乡村聚落空间环境未来可能产生的问题。空间优化和提升的过程应当保持弹性、动态完善，新功能的介入也应当采用局部、渐进的柔性方式，介入过程与自然环境的共生并与当地居民的生产生活和谐共存，保持村落自组织的动态过程。

第一节

乡村地域性的消解

乡村传统聚落完成于人口较少、缺乏机动交通的时代，应当尊重这一现实，并理解基于那个时代乡村聚落所遗留下来的精神。可以理解的是，当下地方政府出于希望给乡村带来经济回报所做出的努力，但结果往往不尽如人意；同样可以理解的是，村民出于对现代化生活的渴望，模仿了城市住宅与欧式别墅，但结果是破坏了村落整体格局，并且与村民长期已形成的生活方式不相融，而村民只考虑局部不考虑整体的做法对环境造成的破坏也使得村民自己最终放弃了使用。

在石头冲村，养鸡场连接着卫星和便携式设备，传递和接收数据，并且执行操作指令，养殖小区内的保温、喂料、照明、风扇、窗帘、喷雾等设施定时定点，这种模式超越地域，可以占据任何地理坐标，无论是丘陵地带，还是平原地带，养殖小区都可以大规模布局。养鸡小区的集聚方式可以提高产业效率，但相应的，村民的生存方式也变得十分单调，村民生产行为依赖于企业组织，彻底失去了来自个人的创造性，而企业组织所带有的"全球性"，削弱了村民的传统社会根基，消解了乡村聚落物理空间"地域性"，这种"地域性"曾与血缘和熟人社会紧密联系。缺乏地域特色整齐排布的别墅群，使人时刻都在感受到来自组织机构所散发出的控制性权利，富裕了的农民实际搬离，可以说明仅依靠提高效率这一概念应用到乡村建设中是不可行的。

乡村缺乏公共服务的投入，缺乏多元化的工作机会，生活质量不高，才导致乡村人口大量地涌入城镇是乡村聚落"空心化"的根本原因。无论是需要提高经济收入的村民、已经富裕的农民，还是希望到农村生活的市民，一种真正舒适、宜居、缓慢、与城里不一样的、有情调的生活方式才是乡村吸引人驻足的最重要原因。这种生活方式是有可能实现的，应当看到地域界限的打破也意味着另外一种可能，互联网使人可以在更广阔的空间领域内进行生产与消费行为，不再只依赖于"地域的"或"局限的"的社会组织或企业组织，并通过协作和分享，将个人纳入到知识体系生产之中，这与小农经济自下而上积累经验的过程类似。

　　协作与分享的当代新型社会组织关系意味着乡村聚落空间环境的提升需要超越仅仅追求物质环境改善与审美的思路，更应当注重整合乡村空间环境整治、社会组织改良、生态维护、经济结构改善等多重需求，全方位地追求乡村功能和活力的提升。随着对特色空间的需求、多元文化的追求，乡村的生态及文化的地域性价值比以往更加重要。我们应当认识到，在当前城镇化背景下，即便是欠发达地区的乡村聚落，接受现代化洗礼也是无法避免的，同时村民有权享受现代化成果。保持传统乡村聚落的地域化特征和满足村民现代化生活需要是同等重要的。问题解决首先要对乡村的地域性价值进行再认识，这样才能既活在当下又维系未来，真正对乡村居住环境、生活水平和公共服务能力采取多方位的手段进行全面的综合提升。

第二节

乡村地域价值再认识

一、绝对价值：先天的原生态价值

　　良好的生态环境使得乡村先天具有不可代替的绝对价值，这也是乡村与城市相比所具有的独特特征。乡村的生态系统将人类生存空间也纳入到生态空间之中，体现了传统文化中的"天人合一"哲学。在这种生态文明的视角下，人类不是旁观者，也参与了生态环境的塑造。在人与自然的互动过程中，地理环境、水文特征、气候特征影响着乡村生态系统的塑造、历代移民的迁徙、不同族群的商贸与交流，也在逐渐改变乡村生态系统，因此包含聚落空间在内的乡村生态系统既是自然生态不可分割的部分也是长久以来不断完善的人工生态结果，由此形成的生态文化理念经过长期渗透，影响了乡村生产和生活的各个层面。以物理空间为载体，生态系统通过物质循环、能量流动和信息传递，使得物理空间和社会空间相互交织、相辅相成；而物理空间和社会空间的完善是乡村生态系统稳定运行的有效保障。

　　第一，乡村不是农业产品标准化的生产基地，以小农经济为基础的乡村农业是依托自然环境、环环相扣的循环利用农业，其产品是依存于地域土壤、水和气候所产生的差异性产品，这种差异性丰富了人类的多元文化。

第二，传统聚落的选址和布局顺应了自然生态条件以及自然环境构成的制约因素。正是聚落空间生长的自然生态背景，而不是空间本身的形而上，才促使聚落空间演变顺应自然而产生高度的复杂性。

第三，乡村是自然生长出来的社会空间，这种社会空间的维系有赖于兼顾生态、生活、健康的可持续低碳方法和传统生态智慧。乡村的生产、生活方式以及信仰和风俗本质上是基于生态文明的，是人与生态环境的和谐统一。

第四，乡村中依然保存着基于中国农业文明的传统文化，许多传统文化的根基在乡村，乡村基层环境在当代也往往有效保存和发扬了诸如邻里互助、诚实守信、尊老爱幼和追求和谐发展等传统文化观念。

二、相对价值：当代城镇体系中的交互性价值

在城镇化进程中，人类将自己困在由钢筋混凝土构成的非自然环境中，对于人造环境的依赖使城市人远离了先人所熟悉的野外生活环境和传统乡村聚落中的血缘关系、熟人关系，形成了种种"文明病"，"文明病"也逐渐影响到了乡村。人们开始忽视文化传统，只关心如何实现利润最大化，为了生产更多的农产品，乡村开始一味地追求效率，这就造成目前维持城市正常运转的代价是乡村逐渐变得高度结构化和组织化。

但从城乡一体化的角度看待乡村，乡村的可持续发展无论对其自身还是对城市的健康和发展都具有重要意义，乡村对城市而言具有多元性价值。首先是使用价值，主要是指依托乡村水土和气候生产出的包括谷物、肉类、木材和可再生资源等可以用价格衡量的产品，同时乡村也具备某些远远不能被价格所衡量的使用价值，如提供娱乐和休憩功能的富有魅力的乡村田园风光和支持城乡聚落有效运行的生态系统服务。其次是非使用价值，在这一方面，乡村依然具有很大的潜力可以挖掘，其中乡村作为文化根基其存在的本身就具有无可替代的价值；乡村的独特性和丰富性所具备的多元可能意味着能够为人们提供潜在利益的选择价值；乡村空间的生态和文化的可持续性也意味着在未来可以提供遗产价值。总而言之，从使用价值和非使用价值两方面来看，乡村的价值远远不能用市场价格来衡量。

不管是对于城市还是乡村本身，乡村环境具有农业生态承载和社会文化调节两个方面的公共意义[1]。但实际上在经济规律下，乡村环境的提供者和管理者——即村民没有为公众提供良好环境的驱动力，因此需要对村民进行经济方面的鼓励，使村民能够得到提供良好乡村环境做的补偿，而同时对污染乡村环境者采取有效的方式进行管理和控制或征收一定的费用，以保障良好的乡村环境[2]。事实上，乡村环境的公众意义已经越来

---

[1] 朱霞，周阳月，单卓然．中国乡村转型与复兴的策略及路径——基于乡村主体性视角[J]．城市发展研究，2015，22（8）：38-45．
[2] 韦悦爽．英国乡村环境保护政策及其对中国的启示[J]．小城镇建设，2018（1）：94-99．

越得到各界的关注，因此城市回馈农村成为新的趋势，城乡之间各种要素的流动也越来越频繁。

在未来的发展中，城乡之间可以发展互补型关系，这种互补型关系的关键不在于如何打破差异，而是如何让不同形态的聚落各自获得自身发展的自由，独立发展的自由是最大的无差异性。因此，应当强化而不是弱化城乡二元性，关键在于城市和乡村之间的相互体验，而不是相互替代生产。

在这个过程中，城市对生态文明的最大贡献不是绿色建筑和低碳技术应用，因为乡村原本就具有生态价值和现成的低碳技术值得挖掘。城市应当加强高功能、高效率，只有这样，乡村才能更好地发挥山川绿野的生态功能。

乡村振兴不仅要恢复生态功能和适量人口，也要恢复乡村文化。乡村文化首先以农耕文明为基础，根植于乡村物质空间；其次是地域精神的解读与阐释，旨在突出地方特色，并使之具有与城市不同的特征。

第三节

乡村地域价值的当代传承

一、关键：传承场所回应现实的适应性机制

基于对乡村问题的整体科学认知，乡村地域价值的当代传承的关键应当是传承场所回应现实的适应性机制，传统乡村聚落空间的营建已经拥有适应气候、融合环境、强调功能、整体统筹、就地取材、节约能源、兼容并蓄、开放多元的特征，这些特征与当代强调的生态文明是兼容的。乡村聚落空间环境的提升，是为了培养适应当代的新乡村文明，不是建设新的乡村空间，更不是为了假装颂扬悠久的历史。特别应当注意的是，对于设计师而言，乡村聚落在空间环境提升的过程中，很多场地原本就带有场所精神，设计师需要克服主观性，应当避免在场地上施加过度的个人意志，导致场所精神对于设计的妥协，避免仅仅为了展示设计师个人技能，但空间环境毫无改善，甚至倒退。

如图6-3-1所示，该场地原本是混凝土铺地、周边空置的历史建筑掩映在绿色的树木和柴草之中，场地的混凝土铺地虽然不是一项传统的技术，但也传承了原本传统三合土铺地的内涵，平整的铺地有利于晒谷这种乡村常见的生产行为，而混凝土随着时间的变化而逐渐风化，变得越来越柔和，仿佛从场地中生长出来，带有"时间的沉积"，是一种优雅的老化；绿树、老房子和干枯的柴草，蕴含着年代美感。

(a)改造前

(b)改造后

图6-3-1 违背场所精神的改造

然而在经过改造设计后,将原本的混凝土铺地铲除,取而代之的是混乱而内涵不明的石板铺地,石板有缝隙,不适合晒谷;原有的植物被铲除,柴草被移走;空置的历史建筑被当作一种负面空间,采用了用墙体遮挡的方式进行处理,这些做法虚构了场地的真实性,扭曲了场地氛围的原真性,是一种急功近利的"旅游景观化"设计。在实际过程中,村民对这种影响当地生产生活的设计手法产生了抵抗,村民与相关部门和设计单位之间博弈了很久,但最终妥协完成了场地改造。

面对这样的空间,设计理念应提倡回归场所本身,混凝土铺地做法对于传统三合土铺地解决实用问题的适应性机制的传承,应当予以保持;对场地的绿化进行妥善清理和组织,而不应当盲目地砍掉所有树木;空置的历史建筑可以适当改造添加新的功能,对场地产生积极影响,振兴场所精神。

为了加强空间环境的地域价值,首先应当明确设计目的和场所特性,在尊重既有场地和环境的基础上进一步调整和确定细节。所有的改造需要从现代生产至消费过程和公共文化的角度去进行价值判断和重塑。场地都有其特定的氛围,而气氛来自于对场地生活、生产和休憩功能的使用,无论是山水、田园、广场、巷道还是住宅,这种价值和情感都与土地本身密切相关。乡村聚落空间环境的提升,在手法上应当是有限干预和乡村自然发展相结合，它既不应该是新元素对旧元素的简单伪造，也不应该是新元素与旧元素的非亲缘并置，而是环境提升后能够从中看到时间的积累，不是时间的断裂，所有后添加的元素似乎都应该是从既有空间环境中生长出来的。因此，应当明确传统聚落空间环境，应当传承的生态和文化要素，在理解的基础上，保留、借鉴、提升和运用当地聚落结构特征以及建筑原型，合理地进行空间资源配置。

二、传统聚落生态价值传承

基于朴素的自然观和环保观，粤西地区传统聚落有着自然的绿色生态原则，聚落在营建、使用甚至消亡的过程中，通过综合的安排组织，使之具备低能耗、宜居、可持续发展的特性（表6-3-1）。

粤西地区潮湿多雨、气候炎热。很多建造手段都在解决除湿通风、隔热降温，同时兼顾考虑了台风灾害、地形变化所带来的影响，涉及规划布局、空间组织和立面造型等各个层面，这些手段多是被动的方式，就地取材，采用合理平面布局等低技术手段。具有投入小、成本低、好掌握和易实施的特点。往往以全局的视角综合解决问题，例如空间组织综合了通风、遮阳和降温的考虑；水系的组织综合解决了降温、防旱、排涝、减少水土流失等。具体的传承要素如表6-3-1所示：

传统聚落生态价值传承要素　　　　　表6-3-1

要素类型	具体内容
建筑与自然环境融合	1. 聚落规划充分结合基地的自然山体、坡地、绿化植被，巧妙利用河流、小溪和水体景观； 2. 疏密有致：居住建筑集约用地，公共、半空间合理穿插渗透； 3. 空间环境的内外交融
通风	1. 通过梳式布局或密集式布局的整体布局通风，其核心要素包括巷道、天井与敞厅； 2. 天井通风； 3. 楼井通风
遮阳	1. 聚落整体利用密集的平面、较小的建筑间距遮阳； 2. 凹斗门遮阳； 3. 檐廊遮阳； 4. 选择良好的朝向，避免西晒
降温	1. 绿化降温； 2. 水面降温； 3. 通过建筑材料减少蓄热； 4. 结合生产生活利用不同时段的降温策略
防灾处理	1. 有组织的排水：前低后高的聚落布置方式，低处开挖水塘，坡屋顶排水，天井内院设置暗渠通向巷道，巷道将水排入水塘河涌； 2. 蓄洪排涝：水体的复式断面结构涝时蓄水旱时灌溉； 3. 防潮：挖塘挖井降低地下水水位；群墙、基础、地面用砖石硬木等密实型材料减少地下水上升渗透； 4. 防台风：沿海台地由院落、围墙组成的密集式布局依靠建筑物之间相互毗邻增加抗风力，朝向的精心选择使聚落与台风主要风向所形成的角度很小，村落外围绿化降低风速； 5. 预防火灾：池塘蓄水

| (a)已经消失的宜兰河景观 | (b)疏通河道后的宜兰河景观 |

图6-3-2 复苏宜兰河项目
(来源：黄声远团队)

理解这些低技术、低碳循环的建造手段在今天的村落空间环境提升方面仍然有重大意义，不仅可以指导人们明确环境提升努力的方向，也是设计灵感的来源。比如，历史上人们已经意识到，抵抗洪水泛滥的最好方法不是筑起坚固的拦水堤坝，而是疏浚引水灌溉、以水治水。因此，在多雨的粤西地区，传统聚落的水系往往是自循环的，目前很多乡村聚落面临聚落水系被打断的问题，目前村落中常见的围绕着已经不流动的水做微观造景于事无补，甚至会滋养蚊虫和造成水体的富营养化，真正急需解决的问题是疏通水体。在这个问题上黄声远团队复苏宜兰河的设计思路值得借鉴（图6-3-2）。由于城市交通的快速发展，人们逐渐淡忘了河道对生活和环境的重要意义，宜兰河大部分被侵占，变成了城市快速路的一部分。因此，设计团队说服政府把一些路段挖开恢复护城河。疏通河道后的宜兰河促进了城市居民与自然之间的关系，同时河道的疏通也再次使宜兰的泄洪能力得到提高。

当然，在借鉴这个思路的同时，粤西地区的水体疏通应当更加重视与生产生活之间的关联，以及采用更加自然化的驳岸。同样的思路，也适用于疏通被违章建筑阻碍的风道、恢复被遮盖的天井、在村域边界完善绿化等。

三、传统聚落文化价值传承

粤西地区的乡村文化总体而言是原生性、多元性、非正统的世俗文化。如表6-3-2所示，文化涵盖了意识形态、风俗习惯、宗教信仰、审美观念、文化素养等多个方面，这些内容通过建筑外观形象、建造手法、材料使用、装饰细节等传递出来，有可能是具象的再现，比如地方庙宇的偶像崇拜，也有可能是抽象的表征，如建筑外形中具有文化意义的符号，还有可能是综合性的美学诉求（表6-3-2）。

传统聚落文化价值传承要素　　　　　　　表6-3-2

要素类型	具体内容	文化内涵
风水（聚落适应气候地理）	1. 适应自然地形的背山面水格局； 2. 通过人工的补益弥补风水不足，特别是人工水系的补充； 3. 对称严谨、层次分明、集约用地的聚落整体布局	天人合一的宇宙观，探求聚落的择地、方位、布局、节地与天道自然、人类命运的协调关系
建筑	1. 传统民居——住宅、园林	居住文化、庭院文化、园林文化
建筑	2. 祠堂建筑——祠堂、书室	宗族文化、祭祀制度、耕读文化
建筑	3. 坛庙建筑——祭祀河江海的建筑、祭祀文昌神的建筑、祭祀历代圣贤的建筑、祭祀山岳土地以及雷雨等各路诸神	民间信仰、宗教文化、水文化、海洋文化
建筑	4. 商业建筑——会馆、行会、商铺	重商文化、行会文化
建筑	5. 防御建筑——碉楼寨堡、村围	宗族文化、华侨文化
建筑	6. 生产建筑——鸡舍牛棚、手工作坊	农业、畜牧业、养殖业、手工业混合的多元生产文化
建筑装饰	木雕、石雕、砖雕、灰塑、彩画	水文化、楹联文化、民间信仰、礼制观念
街巷	道路格局、青云巷、牌坊、祠庙前广场	封建礼制、风水理论、传统哲学、传统美学、民俗文化
村口	水口、凉亭、树木、桥梁、村门、石狗、牌坊	封建礼制、风水理论、传统哲学、传统美学、民俗文化

文化内涵不能由简单的物质形态确定，但也不属于完全的精神范畴[①]，文化的传承蕴含在乡村空间及其背后社会组织的各个层面，但并非所有的传统文化都有必要直接继承，对待传统文化需要有所鉴别和筛选处理。特别是对于广大普通的乡村聚落而言，不是每一段历史都足够精彩，有些传统文化要素的产生是基于过去落后生产力和特定时代背景的需求产生的，比如很多人怀念的长幼有序、尊卑有别，他们觉得这种环境其乐融融，但是更多的人在这个环境里并不感到其乐融融。随着时代发展，生活水平的改善、卫生习惯的提高，也在促进着生活方式和地域社会文化的转变，以一部分人的个人利益为牺牲去成全整个家族的方式，在当今交通和信息越来越发达、人们的选择面越来越广的情况下，已经没有必要，且难以为继。

从生活出发，了解核心需求、正视当代条件、挖掘市场动力，给多元文化的传承和发展创造宽容和公平的环境，给村民提供足够自由的选择才是传承的关键。聚落空间作为乡村生产生活的载体，源于生活，生活的需求才给了建筑不断改善、发展的动力。在粤西地区，以下几方面的文化价值会在今后的传承中仍然得以发扬和传承：

（1）因为河流纵横以及临海产生的"水文化"和"海洋文化"会因为地理景观的维

---

① 毕明岩. 乡村文化基因传承的规划路径——以江南地区为例[A]//中国城市规划学会. 多元与包容——2012中国城市规划年会论文集（11. 小城镇与村庄规划）[C]. 中国城市规划学会，2012：10.

持得以延续；

（2）因"重商文化"而产生的务实价值观会随着当代商业和互联网的发展更加凸显；

（3）因不同文化交流产生的"兼容并蓄"思想也已经在改革开放后进一步深化；

（4）在"自组织"演化动力的支配下，在粤西地区聚落空间形成过程中，传统的个体之间的共识达成的资源分配、通过共识来实现价值的方式，也将随着互联网技术和"区块链"技术的发展重新发扬和转化。

还有更多方面的文化价值尚待挖掘、传承与发扬。最终，传统建筑、街巷和村落只有不断融入新的功能、新的技艺、新的文化，才能成为乡村和历史真实的载体，才是合乎发展的有价值继承。具有一定混合功能和高密度的居住区以及乡村富有野性的自然荒野，会促进人们对自身文化以及对自然生物多样性的思考和保护。

第四节 功能与空间整合的实施路径

一、功能与空间秩序

乡村人居环境是空间秩序与功能的统一（表6-4-1），空间秩序是建筑学关注的物质空间形态，功能是当地生产生活依托乡村物质空间的功能状态。空间秩序是功能得以实现的基础，乡村的生产生活功能通过空间秩序得以实现[①]，可以按照从宏观到微观的次序拆解乡村人居环境构成。

在空间秩序层面，"山水—田园—村落"构成的整体空间关系，其分布形态与地形地貌密切相关，是最宏观的秩序层次。村域边界和聚落建筑群体是这个秩序的中观层次，其中村域边界通过人工建成环境与自然生态环境进行物质交换，聚落组成模式是指聚落居民点的建筑群体布局关系。微观层面包括了建筑形制与建筑风貌特征，建筑形制是指空间单元的一般控制特征，包括空间原型、空间组合与建筑体量三个方面，正是这些空间单元以一定的空间秩序进行了组织，最终形成表达出整体的聚落建筑肌理；建筑风貌特征包括空间单元建筑的具体造型、结构、材料、构造和色彩等地域特征。

在功能属性方面，也同样可以分为宏观、中观、微观三个层面。宏观层面的功能包括了山体和河流形成的生态自然环境提供农业生产、户外活动、野生动物保护和居住的

---

① 王竹，钱振澜. 乡村人居环境有机更新理念与策略[J]. 西部人居环境学刊，2015（2）：15-19.

乡村空间秩序与功能的对应关系　　　　　　　　　　　　　　　　　表6-4-1

	层级	宏观	中观（聚落整体）		微观（建筑单体）	
乡村人居环境	空间秩序	山水—田园—村落的整体空间	村域边界	聚落组成模式	建筑形制	建筑风貌特征
		自然生态环境与人工建成环境的分布	人工建成环境与自然生态环境进行物质交换的区域	组成聚落居民点的建筑群体的布局关系	原型、组合体量	造型、结构、材料、构造、色彩等
	功能	1. 山体和河流形成的生态自然环境提供农业生产、户外活动、野生动物保护和居住的基础； 2. 由土地生产出的食品、木材和可再生资源等市场产品； 3. 对水和空气的自净； 4. 分解和降解垃圾； 5. 为未来一代提供的精神和审美遗产价值	1. 由聚落建筑群体布局、巷道空间组织、村域边界水系和绿化形成的整体气候适应性提供了低成本的良好居住环境； 2. 提供了部分的生产功能； 3. 社区服务、教育、医疗等公共建筑及服务设施的布点； 4. 水、电、路、通信等基础设施的布局； 5. 空间节点提供了交往的公共场所		1. 基于家庭生产生活功能的居住建筑空间组合与设施； 2. 各类公共建筑的具体功能与角色； 3. 各类生产建筑的具体功能与角色； 4. 体现地域特征和生态文化价值的传统营造技术	

基础，由土地生产出的食物、木材和可再生资源等市场产品、对水和空气的自净、分解和降解垃圾、为未来一代提供的精神和审美遗产价值；中观层面的功能包括了由聚落建筑群体布局、巷道空间组织、村域边界水系和绿化形成的整体气候适应性提供了低成本的良好居住环境，提供了部分生产功能、社区服务、教育、医疗等公共建筑及服务设施的布点，水、电、路、通信等基础设施的布局，空间节点提供了交往的公共场所；微观层面包括了基于家庭生活生产功能的居住建筑空间组合与设施，各类公共建筑与生产建筑的具体功能与角色，体现了地域特征和生态文化价值的传统营造技术。

从聚落选址与自然地形的契合、人工建成环境与自然生态环境的过渡、聚落组成模式、建筑形制和建筑风貌特征，粤西各区域的乡村聚落都衍生出自身的特点，是局部与整体的平衡统一，整体和局部具有连续性，这种连续性秩序是漫长历史过程中长期适应自然人文环境的结果。

乡村基于地域的生态及文化差异，即气候、土壤、动植物、风俗、材料、匠人、手工艺等差异，才能形成宏观的地域特征差异性，即强调一个地区所有元素具备同质性并且宏观风貌应当是整体协调的。在宏观风貌整体协调的基础上，才能形成各村的特色，例如巧妙结合各村不同的地形、水系形成具体的空间特征等。

认识这种规律是当前对乡村聚落空间环境进行提升的重要依据，整体和局部具有连续性的聚落空间，应当依照当代需求，整合出高度灵活的功能适应体系，强调各种功能尽可能的混合与丰富，不能套用城市的功能分区模式。在当下，随着时代的进展，对于乡村聚落空间环境的任何因循创新和功能更迭，都应当嵌入和适应原有的乡村聚落空间环境体系。在乡村聚落空间中，人们的生活需求始终随着时代变化。所以，正如罗西类型学所主张，对待历史中走出来的地域建筑，功能与形式没有必然的对应关系，理应是功能适应形式，而非形式追随功能[①]。

二、区域宏观层面功能整合策略

以新兴县六祖镇为例，乡村聚落选址与空间格局发展是充分遵循自然规律的，农田分布和农村居民点分布适应自然地形、水系和耕作土地条件。六祖镇整体地势南高北低，集成河、船岗河沿河形成狭长的河谷小平原和冲击小盆地。流域内以中低山、丘陵为主，河流整体呈南北走向，建设用地、农耕地集中在河谷地带。居民点高密度开发，早期发育基本依托河流，而道路的建设基本沿袭原有格局，道路的建设又相应强化了历史居住格局，其余用地均最大限度地保留耕地。聚落组团虽然有占地面积多寡、距离水体远近的选择，但始终顺应人口与土地承载力之间的关系进行建设。

当代乡村聚落在宏观层面上应当强化这种"山水—田园—村落"区域的整体空间关系，具体措施包括：

1. 顺应历史传承至今的"山水—田园—村落"的整体空间系统，维护传统的人工与自然环境和谐的可持续发展理念，停止对整体空间格局的破坏，修复已造成的破坏，允许适度的引导与开发。

2. 在坡度不大于25度、不容易发生地质灾害的土地中，必要的建设开发优先利用先前建设过的土地、盐碱地等无法绿化或耕种的土地，不占用最优质的农业土地，这样做可以集约使用土地，提高开发密度，有益于整个区域。例如，雷州南渡河下游入海口附近，自然形成的农村居民点往往利用了海陆交接的盐碱地。

3. 村镇居民点不应建于地质灾害高发区，应避开洪水淹没区、泥石流区，已建成的位于地质灾害高发区的居民点应当搬迁统一安置在较安全的区域。

4. 保证获得充足和安全的水源。

5. 保护性使用鱼塘水系，疏通已经淤塞的水系，使得水塘既可成为生产性的空间，又是生态性水系自净生态系统的一部分，同时也改善了聚落微环境。

6. 了解土地开发的兼容性，为最优功能下的多样化、包容性发展提供可能。

7. 完善村镇垃圾收集、运输机制，做到垃圾减量化、无害化、资源化。

8. 设计一些重要的跨区域线性空间，例如流域视觉景观廊道、徒步登山线路、自行车慢行系统等，将地域和流域的文化资源、生态资源和公共资源整合在一起。

---

① 赵骏飞. 类型学视角下传统乡村外部空间设计研究［D］. 北京：北京建筑大学，2017.

三、聚落中观层面功能整合策略

在更加广阔的生态价值和文化价值观前提下，乡村聚落空间环境的提升，也应该跳出单纯的仅仅提供几个规划和设计方案的思路，而是基于时空连续的可持续发展观下的生态文化要素再编织，创造出一种粤西欠发达地区乡村聚落原生性、多元性、感性化、非正统的世俗文化相适应的乡村生活方式。

在这一层面的空间环境提升有两条主要途径：一是在基本维护或尽可能少碰触乡村聚落既有空间结构的基础上，对空间环境及相关的基础设施，以及空间背后隐藏的社会管理、功能组合等方面进行整合、综合规划和治理；二是通过在聚落空间中注入各种新的微小功能，逐渐完善公共服务，满足每个村民多方面的生产生活需求。

基于个体形式的独立生产和借助当代互联网络的分享体系，与传统小农经济自下而上的积累知识并持续改进的模式是有类似逻辑的，生产、生活、消费和娱乐功能的混合应当是传统聚落面向未来的发展方向，具体的措施包括：

第一，适当的高密度开发可以帮助建立成本低廉的社区，传统聚落空间结构的整体气候适应性说明了紧凑的聚落空间结构不仅可以提供集约的住宿和工作区域，也能够提供高标准的生活质量。院落、巷道、水系和绿化的空间组织是传统聚落提供高标准生活质量的保障，因此对于传统聚落，应采取尽量隐蔽的方式延续人居环境传统自然生长状态，对整体空间造成破坏的部分进行适当的清理和调整，并考虑植入新功能合理发展，使社区拥有宁静、生活便利以及私密性与社区互动性的平衡。

第二，使用功能混合的观念，倡导工作、休闲和居住尽可能靠近，尽可能使一个乡村聚落，或几个邻近的乡村聚落成为微型的自给自足区域。尤其是很多村民仅在农忙期间务农，其他时间在附近的圩集和城镇经商、从事简单的加工业或办公等活动。目前一些企业通过"公司+基地+农户"的发展模式提供技术支持，引导农民开展规模农业，大大提高了生产效率，使农民有更多的闲暇时间创造其他方面的利润，信息技术的发展也进一步使得在家工作获得额外收入成为可能。但由于目前农村人居环境欠佳，很多农民在大多数时间都居住在城镇，仅仅在农忙期间回家，而出于节约时间的目的，往往使用电磁锅烧饭，这样仅仅从用电量分析，难以了解目前农村空心化的真实状况。乡村聚落空间环境的提升应当注重将工作与家庭生活融合在一起，并通过开放公共空间塑造的游憩空间赋予村民团体意识和身份认同感。这样也给有孩子的父母提供了变通的可能，减轻农村普遍存在的留守儿童问题。例如，金台村重建项目中利用地面层的开放空间允许农民开展简单的家庭作坊，利用屋顶开辟菜园。有居住、工作、休闲功能的复合型社区，抗干扰能力更强，更具有可持续性。

第三，降低对私家车的依赖，合理布置公交车站；鼓励自行车、电瓶车的使用；社区内部可通过设置各式的工作和生活设施来减少出行的需要；传统聚落内部住宅密布的区域不必因为仅仅是满足机动车进入而拓宽道路，造成传统空间肌理的破坏，而可以采

图6-4-1　浙江富阳文村新村建设人车分流促进村落公共活动和社区互动关系
（来源：王澍、陆文宇团队）

用集中合理设置停车场，新村也可以采取人车分流的方式减少机动车干扰，聚落内部机动车辆的干扰减少，人们就可以在户外享受公共空间、社区内部的互动关系也得到了加强（图6-4-1）。

第四，从粤西地区乡村停车场目前条件来看，主要是硬底化了的简单露天场所，车在夏秋两季阳光下暴晒后，空调能耗会显著增加，不利于节能减排。因此，应着力发展的是生态停车场，可以考虑发展一些自发电停车场，为电动车的引入创造条件（图6-4-2）。

第五，村民享受现代生活的便利与维护聚落传统格局同等重要，村民充分享有发展红利与现代文明是应有的权利，所以应采用尽量减小对原有格局和秩序影响的方式在村落中植入公共服务、基础设施、家庭生活空间等现代功能，这也为城镇居民在乡村长期创业或短期旅行提供了有利的基础条件。公共服务包括社区服务、养老、医疗、商业、教育等；基础设施包括保证稳定的电力、清洁的饮用水来源，同时注重生活污水处理和合理排放[1]。

第六，除了对村落主要的车行道进行必要的硬底化和拓宽外，其余的道路慎用硬底化方式。

（1）在车行道硬底化材料选择方面可以考虑使用沥青混凝土。沥青混凝土从色泽和质地上比水泥混凝土道路更容易与乡村环境协调（图6-4-3）。虽然沥青价格略高，但后期维护简易，路面受损仅需要局部修补，不像水泥路面那样一旦局部受损就需要大规模重修。从环保角度讲，沥青材料只要不发生化学反应就可以重复使用，弥补了路面铺设过程中造成少量环境污染的不足之处，有效提高了资源的利用率。

---

[1] 王竹，钱振澜. 乡村人居环境有机更新理念与策略[J]. 西部人居环境学刊，2015（2）：15-19.

图6-4-2 生态停车场意向
(来源：广东省云浮市新兴县六祖镇名镇建设规划)

(a) 水泥混凝土路面

(b) 沥青混凝土路面

图6-4-3 道路硬底化的两种材料

（2）若无频繁通车需要，轻易不要改造巷道铺地形式，巷道铺地形式也是乡村风貌和历史价值的重要体现，即便是同一个地区的不同村落，其巷道铺地形式也根据具体的情况有所不同，村落的独特性便体现在这些细节上（图6-4-4）。若用水泥覆盖了这些历史细节，村落空间环境就变得千篇一律，失去了场所特征，巷道空间变得毫无辨识度，失去了方向感（图6-4-5）。即便是毫无修饰的土路，因其土质构成的不同，与当

（a）雷州东林村巷道青石板铺地　　（b）雷州潮溪村白沙青石铺地　　（c）雷州邦塘村红砖条石铺地

图6-4-4　同属雷州市的村落因其巷道铺地形式的不同显现出村落的独特性

（a）新兴水湄村巷道被水泥覆盖　　（b）新兴石头冲村巷道被水泥覆盖　　（c）新兴外布前村巷道被水泥覆盖

图6-4-5　同属新兴县的村落巷道均被水泥覆盖而失去村落的独特性

地植被、地域建筑一起，也反映出当地独具魅力的乡土特色（图6-4-6）；另外，砂石路面施工工艺最简单，一般是就地取材，在道路等级不太高的路段可以使用。

　　第七，具有地域性的公共空间，包括了公共建筑、街巷空间和重要景观节点空间，这些开放与半开放的空间环境，是聚落生活文化展现的空间主体，其在聚落层面的重要作用不容忽视。这些位置往往可以形成场所的特征，有助于赋予团体意识，赋予全村人以认同感。使用者的认同感确立了公共空间的核心价值，这种核心价值在于使用和共享，也可以称之为公共性。目前乡村聚落的公共空间大多由政府或集体提供，往往是功能孤立单一的卫生所、车站、文化站、图书馆、展览室、礼堂等现代功能，但在传统的

（a）雷州青桐洋村红土路面　　　　　　　（b）英国伍斯特郡威特利庄园黑土路面

图6-4-6　土路因其土质构成的不同，与当地植被、建筑一起，反映出当地乡土特色

乡村聚落里，并没有类似于展览室、图书馆、礼堂这样的现代功能，田间地头、巷道的空间节点、祠庙前广场、村口等供人们休息交流的空地就足以成为公共空间，甚至公共性可以渗透到各家各户的庭院和客厅。在当前，对于乡村聚落公共空间的网络型结构的传承与重构很大程度上能够影响到村民的思想态度，提升村民的参与意识，和不同的人分享和交换经验，并逐渐参与到社区空间提升和维护过程中，逐渐回归小农经济时代就有通过不断积累、调试并平衡的渐进过程，真正自发产生社会活力。

公共空间的营造应当注意满足各种不同人群的使用需求：

（1）对于妇女们而言，即便村里家家户户都通了自来水、都有了洗衣机，在户外水系的水质尚可的情况下，女人们还是愿意在水边洗衣和聊天（图6-4-7、图6-4-8）；

（2）老人们喜欢在自己的房前屋后种菜养鸡、聚集在村口树荫下纳凉，或是在祠堂和客厅与朋友聚会（图6-4-9、图6-4-10）；

（3）对于青少年来说，缺乏课余设施会导致他们在课后游荡街头，烦扰他人或破坏历史建筑，所以村里的小型图书室、青少年运动场地和活动中心也十分必要，此类空间节点应当重点优化和提升（图6-4-11、图6-4-12）。

图6-4-7　清远石泉村滨水空间　　　　　　图6-4-8　浙江富阳文村新村滨水空间

图6-4-9 雷州苏二村老年人聚集在村口树阴下纳凉

图6-4-10 雷州邦塘村客厅"居由轩"给村民提供交往及娱乐空间

图6-4-11 云浮云城区元眼根村由公益组织筹办的"小悟龟书吧"租用一套20世纪80年代的住宅,给儿童提供课后阅读空间,并由房东整理出的菜园为儿童提供寓教于乐的培训课程,在这个过程中,村民的价值感得以提升
(来源:小悟龟书吧)

图6-4-12 英国维特利庄园简单实用的木结构的儿童娱乐设施,有机融入环境

总体而言,具有质朴乡村特色的公共空间环境更受到大众欢迎。

第八,尊重自然本身的价值,改善村落周边的自然环境,阳光、风、周围的地形地貌以及绿化景观相互作用影响。它们结合起来可以影响场地的微气候,为了提高聚落整体的能效和舒适性,也必须考虑聚落及周边自然环境形态的关系,甚至可以引入新的要素优化环境,比如种植当地树种、疏通原有水系、开辟新的池塘,这样的方法,净化了空气,为村民提供了休闲的自然环境和绿色空间,创造了近人尺度的生活环境和安静的邻里环境。但特别要注意避免使用过分规整的、单一的景观造型。

四、聚落微观层面功能整合策略

第一,无论是从经济角度还是尊重场地的角度,尽可能维持聚落随机与均质并存的居住类建筑群体现状,只进行必要的合理疏导与开发,除了预防山体滑坡等地质灾害外,慎用整体动迁村民的做法。目前,乡村聚落的居住建筑往往数量可观,形式混乱,不同家庭需求差异极大,但通过梳理总结,往往能够发现其继承传统建筑原型的空间组织逻辑,如雷州半岛地区当代居住建筑普遍存在的院落空间,郁南县地区的"三开间+主侧建筑"的组合,新兴县地区延续原有聚落平面肌理的宅基地面积。居住建筑环境的提升应当采用在原型基础上进行调试的方式,在体量、造型、规模方面总结当代居住建筑单体的共性特点,借鉴传统建筑原型,结合现代功能需求,总结在当地具有普适性和灵活性的多种空间模块和立面构成元素,无论是改造还是新建,关键在于能够提供给村民多样化选择,最终实现村落整体形式与功能的统一丰富。

第二,对村民生活方式最好的尊敬方式是尽量不破坏村民的生活习惯。目前乡村建设中套用城市住宅现成方案不合理之处就在于这些设计完全没有考虑到乡村生活的特点。乡村居民的生活

图6-4-13 遂溪苏二村村民家的庭院种植

方式与其建筑空间密切相关,比如村民愿意进行庭院种植(图6-4-13),有遮阴、美化环境和提供食物的作用;厨房应该足够大,有砌土灶的空间,面积很大的厨房是供全家人交流的重要场所,用土灶做饭的方式除了考虑生活习惯和食物口味外,也是为了消耗一部分柴草,而山间田野的杂木杂草需要定期清理,不清理植物则不能很好地生长,所以农宅里的功能细节与当地物质循环有着密切联系;此外,也要考虑足够大的储物间储存农具、留有小手工作坊的空间等,这些细节在对乡村住宅的新建和改造中都应当予以考虑。乡村日常生活空间以及人的生活状态应当纳入乡村住宅原型空间的建构,增强建筑内部空间的可变性,将生活、居住、工作、休闲功能交织在一起,并可以提供一部分公共性的功能,增强乡村日常生活特色,使这个原型空间成为吸引村民回流、市民下乡创业的最小化单元,并以此为基础,重新构造乡村聚落的空间基础。

第三,由于乡村聚落普遍缺乏公共服务设施,公共建筑必须作为一种新的异质因素介入聚落空间,公共建筑应注意其体量与村落住宅建筑配合,建筑形式则需要考虑吸取地域建筑特色。加强公共建筑的服务半径,增强功能的复合性,应考虑将周边村落纳入服务范围内,避免重复建设。

第四,广义的传统营造技术与地域生态及文化适应性密切相关,主要涉及了空间组织、材料构造、结构构架、装修装饰等方面。传统建造技术的局限主要在于它赖以生存的土壤因现代化的影响而逐渐缺失。过去,传统营造技术是建立在完整系统基础上的,包括资源生态、工匠技艺、文化认同。现在,这种系统已经被改变甚至消失,导致了传统建造技术处于一个尴尬的局面,这是乡村地区普遍存在的问题,因此传统营造技术在当代怎样运用,应当有所取舍,而取舍的标准是减少一切消耗材料、能源和空间的不必

图6-4-14 浙江富阳东梓关新村建设在形体取得意境上的和谐共生
（来源：gad 建筑设计）

图6-4-15 浙江富阳文村新村建设采用本土材料和构造技术实现文化可持续价值
（来源：王澍、陆文宇团队）

要浪费：

（1）本书已经论述了空间组织在当代依然有利于集约用地，在有限的成本和预算的条件下，通过向传统建筑学习空间组织，也可以在处理新老建筑关系时选择在意境上的和谐共生。例如浙江富阳东梓关新村建设（图6-4-14），项目1500元/平方米的造价对于设计方的约束非常大，设计方最终选择了仿木纹的金属格栅、白色涂料灰色面砖这些当代最普通的建筑材料，结构形式也选择了最便宜的砖混结构，构造、节点和材料形式的选取一系列环节都围绕着成本控制。方案的成功之处在于将国画大师吴冠中的水墨江南作为搭接新旧建筑的桥梁，用当代最普遍的建筑材料取得了成功的效果，营造出传统黑白灰民居的意向[1]，这种设计思路非常适合预算有限的新村整体建设。

（2）本土材料和构造技术因为其可持续价值仍然而继续使用，其可持续价值分别体现在文化和生态方面。文化可持续的典范是浙江富阳文村新村建设（图6-4-15），"砖、瓦、木、坡顶"这四种传统建筑文化表象的符号化运用，延续了传统聚落空间的整体风貌，但是，这种技法还应在生态可持续方面得到加强。要真正做到生态可持续，除了尽可能就地取材外，设计的建筑应该考虑真正能够有效利用材料；还应该考虑减少对材料的需求，不做多余的建造；设计要考虑到耐久性且需要的后续维护较少；重复利用现有建筑和建筑构件；选用再循环周期短的可再生材料；以及尽量使用循环后的建材等。只有做到了生态可持续，才能将本土材料的运用广泛适应于乡村地区。

（3）传统的结构构架技术因为失去了传统的文化土壤可能难以直接继承，但结构构架的理性逻辑依然给当代设计带来灵感，并可利用新材料的特性提升空间品质，例如石木、砖木结构构架转换为钢结构（图6-4-16）[2]。事实上，在岭南地区近代民间创作的"中西合璧"建筑中，可以看到这种对中西方建造技术更具有想象力的抽取和组合。例如，广州陈家祠各庭院的侧廊均使用了纤细的铸铁柱，增强了空间的通透性，适合建筑

---

[1] 杨京武，丁继军. 浅析杭州东梓关历史文化村落搬迁安置区建筑文脉[J]. 设计，2018（1）：150-151.
[2] 许骏，周凌. 元阳哈尼传统民居建造体系与更新设计研究[J]. 建筑师，2016（5）：80-89.

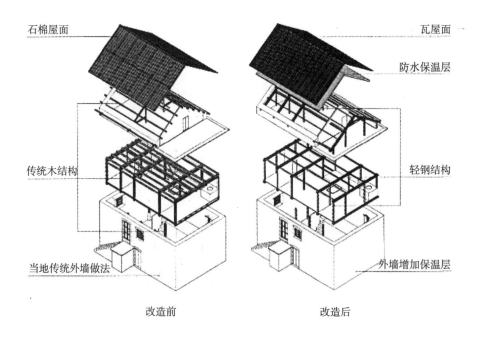

图6-4-16 云南哈尼传统民居改造使用轻钢结构替代传统木结构
(来源:《元阳哈尼传统民居建造体系与更新设计研究》)

图6-4-17 陈家祠侧廊采用铸铁柱增强空间通透性

作为合祖祠举行各类大型活动的需求(图6-4-17)。

(4)装饰装修技艺在当代是珍贵的物质文化遗产应当受到精心保护,其审美理念和地域特点也应当成为当代乡村原型空间建构的参照。

第五节

乡村聚落空间环境可持续发展的保障措施

一、促进基于新乡村共同体社区的形成

当前整个经济社会背景已经开始从大规模的物质建设逐渐转向社会治理，这种转换表现为从物质空间到社会空间，从物质生产到社会生产。在这一背景下，设计师不再仅仅关注设计表面，更要回到设计内核，关注设计的内在深层问题。在乡村人居环境提升的具体过程中，不仅要关注聚落物理空间本身，也必须关注乡村在当代的经济社会发展机制。互联网对人类的生产过程和组织关系产生了深远的影响，在粤西欠发达地区，乡村的水、电、排污等基础设施未必完善，但互联网通过智能手机则将每个人与整个世界广泛联系起来，有些村落已经做到了天线网络全覆盖。互联网的广泛使用已经开始使人们超越地域限制而转向更加广阔的领域内实现生产和消费，从这个角度来看，传统意义上所谓的"地域性"将被逐渐消解，这种地域性曾与家族和血缘相关。同时，一种不依赖于地理关系的抽象的社区空间，即网络社区，也在逐渐建立。

从另外一个角度看，当今日益衰弱的传统社会关系正在以一种新的方式渗入到网络社区中，网络社区也会投射到现实社会中，加强了现实社会结构的丰富性和多样性，这种超地域的转变，可能是未来乡村形成新的社会共同体的关键性机制。此外，本章所论述的乡村地域性价值，尤其是那些宝贵却无形的所谓虚拟价值在未来可以逐渐通过互联网量化出来进行交易，实现价值转移，在未来将是一个巨大的市场。

在惠州地派镇渡头村爱树乡村度假山居，包括聚落、围屋、祠堂和炮楼等在内的传统的空间形态，在很长一段时间内无人居住，人们纷纷外出打工求学，村落仅剩下一个空壳，与物理空间对应的传统社会关系似乎已经消散。该村在外地求学的年轻人首先发现了契机，通过在外地求学过程中积累了知识经验，并在这个过程中认识了很多非血缘关系的志同道合的朋友并共同创建了团队，通过网络众筹逐步恢复该村的生态系统，完善设施，包装并销售农产品，吸引外地人到该村付费短期居住。创业团队的每个人根据自身的背景和特点成为独立生产单元，个体之间的协作和分享则进一步通过互联网在更广阔的地域范围内进行民宿及其周边产品的设计、制造、宣传和销售，获得成功。其他在外地的村民在看到村落商业价值和生计解决的可能之后，也纷纷回流了。乡村中的集体记忆及地域文化再次激活乡村，但这种乡村空间的复兴，已经不再对应传统的社会关系。

在传统的客家社会关系中，曾因为"土客械斗"的客观原因，必须通过尊敬祖先、

祭祀祖先来加强宗族内部团结。客家人的祖先意识非常强烈，以适应生存和发展的需要。数量庞大的家庭在有限的空间内密集聚居，"兴公灭私"是当时资源配置的主要方式，因此客家建筑向心聚居，每个小家庭的住房都不太讲究朝向、面积局促、私密程度较低、干扰大，人们把最好的朝向、最明亮的空间、最好的建筑材料留给了由"厅—堂—庭院"所组成的公共空间，通过对单个家庭生活舒适度的牺牲，才获得对家族利益的最大保全。在这种社会关系中，公共资源的聚集，对于个体成员是生存保障也是道德枷锁，每个个体成员，都只是传宗接代链条上的一环，成为功能不同的工具。但在当今的网络社会中，崇尚的是"个体独立生存"，网络社区的个体成员自身独特个性的差异性存在价值是网络社会分享与协作的基础，这与传统社会关系中"兴公灭私"、人们不得不抱团求生存的"共享"逻辑完全不同。客家青年自我意识觉醒，因此不再依赖地理环境和血缘关系，从更广阔的地域范围内寻找非血缘关系的"陌生人"进行合作和利益共生，这是渡头村空心化问题得以创造性解决的原因。同时，爱树乡村度假山居的案例表明，客家聚居曾经仅限于族群内部的"私念淡薄、关系融洽、非常团结"的传统价值观念和人际关系特征，也可以被重新纳入网络时代注重独立和分享的新型社会关系。

"爱树乡村度假山居"实践是当前乡村聚落空间环境提升、乡村社区复兴的一个缩影，其综合发展的治理观念和过程中的一些做法值得借鉴：一是通过不同背景人群之间的广泛沟通与协作，通过活跃于互联网的自组织群体，促进人员与资源的流动，这是乡村聚落空间得以活化和复兴的起点；二是聚落空间环境的持续有效利用，最终是要靠村民来进行，强化内生动力。社区参与的根本动力在于村民自身，过去传统建筑的营建是由社区中的每个人参与合作完成的，通过这个过程把整个社区的人凝聚起来。营建与参与的过程非常重要，这是乡村聚落空间得以活化和复兴的关键。

根据乡村振兴实施主体、各自诉求、优势、局限及未来提升途径的总结（表6-5-1）可以看出，在乡村振兴过程中，由于认知视角不同，实施主体的态度和行为方式完全不同，但各自都有值得理解的地方，也都有其自身的局限性。应该认识到，乡村空间环境的提升与乡村振兴是一个建构过程。但是在这个过程中，各方的地位是不平等的，拥有话语权的一方更有可能满足自身利益的诉求，同时也由于自身的局限性带来了发展的不平衡[1]。要实现乡村聚落的平衡和可持续发展，就需要充分调动各方主体的积极性，保障各方主体公平性，积极促进人地关系的和谐发展和乡村环境的有序提升[2]。

在目前的乡村建设中，村民处于弱势，他们的诉求极容易被忽略，作为村落居住的主体，目前几乎无存在感。考虑到粤西欠发达地区地域文化的丧失、社会组织的衰落、经济发展缓慢集资金有限等内生动力缺失的现状，有必要引入乡村聚落之外的其他力量

---

[1] 文军. 个体化社会的来临与包容性社会政策的建构[J]. 社会科学，2012（1）：81-86.
[2] 韩雨薇. 基于多元主体参与的苏南乡村环境更新规划研究[D]. 苏州：苏州科技大学，2017.

激活和促进当地村民的主动性和创造力。目前，粤西地区较为常见的方式是政府主导和企业投资的"自上而下的过程"。但除了政府和企业投资建设的基础设施、示范性的建筑完成之外，乡村聚落持续发展下去需要"自下而上"的过程。与此同时，旧有自治共同体逐渐瓦解，乡村也需要逐渐建立新的乡村共同体[①]。引导和指导乡村本地居民的自我发展能力，其方式可能包括政府与私人企业的投资、志愿团体和创业者、村民进行合作，并帮助建立和提升乡村社区的凝聚力、信任感等。因此，主要由市民志愿者团队和创业者将会是主管部门以外的有力补充，应当全面介入乡村建设的生产过程中来。

乡村振兴的实施主体，各自的诉求、优势、局限及未来提升的途径　表6-5-1

实施主体	诉求及优势	局限	未来提升途径
政府	政府诉求在于： 1. 普及义务教育、实行计划生育、积极发展农村卫生事业以及加强农村公共基础设施建设； 2. 完成相关政策指标； 3. 完成引资政绩。 优势在于： 1. 高效率完善村落基础设施建设； 2. 实施过程具有公平性	1. 建设政策不一定符合地方实际； 2. 规划设计与乡村生活脱节； 3. 公众参与不够，途径单一； 4. 易造成建设过程的反复与浪费	1. 合理调整农村发展政策； 2. 从审批管理机构转变为平台供给机构，逐步实现从主导到引导的角色重构； 3. 搭建平台，吸引跨界力量支持乡村建设，鼓励公众参与； 4. 完善财政补贴方式：在完善农业生产补贴的同时，研究建立市场供需平衡、环境保护、乡村发展需求、农产品质量规范等多方面补贴
企业	企业诉求在于： 投入需要得到利润回报，有成本意识，要用较小的代价把地租过来，然后雇佣农民当农民工人，快速回本。 优势在于： 1. 促进集约化发展模式，效率高； 2. 资金雄厚； 3. 具有商业意识	1. 易忽略村落多样性； 2. 雇佣关系未必使村民感到幸福； 3. 村落风貌极易受到企业家个人意志的影响； 4. 对乡村生态环境可能有负面影响； 5. 可能造成村民跟大社会环境的脱节； 6. 增加市场波动风险对村落的影响； 7. 可能需要企业的长期输血才能维系村庄的存续，成为企业拖累	1. 除直接对生活生产环节相关投资外，可用集团的资本去撬动一部分公共服务设施； 2. 联合微小资本和个体一起进入激活乡村
村民	村民诉求在于： 1. 改善人居环境、生产条件； 2. 增加收入来源。 优势在于： 本地化的知识体系，村民处于弱势，其诉求被忽略，作为村落居住的主体，目前几乎无存在感	1. 顾忌成本； 2. 资金偏弱； 3. 缺乏专业知识； 4. 对本土文化缺乏信心； 5. 只注重短期效益，不能考虑长远	1. 鼓励村民介入村落经济和文化的生产、创造和积累； 2. 给村民更多选择权； 3. 畅通村民参与村务决策、反映诉求的渠道； 4. 加强村民培训； 5. 需要资金支持

[①] 马欣荣. 中国近现代乡村治理结构研究［D］. 咸阳：西北农林科技大学，2012.

续表

实施主体	诉求及优势	局限	未来提升途径
市民（创业者）	市民诉求在于： 1. 获得另一种高质量生活方式； 2. 自我价值实现。 优势在于： 1. 商业意识； 2. 不计成本； 3. 在村民自治、经济活化、文化自觉以及建立长效发展机制方面有积极且长远的意义	1. 经营规模小； 2. 资本投入偏弱； 3. 没有整体的烘托，势单力薄； 4. 与村民存在潜在利益冲突，造成排除村民在外的精英田园； 5. 缺乏专业的知识	1. 需要平台支持； 2. 需要业态集聚； 3. 需要资金支持
设计师	设计师诉求在于： 1. 以作品实现自我价值。 优势在于： 1. 专业知识； 2. 商业意识； 3. 认同传统文化，有文化自信	1. 设计人员数量非常有限，造成驻地调研时间、设计效率、协调当地民众能力等方面能力有限； 2. 过程中及后期维护需投入大量时间和精力，成本过高； 3. 不一定了解乡村和村民的意愿，对乡村认知存在不足	1. 注重与村民的互动交流； 2. 在一定程度上设计师须更多地承担咨询任务，不是贡献几个设计方案； 3. 其专业知识和与之相关的技术支持网络才能提供所需的支持； 4. 对乡村建造体系进行研究，做好建设期间的对接工作

总的来说，应当鼓励城乡各方主体开展多种形式的联合和合作，继承传统自组织动态过程的分散与灵活的优点，并融合当代他组织规划模式高效与规范，平衡各个实施主体的利益，实现城乡经济的要素优势互补，形成以要素促进产业融合、以产业融合带动要素流动的互动机制。

在具体操作方面，可以采用以下措施：

第一，政府或规划部门除了直接参与具体开发建设活动外，还需要建立公信力、完善财政补贴机制、建构共享平台、联合社会群体。制定乡村建设指导意见或技术指南，促进因地制宜，避免同一标准，明确鼓励、引导和限制的内容。

第二，强调社区参与的过程，社区参与有许多实际优势，有助于实现聚落空间提升的可持续性设计目标。由社区参与带来了参与感和互相理解，有助于消除项目各利益群体之间的成见。环境提升的根本目的是为了人，为人们的生活、工作和休憩建造宜人的场所，而本地化的知识与资源在规划和建设过程中发挥着不可估量的作用，村民应该从一开始就参与进来，聆听参与者的意见将有助于规划师和建筑师收集有价值的信息和想法。鼓励公众参与也意味着人们在后期更容易接受项目的实施，这不意味着专业人士的专业知识被忽视。总而言之，加强当地居民的参与度，与当地居民充分沟通，可以使空间环境提升的方案更加合理。

第三，鼓励民间资本参与，打破政府包办乡村建设的局面，逐渐形成政府、企业、村集体、农户个体、创业者志愿者团队协同推进建设。对于投资少且管理方便的小型项目，可在政府引导下鼓励民间资本参与。

第四，建立各类人员互助网络，从组织形式上促进各类共同体、合作社等联盟形式的建设，采用平台化的运作，联合各种实施主体，满足各方诉求。由共同体组织进行行业自律，承担部分社会管理和公共服务工作。通过共同体、合作社的形式促进村民的存在感，进而更积极地参与村落事务决策、支持村域公共建设。共同体和合作社也有利于促进乡村各类小规模生产适应市场需求、跟上技术进步步伐、维护自身权益。

第五，在机制方面上，要将设计、施工、运营阶段分离，做好各个环节之间的对接工作，避免无效劳动。早期设计专业人士的参与是必要的，其专业知识和与相关的共同体提供的技术支持网络结合，并通过社区的集体参与才能使乡村聚落保持长久、旺盛的生命力；早期关键部分的施工，可以由城市经验丰富的施工队和专业技术人员进行落实，因为来自城市的施工队在施工过程中可以更好地理解设计人员的用意。同时，对村民进行培训，通过这个过程村民也逐渐培养了良好的建造和管理能力；而市民在不同阶段的介入、发挥不同背景的专长，对建立长效发展机制方面有积极且长远的意义。

第六，加强对乡村施工体系的研究和施工培训工作。目前，乡村住宅施工体系存在差异性，如工程队承包体系、传统工匠体系以及流动施工队等。外界提供的设计图集不被村民采用的原因之一是与村庄现有施工体系不符，所以对乡村施工体系的研究非常重要，也需要通过多元化培训建立多层级的自建体系。

二、分阶段实施，以点带面促进聚落整体提升

聚落空间的优化采取渐进的实施过程十分必要，通过村民的直接参与，发挥村民的积极性。通过梳理体系和合理布局，有重点有先后的科学推进，实现乡村的全面振兴。如表6-5-2所示，分阶段从乡村聚落基础设施升级、生态环境维育、文化品牌塑造、乡村旅游开发、发展机制构建、扶贫政策配套等方面进行全面考虑。

以点带面促进聚落整体提升的意义主要是通过导向和示范来引导带动，这样做的成本较低，且当村民达成共识和目标，很容易推进村落整体环境的改善和提升。通过小规模的干预和示范带动，根据以往的经验，其示范效应非常明显。粤西地区"三间两廊"的基本原型就是一个例子，原型通过交通及贸易逐渐传播到粤西的各个地区，传统的工匠就照着这个原型根据每户人家的具体情况去做调试，最后村庄就显现出"异质同构"的现象，而由于各地气候、自然地理、社会组织和人文特征的区别，聚落显示出各地具有高度识别性的地域特征。这个思路同样也可以运用到当前的乡村建设中来。

以点带面首先是需要确定建立哪些公共服务设施，完善乡村基础设施和公共服务设施，加强研究乡村所需的公共设施，避免建设"无效"设施。公共环境的改造，包括建筑之间微环境的营造，主要的方式，应当是从局部入手，植入新建筑、新空间和新功能，改善保留部分的物质条件。具体操作最好是与村民进行探讨，了解村民需求，启发村民依据社区的特殊情况提出适宜的解决办法。

三屋村发展策划研究与村庄建设规划分期实施建议　　表6-5-2

		阶段一：2017年9月~2018年6月	阶段二：2018年7月~2019年6月	阶段三：2019年7月~2020年12月
发展目标		• 升级硬件设施，改善人居环境 • 为乡村旅游开发奠定基础 • 营造初级旅游氛围 • 扩大红梨村知名度——乡景、美食、民宿	• 加快推进乡村产业、旅游发展 • 为当地村民创造创业、就业机会 • 实现村民收入翻一番 • 村集体经济收入达全省平均水平	• 创建全省AAA级景区 • 创建全市周末出游目的地 • 村民收入翻两番 • 村集体经济收入接近珠江三角洲平均水平
重点举措		18个重点项目2项政策	16个重点项目2项政策	6个重点项目2项政策
	基础设施升级	• 入村主要道路整治工程（景观整治） • 大型生态停车场 • 完善道路照明设施	• 村庄道路全面硬底化 • 加油加气站（村经济发展用地） • 光纤入户、WiFi全覆盖、安防监控全覆盖	—
	生态环境维育	• 多彩农田整理工程 • 围底河景观提升工程 • 入村主要道路绿化工程——霸王景观大道 • 三屋村门户区域景观提升工程	• 雨污分流与生态湿地建设 • 家禽家畜创意养殖园 • 提高生态林覆盖率	• 艺术小品、标识系统、露天家具 • 绿色农产品规模化经营项目（鲜稻米、花生油、中草药） • 电商品牌推广
	文化品牌塑造	• 新三屋村古村落风貌整治 • 霸王祖宅及其周边古民居修缮工程 • 古宗祠修缮工程 • 智慧三屋——三屋村微博及微信公众号运营	• 印象三屋文艺表演 • 三屋大地艺术节——借鉴日本越后妻有 • 云浮市文创特色基地	• 优质水稻、花生制种科研站 • 花生主题的文创系列产品
	乡村旅游开发	• 云浮大旅游圈及南江古水道旅游项目 • 三屋村榨油厂、采摘园、特色农业、传统手工艺等观光体验项目 • 手信市集及三屋村农家乐——特色餐饮 • 特色民宿项目	• 艺术聚落——全省高校艺术类专业实习采风基地 • 希望田野——全省少儿科普/亲子夏令营 • 归园田居——根竹岗村竹林避暑度假民宿 • 情定桑田——美丽乡村爱情（情侣周末游、婚纱摄影基地）	• 根竹岗村精品名宿——借鉴莫干山裸心乡
	发展机制构建	• 建立村庄公共服务机制 • 学徒计划	• 组织建立村集体股份公司 • 建立企业	—
	扶贫政策配套	• 省国安厅对口扶贫 • 云浮市、罗定市共青团委——志愿服务	• 省国安厅对口扶贫 • 全省各大高校艺术类专业——写生采风基地 • 全省小学生乡村和农业科普/亲子夏令营活动	• 与华农签署《合作共建新农村服务基地框架协议书》 • 推进申办阿里巴巴广东省农村电商项目试点
资金来源		政府资金 社会资金 村集体资金		

（来源：三师下乡，三屋村发展策划研究小组）

其次，也要通过建设示范住宅和示范公建，探索建设标准。构建成本合理、功能齐全、外形美观的建设体系，避免大量简单的规划设计带来负面影响。注重局部重要节点的示范和引领作用。建筑师在过程中逐步了解乡村建造体系，并按照乡村的建造体系建设示范性项目，逐渐积累成功经验，建立和推广新的工作机制。

在机制建设方面，建设管理部门要形成鼓励建筑师参与乡村设计的机制，比如每年立项对一些乡村空间环境和建筑设计项目进行研究，以增加建筑师参与的积极性。同时，在以点带面的过程中通过学徒计划、建立村庄公共服务机制、建立村集体股份有限公司、建立本地企业促进本土人才的发展。

三、过程保留弹性、动态完善

从传承角度来说，不仅可以从工具理性的层面去学习传统乡村聚落空间营建的低碳传统营造智慧，更值得关注的是这些营造智慧中表现出来的具有前瞻性的思维方式：低成本做法、顺应环境、保持局部和整体协调等，这些思维方式在传统的建设过程中贯穿始终。另外，乡村聚落空间的发展和演变并不是一蹴而就的，聚落的发展也一直是以外部因素的动态变化而不断调整策略和整治措施。本书对于乡村聚落空间提出的可持续发展策略对其未来可能产生问题的预见还很有限，任何规划对乡村聚落功能和活动的预设都是不确定的，对于聚落空间完善和发展，其过程应当保留弹性、动态完善[①]。尊重乡村发展的多样化选择，与预设好的功能相比，预设好的空间和宽容的管理模式更加重要，也需要观察到村落自发空间存在的可能性，保持村落自组织的动态过程。

村落新功能的介入也应当采用局部、渐进的柔性方式，不仅要重视与自然环境的共生，介入过程也要和当地居民的生产生活和谐共存。例如，来自景会设计和刘宇扬建筑事务所广西兴坪的"云庐"酒店是利用散落在村落中的几栋破旧的泥砖房改造而成，在酒店布局上遵循了原有的村落肌理。经由设计师、业主与当地的村民协商，同意村民仍然居住在这个自然村，在酒店旁边选择合适地块新建住宅[②]，村落自组织发展的方式依然得以存留和发展。（图6-5-1）

---

① 王文龙. 中国美丽乡村建设反思及其政策调整建议——以日韩乡村建设为参照[J]. 农业经济问题, 2016, 37（10）: 83-90, 111-112.
② 刘宇扬. 建筑师介入农村的真正价值——"喜岳·云庐"设计有感[J]. 城市环境设计, 2016（6）: 418-424.

图6-5-1 广西兴坪的云庐酒店采取柔性介入方式与本地村落自组织方式和谐共生
(来源：景会设计和刘宇扬建筑事务所)

参考文献

著作类

[1] 陆元鼎,魏彦钧. 广东民居[M]. 北京:中国建筑工业出版社,1990.

[2] 李立. 乡村聚落:形态、类型与演变[M]. 南京:东南大学出版社,2007.

[3] 刘彦随. 中国乡村发展研究报告——农村空心化及其整治策略[M]. 北京:科学出版社,2011.

[4] 叶彩萍. 雷州半岛古民居[M]. 广州:岭南美术出版社,2006.

[5] (美)阿摩斯·拉普卜特. 宅形与文化[M]. 北京:中国建筑工业出版社,2007:46.

[6] 曾昭璇,黄伟峰. 广东自然地理[M]. 广州:广东人民出版社,2001:21.

[7] 司徒尚纪. 岭南历史人文地理:广府、客家、福佬民系比较研究[M]. 广州:中山大学出版社,2001.

[8] 颜广文. 古代广东史地考论[M]. 广州:中山大学出版社,2007.

[9] 刘平. 被遗忘的战争——咸丰同治年间广东土客大械斗研究[M]. 北京:商务印书馆,2003.

[10] 费孝通. 乡土中国[M]. 上海:世纪出版集团 上海人民出版社,2008.

[11] 梁漱溟. 乡村建设理论[M]. 北京:商务印书馆,2015.

[12] 刘彦随,龙华楼,陈玉福,等. 中国乡村发展研究报告——农村空心化及其整治策略[M]. 北京:科学出版社,2011.

[13] 胡必亮. 城镇化与新农村[M]. 重庆:重庆出版社,2008.

[14] 马立博. 虎、米、丝、泥:帝制晚期华南的环境与经济[M]. 南京:江苏人民出版社,2012.

[15] 施坚雅. 中国农村的市场和社会结构[M]. 北京:中国社会科学出版社,1998.

[16] 屈大均. 广东新语[M]. 上海:中华书局,1985.

[17] C.亚历山大. 城市设计新理论[M]. 北京:专利文献出版社,2002.

[18] 《话说石头冲》编写组. 话说石头冲[M]. 广州:华南理工大学出版社,2015.

[19] 诺贝格-舒尔茨. 场所精神[M]. 施植明,译. 武汉:华中科技大学出版社,2010.

[20] 陆琦. 广东民居[M]. 北京:中国建筑工业出版社,2008.

[21] D. K. Alexander, HTB2 User manual 2.0c[J] Welsh School of Architecture, Cardiff University, UK, 1997.

学术期刊类

[1] 陈昆仑,唐婉珍,谢启姣,等. 环境变化与乡村聚落演变研究综述[J]. 湖北民族学院学报(自然科学版),2014,32(4):469-473.

[2] 王竹,项越,吴盈颖. 共识、困境与策略——长三角地区低碳乡村营建探索[J]. 新建筑,2016(4):33-39.

[3] 文军,吴越菲. 流失"村民"的村落:传统村落的转型及其乡村性反思——基于15个典型村落的经验研究[J]. 社会学研究,2017(4):22-45.

[4] 葛全胜,方修琦,郑景云. 中国历史时期气候变化影响及其应对的启示[J]. 地球科学进展,2014,29(1):23-29.

[5] 陈宇思,余天佑. 清代前中期广东罗定州的开发——以当地发现的各项契约文书为基础[J]. 安徽文学月刊,2016(7):121-122.

[6] 罗莉. 清代西江下游生态环境问题述略[J]. 学术论坛,2014,37(1):143-147.

[7] 邵兰珠. 广东地名中的壮侗语底层词[J]. 广东石油化工学院学报,2015,25(2):20-22,27.

[8] 仇保兴. 新型城镇化:从概念到行动[J]. 行政管理改革,2012(11):11-18.

[9] 罗莉,王福昌. 清代西江下游地区的水利建设[J]. 农业考古,2009(1):178-180.

[10] 陈宇思,余天佑. 清代中晚期粤西地区契约文书中几个特别问题探讨——以浙江宁波地区为参照对象[J]. 梧州学院学报,2015,25(2):1-13.

[11] 罗莉. 清代西江下游经济作物栽培初探[J]. 农业考古,2015(4):176-181.

[12] 罗一星. 试论清代前期岭南市场中心地的分布特点[J]. 开放时代,1988(9):51-56.

[13] 陈国威,何杰. 古代雷州半岛对外交往史考[J]. 广东史志,2015(3):12-18.

[14] 刘健. 基于城乡统筹的法国乡村开发建设及其规划管理[J]. 国际城市规划,2010,25(2):4-10.

[15] 鞠立新. 略论长三角城市群经济多极化、扁平化新变局与发展新取向[J]. 经济研究参考,2013(1):32-40.

[16] 陆琦,林广臻. 唐宋南粤古驿道的空间轴向关系探析[J]. 南方建筑,2017(6):38-43.

[17] 郑秀亮,李旭明. 小村庄孕育大风景[J]. 环境,2013(5):32-35.

[18] 梁林,张可男,陆琦,等. 论岭南传统民居改造方案优化过程中建筑性能模拟的辅助分析[J]. 四川建筑科学研究,2014(5):246-250.

[19] 梁林,张可男,陆琦. 天井空间再利用建筑性能模拟分析——以岭南传统民居为例[J]. 新建筑,2014(4):124-127.

[20] 吴庆洲. 防洪防匪的大宅——光仪大屋[J]. 小城镇建设,2001(6):72-73.

[21] 王静,叶佩妮. 谈雷州古村落建筑文化的当代转化[J]. 美术大观,2011,(5).

[22] 王铠,张雷. 时间性 桐庐莪山畲族乡先锋云夕图书馆的实践思考[J]. 时代建筑,2016(1):64-73.

[23] 靳志强,郑力鹏. 欠发达地区建筑遗产保护的思考[J]. 华中建筑,2008(4):133-136.

[24] 韦悦爽. 英国乡村环境保护政策及其对中国的启示[J]. 小城镇建设,2018(1):

94-99.

[25] 王竹，钱振澜. 乡村人居环境有机更新理念与策略[J]. 西部人居环境学刊，2015（2）：15-19.

[26] 刘宇扬. 建筑师介入农村的真正价值——"喜岳·云庐"设计有感[J]. 城市环境设计，2016（6）：418-424.

[27] 刘继来，刘彦随，李裕瑞. 中国"三生空间"分类评价与时空格局分析[J]. 地理学报，2017，72（7）：1290-1304.

[28] 刘彦随. 在推进新型城镇化中根治"乡村病"[J]. 唯实（现代管理），2013（11）：21.

[29] 朱霞，周阳月，单卓然. 中国乡村转型与复兴的策略及路径——基于乡村主体性视角[J]. 城市发展研究，2015，22（8）：38-45.

[30] 林琳，陆琦. 东林村水系的低碳传统营造智慧研究[J]. 小城镇建设，2015（11）：94-99.

[31] 吴宜瑾. 浅谈日本现代农村民居对中国农村民居发展的启示[J]. 艺术科技，2012（2）：121-123.

[32] 张小林. 乡村概念辨析[J]. 地理学报，1998（4）：365-371.

[33] 刘彦随，李玉恒. 农村经济与村镇发展研究[J]. 城市规划通讯，2016（3）：15-16.

[34] 文军. 个体化社会的来临与包容性社会政策的建构[J]. 社会科学，2012（1）：81-86.

[35] 王文龙. 中国美丽乡村建设反思及其政策调整建议——以日韩乡村建设为参照[J]. 农业经济问题，2016，37（10）：83-90，111-112.

[36] 杨京武，丁继军. 浅析杭州东梓关历史文化村落搬迁安置区建筑文脉[J]. 设计，2018（1）：150-151.

[37] 侯俊慧. 村镇公共建筑形态研究[J]. 门窗，2014（10）：374-375.

[38] 贫困型传统村落保护发展对策——云南阿者科研讨会[J]. 新建筑，2016（4）：64-71.

[39] 汤爽爽. 法国快速城市化进程中的乡村政策与启示[J]. 农业经济问题，2012，33（6）：104-109.

[40] 闫琳. 英国乡村发展历程分析及启发[J]. 北京规划建设，2010（1）：24-29.

[41] 刘涤宇. 宅形确立过程中各要素作用方式探讨——《宅形与文化》读书笔记[J]. 建筑学报，2008（4）：100-101.

[42] 高原，周诗. 发达省份区域不平衡发展动因探析——以广东省为例[J]. 生态经济，2014，30（6）：75-80.

[43] 仇保兴. 新型城镇化：从概念到行动[J]. 理论参考，2013（5）：12-14，25.

[44] 张凤婕. "乡建是一种'转移'?"圆桌论坛纪要[J]. 新建筑，2016（4）：61-63.

[45] 许骏，周凌. 元阳哈尼传统民居建造体系与更新设计研究[J]. 建筑师，2016（5）：80-89.

[46] 王竹，魏秦，贺勇，等. 黄土高原绿色窑居住区研究的科学基础与方法论[J]. 建筑学报，2002（4）：45-47，70.

[47] 张尚武. 城镇化与规划体系转型——基于乡村视角的认识[J]. 城市规划学刊，

2013（6）：19-25.

[48] 郭炎，项振海，袁奇峰. 新马克思主义视角下珠三角的区域治理与空间结构演化[J]. 城市建筑，2017（12）：41-46.

[49] 薛力. 城市化背景下的"空心村"现象及其对策探讨——以江苏省为例[J]. 城市规划，2001（6）：8-13.

[50] 梁优彩. 农民收入增长缓慢的原因与对策建议[J]. 群言，2002（6）：10-11.

[51] 朱道才. 中国农村"空心化"问题研究进展与启示[J]. 兰州商学院学报，2012，28（5）：75-79.

[52] 倪国华，丁冬，张璟，喻志军，郑风田. 生态环境的承载能力是制约人口发展的瓶颈吗?——基于历史分析的视角[J]. 林业经济，2014，36（6）：13-19.

[53] 胡百顺. 安吉：中国美丽乡村[J]. 党建，2013（11）：54-55.

[54] 李建伟. 风景园林的内涵与外延[J]. 中国园林，2017，33（5）：41-45.

[55] 李树华. 都市农业城市化进程中乡土景观与生态文明的最后守护神[J]. 风景园林，2013（3）：149-150.

[56] 高峰. 我们需要什么样的城市?[J]. 价格与市场，2014（3）：14-17.

[57] 王静，徐峰. 村庄聚落空间形态发展模式研究[J]. 北京农学院学报，2012，27（2）：57-62.

会议论文类

[1] 梁林，张可男，陆琦，等. 建筑性能模拟在岭南传统民居更新改造项目中的实践——案例分析之既有场地内的新建筑[A]// 中国民族建筑研究会. 中国民族建筑研究会第十七届学术年会论文特辑[C]. 中国民族建筑研究会，2014：13.

[2] 韩瑛. 村镇形态发展的自组织规律及其对规划设计启示[A]// 国际人类学与民族学联合会、中国民族建筑研究会. 族群·聚落·民族建筑——国际人类学与民族学联合会第十六届世界大会专题会议论文集[C]. 国际人类学与民族学联合会、中国民族建筑研究会，2009：5.

[3] 毕明岩. 乡村文化基因传承的规划路径——以江南地区为例[A]// 中国城市规划学会. 多元与包容——2012中国城市规划年会论文集（11. 小城镇与村庄规划）[C]. 中国城市规划学会，2012：10.

[4] Smith A, Alexander D, Fragaki A, et al. VIRVIL, A 3D Virtual Village to Assess the Impact of Low and Zero Carbon Technologies in the Built Environment[C]// Visualisation, 2008 International Conference. IEEE Xplore, 2008: 23-28.

学位论文类

[1] 赵骏飞. 类型学视角下传统乡村外部空间设计研究[D]. 北京：北京建筑大学，2017.

[2] 赵映. 基于文化地理学的雷州地区传统村落及民居研究[D]. 广州：华南理工大学，2015.

[3] 李贺楠. 中国古代农村聚落区域分布与形态变迁规律性研究[D]. 天津：天津大学，2006.

[4] 浦欣成. 传统乡村聚落二维平面整体形态的量化方法研究[D]. 杭州：浙江大学，2012.

[5] 亓文飞. 西江下游流域传统民居建筑形式研究[D]. 广州：华南理工大学，2013.

[6] 李睿. 西江流域传统村落形态的类型学研究[D]. 广州：华南理工大学，2014.

[7] 梁林. 基于可持续发展观的雷州半岛乡村传统聚落人居环境研究[D]. 广州：华南理工大学，2015

[8] 赵映. 基于文化地理学的雷州地区传统村落及民居研究[D]. 广州：华南理工大学，2015.

[9] 林琳. 潮溪村历史聚落空间特征与可持续发展研究[D]. 广州：华南理工大学，2012.

[10] 赖奕堆. 传统聚落东林村地域性空间研究及其发展策略[D]. 广州：华南理工大学，2012.

[11] 梁红梅. 雷州半岛农业旱灾脆弱性研究[D]. 广州：广州大学，2006.

[12] 李晓俊. 基于能耗模拟的建筑节能整合设计方法研究[D]. 天津：天津大学，2013.

[13] 惠星宇. 广府地区传统村落冷巷院落空间系统气候适应性研究[D]. 广州：华南理工大学，2016.

[14] 唐晓珊. 新乡土营造的大埔村重建研究[D]. 广州：华南理工大学，2016.

[15] 刘楚. 西藏波密民族建筑风貌在扎木镇城镇建设中的传承与应用研究[D]. 广州：华南理工大学，2013.

[16] 陈周跃. 广府鉴江流域祠庙平面及梁架研究[D]. 广州：华南理工大学，2015.

[17] 马欣荣. 中国近现代乡村治理结构研究[D]. 咸阳：西北农林科技大学，2012.

[18] 于端端. 乡土材料建筑营造技术研究[D]. 北京：北京建筑大学，2013.

[19] 韩雨薇. 基于多元主体参与的苏南乡村环境更新规划研究[D]. 苏州：苏州科技大学，2017.

[20] 浦欣成. 传统乡村聚落二维平面整体形态的量化方法研究[D]. 杭州：浙江大学，2012.

[21] 赵骏飞. 类型学视角下传统乡村外部空间设计研究[D]. 北京：北京建筑大学，2017.

[22] 刘畅. 广东省区域经济发展不平衡现状及对策研究[D]. 重庆：重庆师范大学，2014.

网络文章类

[1] 新华社：特色小镇是什么？——浙江全面推进特色小镇创建综述。

[2] 国家发展改革委，国土资源部，环境保护部，住房和城乡建设部：关于规范推进特色小镇和特色小城镇建设的若干意见。

[3] 卡迪夫大学威尔士建筑学院软件开发团队。

[4] 水围柠盟人才公寓——深圳首个城中村人才保障房的诞生。

[5] 林君翰：这些城镇化造成的脆弱的碎片，我们要怎样用设计去缝合。

[6] 两个香港年轻人，竟然让四川小村，变身年度世界最佳住宅！

[7] 张雷联合建筑事务所。

[8] 打造廉政基地 弘扬陈瑸精神。

[9] 云庐精品生态酒店。

其他文献

[1] 广东省地名委员会办公室，广东省工商行政管理局市场管理处. 广东圩集[M]. 广州：广东省地图出版社，1992.
[2] 郁南年鉴编纂委员会. 郁南年鉴[M]. 上海：中华书局，2011：173.
[3] 广东历史地图集编辑委员会. 广东历史地图集[M]. 广州：广东省地图出版社，1995.
[4] 中国社会科学院. 中国语言地图集[M]. 北京：商务印书馆，2012.
[5] 新兴县地方志编纂委员会. 新兴县志[M]. 广州：广东人民出版社，1993：4.
[6] （清）雷学海. 嘉庆雷州府志[M]// 中国地方志集成广东府县志集43，江苏古籍出版社，1991：78-81.
[7] 国家卫生和计划生育委员会. 中国家庭发展报告2015[R]. 2015.
[8] 康熙西宁县志[M]// 浙江省图书馆藏稀见方志丛刊（第61册）. 北京：国家图书馆出版社，2011：83.

后记

本书是我在博士学位论文的基础上经过提炼润色而成的。六年博士学术生涯和生活的磨砺带给我许多变化,从一开始的踌躇满志,到过程中一次次不断地徘徊与自我反省,到最终提交了还算完整但仍需深入的研究成果,依旧觉得需要大量自我学习和提升,这也正是博士学习中最大的收获,即养成了终身学习的思维和习惯,培养了独立研究的能力和及时出成果的行动力。回顾所经历的学术生涯,我感到非常幸运,我的收获离不开恩师、同学、好友的支持和帮助。

感谢我的导师陆琦教授,从硕士阶段到现在,陆老师给予我很多学术上的指导和教诲,以开明的态度积极支持和关注整个研究进程,同时也给予我许多学习和实践的宝贵机会,陆教授严谨的研究态度和平易近人的学者风范都深深影响了我,对我掌握正确的研究方法、培养良好的工作作风和学习态度起到了关键作用,同时也感谢他对对我一些不成熟之处的宽容。正是在他的悉心指导下,论文才不断深化、修改,直至圆满完成。

感谢我留英期间时任卡迪夫大学威尔士建筑学院的Phillip Jones教授给予我学术上的教诲和建议,使我对从单体建筑到整体城市层面的低碳可持续的建设和规划有了全面的认识。感谢卡迪夫大学威尔士建筑学院的张可男研究员、Simon Lannon博士对我疑问的耐心解答,使我系统掌握了热能耗软件的原理和使用方法。

感谢在英国访学期间意外"收获"的同行兼男友,来自伍斯特郡莫尔文的Mark Gent先生。Gent先生为人宽容豁达,一直以来在英格兰西米德兰兹地区从事乡村地区的建设实践,并在伯明翰城市大学建筑系兼职教学工作。从英国到中国,我们一直在维持着看似"不靠谱"的异地恋,但正是对乡村建设的共同兴趣,使我们的情谊得以持续维系至今。我第一次离开英国回国的那一天,漫天大雪,Gent先生不辞劳苦驱车穿越莫尔文山、科茨沃兹地区将我送至伦敦希斯罗机场,白雪覆盖下的壮丽山景给我留下了深刻印象。之后在他的启发和引导下,本书结合并融入了一些英国乡村景观、聚落规划和建设实践的有关思想、理论和实际案例。正是由于始终得到了Gent先生的热情帮助,才会激励我直面困难,顺利完成学业。

　　本书脱稿之际，再次感谢所有给予我帮助的老师、同学、同事，正是共同参与实地调研，收集数据，整理基础资料，以及共同探讨碰撞出的思辨的火花，为本书顺利完成打下了基础。感谢我的父母和亲友对我的关怀鼓励，这是我在科研道路上不断前进的动力。

　　本书是我对粤西地区乡村聚落空间环境提升和乡村振兴的一些认识和总结，有待实践反馈。同时，对于乡村建设的可继续深化和探讨的内容还有很多，不足之处敬请同仁赐教、指正。